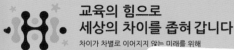

**교육의 힘으로
세상의 차이를 좁혀 갑니다**

차이가 차별로 이어지지 않는 미래를 위해
EBS가 가장 든든한 친구

모든 교재 정보와 다양한 이벤트가 가득!
EBS 교재사이트 book.ebs.co.kr

본 교재는 EBS 교재사이트에서
eBook으로도 구입하실 수 있습니다.

2025학년도 수능 대비

수능특강
사용설명서

영어영역

영어(상)

발행일 2024. 1. 28. **3쇄 인쇄일** 2024. 4. 19. **신고번호** 제2017-000193호 **펴낸곳** 한국교육방송공사 경기도 고양시 일산동구 한류월드로 281
기획 및 개발 EBS 교재 개발팀
표지디자인 ㈜무닉 **편집** ㈜글사랑 **인쇄** ㈜매일경제신문사
인쇄 과정 중 잘못된 교재는 구입하신 곳에서 교환하여 드립니다. 신규 사업 및 교재 광고 문의 pub@ebs.co.kr

교재 내용 문의
교재 및 강의 내용 문의는
EBS*i* 사이트(www.ebs*i*.co.kr)의 학습 Q&A 서비스를
활용하시기 바랍니다.

교재 정오표 공지
발행 이후 발견된 정오 사항을
EBS*i* 사이트 정오표 코너에서 알려 드립니다.
교재 → 교재 자료실 → 교재 정오표

교재 정정 신청
공지된 정오 내용 외에 발견된 정오 사항이 있다면
EBS*i* 사이트를 통해 알려 주세요.
교재 → 교재 정정 신청

EBS와 **교보문고**가 함께하는 듄듄한 스터디메이트!

듄듄한 할인 혜택을 담은 **학습용품**과 **참고서**를 한 번에!

기프트/도서/음반 추가 할인 쿠폰팩

COUPON PACK

+QR코드를 스캔하시면 듄듄문고 쿠폰팩을 다운받을 수 있는 이벤트 페이지로 연결됩니다+

2025학년도 수능 대비

수능특강
사용설명서

영어영역

영어(상)

차례 | 수능특강 사용설명서 영어(상)

I 유형편

※ 실용문 유형과 1지문 3문항 유형은 수능특강 사용설명서 영어(상)에서 다루지 않습니다.
〈영어(상) 제외 문항〉 10강, 19강 전체

2025학년도 수능특강, 어떻게 공부할까?

효율적인 연계교재 공부법은 따로 있습니다. 문제가 점점 길고 복잡해지는 최근 수능 출제 경향을 생각하면, 더 빠르고 정확하게 문항을 분석하는 연습을 우선해야 합니다. 무턱대고 문항을 풀고 개념을 외우는 것으로는 수능에서 성공할 수 없다는 것을 지난 수능에서 확인했습니다.

〈수능특강 사용설명서〉는 이러한 신경향 수능 대비에 최적화된 교재입니다. EBS 연계교재에 담긴 지문의 수록 의도, 출제 포인트를 분석하는 연습을 지금부터 시작해야 합니다.

2025학년도 수능, 〈수능특강 사용설명서〉와 함께 성공할 수 있습니다.

정답은 〈수능특강 사용설명서〉

"지문 · 자료 분석력 UP 프로젝트"
수능특강을 공부하는 가장 쉽고 빠른 방법!

**연계교재에 숨은 뜻,
'무엇을 · 어떻게' 풀고 찾아야 할까?
그 숨은 길을 보여 드립니다!**

연계교재 수능특강의 지문을 해석하는 것이
어려운 학생을 위한 교재

1단계 연계교재 학습 포인트

연계교재 학습 전에 단원별로 주제별로 유의해야 할 내용, 핵심 키워드 등을 미리 알려 줍니다. 연계교재를 어떻게 공부할지 방향을 미리 보여 주고, 길을 안내하는 것은 더 빠르고 정확하게 연계교재를 학습할 수 있도록 돕습니다.

2단계 수능특강 지문/자료 분석

〈수능특강 영어〉의 모든 핵심 내용을 수록하였습니다. 정확하고 빠른 지문 해석은 기본, 문제가 원하는 정답을 찾기 위해 필요한 분석 방법을 보여 주기 위해 지문에 직접 팁을 달아 선생님의 밀착 지도를 받는 듯한 생생한 해설을 제공합니다. 또한 꼭 알아 두어야 할 핵심 개념까지 제공하여 실력을 한 단계 업그레이드할 수 있습니다.

3단계 글의 흐름 파악, 전문 해석, 배경지식 & 구문 해설

수능특강의 지문을 한눈에 파악할 수 있도록 친절하게 흐름을 짚어 줍니다. 또한 상세한 구문 분석과 전문 해석, 글의 이해를 위한 배경지식, 구문 해설을 제공합니다.

4단계 Quick Check

핵심적인 내용을 이해하고 있는지 빠르게 확인하고 넘어갈 수 있도록 점검합니다.

수험생이 기다렸던 교재!!

- 연계교재가 어려운 학생들을 위해 더 친절하고 자세하게 설명합니다.
- 수능특강에 수록된 지문을 그대로 싣고 개념의 이해를 도와주는 교재입니다.
- 수능특강의 어려운 내용을 자세히 설명해 주고, 자료 분석과 빈칸 문제, 확인 문제 등으로 연계교재 학습을 확실하게 마무리 할 수 있도록 도와줍니다.

선생님들이 기다렸던 교재!!

- 연계교재를 효율적으로 가르치고, 활용하는 방법을 보여 드립니다.
- 오개념 전달, 검증 안 된 변형 문항 등 잘못된 방법으로 공부하는 것을 안타까워하시는 선생님들께 꼭 필요한 교재입니다.
- 수능특강에 수록된 지문에 대한 쉬운 설명, 개념 자료, 심화 학습 자료 등을 제공합니다.

I

유형편

별장 사용 불가 통보

| Keywords | cottage, expense, maintaining, rental property

Dear Dave and Gretchen,
Dave와 Gretchen에게

❶We hope / [all is well with you and your family]. // ❷At last, / spring is in the air, / and that
우리는 바라 / 너와 너희 가족에게 모든 일이 잘 풀리기를 // 마침내 / 봄의 기운이 감돌고 있는데 / 이는 여름이

means [summer can't be far behind]. // ❸For the past several years / we have taken much
그리 멀지 않았다는 것을 뜻하지 // 지난 몇 년 동안 / 많은 기쁨을 누려 왔어 /

pleasure / in [sharing our cottage on Mirror Pond / with you and some of our other
Mirror Pond에 있는 우리 별장을 함께 쓰며 / 너희와, 그리고 다른 몇몇 친한 친구들과 함께 //

close friends]. // ❹This year, / though, / I'm afraid we must do things a bit differently. //
올해는 / 하지만 / 조금 다르게 운영해야 할 것 같아 //

❺[The expense of maintaining the house] / has gone up quite a bit, / and for at least the
그 집을 유지하는 데 드는 비용이 / 꽤 많이 올라서 / 적어도 이번 여름에는 /

coming summer / we have decided to put the cottage on the market / as a rental
우리는 별장을 시장에 내놓기로 했거든 / 임대 부동산으로 //

property. // ❻We already have several leads / from people / [who are considering taking
우리는 이미 몇 가지 좋은 제의를 받고 있어 / 사람들로부터 / 별장 임차를 고려하고 있는 /

the cottage / for most or all of the summer]. // ❼We hope / [you understand]. // ❽And /
여름 대부분이나 여름 내내 / 우리는 바라 / 너희가 이해해 주기 // 그리고 /

[if we end up with some unbooked time in the fall], / we'll let you know. //
가을에 예약이 없는 시간이 생기게 되면 / 알려 줄게 //

Sincerely,

Sandy Webb
Sandy Webb 드림

어휘
- □ **in the air** (어떤) 기운이 감도는
- □ **cottage** 별장
- □ **expense** 비용, 경비
- □ **maintain** 유지하다
- □ **put ~ on the market** ~을 시장에 내놓다
- □ **rental property** 임대 부동산
- □ **lead** 좋은 제의[정보]
- □ **unbooked** 예약이 없는

글의 흐름 파악

도입(❶~❷)		전개(❸~❻)		마무리(❼~❽)
인사말		편지의 목적		맺음말
봄의 기운이 감돌고 있고 여름이 멀지 않았음	→	• 몇 년 동안 친구들과 함께 별장을 함께 썼음 • 유지 비용이 꽤 올라서 별장을 임대 부동산으로 시장에 내놓으려고 함	→	• 이해를 바람 • 가을에 예약이 없으면 알려 주겠음

전문 해석

Dave와 Gretchen에게

❶너와 너희 가족에게 모든 일이 잘 풀리기를 바라. ❷마침내, 봄의 기운이 감돌고 있는데, 이는 여름이 그리 멀지 않았다는 것을 뜻하지. ❸지난 몇 년 동안 Mirror Pond에 있는 우리 별장을 너희와, 그리고 다른 몇몇 친한 친구들과 함께 쓰며 많은 기쁨을 누려 왔어. ❹하지만 올해는 조금 다르게 운영해야 할 것 같아. ❺그 집을 유지하는 데 드는 비용이 꽤 많이 올라서, 우리는 적어도 이번 여름에는 별장을 임대 부동산으로 시장에 내놓기로 했거든. ❻우리는 여름 대부분이나 여름 내내 별장 임차를 고려하고 있는 사람들로부터 이미 몇 가지 좋은 제의를 받고 있어. ❼우리는 너희가 이해해 주기 바라. ❽그리고 가을에 예약이 없는 시간이 생기게 되면 알려 줄게.

Sandy Webb 드림

구문 해설

❶ **We hope [all is well with you and your family].**

[ ]는 hope의 목적어 역할을 하는 명사절로 그 앞에 접속사 that이 생략된 것으로 이해할 수 있다.

❷ **At last, spring is in the air, and that means [summer can't be far behind].**

대명사 that은 spring is in the air를 가리키고, [ ]는 means의 목적어 역할을 하는 명사절이다.

Quick Check 적절한 말 고르기

1. The expense of maintaining the house has / having gone up quite a bit.
2. We already have several leads from people who are considered / considering taking the cottage for most or all of the summer.

정답 1. has 2. considering

체스 동아리 물품 마련을 위한 기부 부탁

| Keywords | chess tournament, budgetary, donate

Dear Mr. Butler,
Butler 씨께

┌─── 동격 관계 ───┐
❶I am James Franklin, / [principal of Grandview High School]. // ❷Each year / we
저는 James Franklin입니다 /   Grandview 고등학교 교장 //   매년 /   저희는

provide engaging events / to bring our school's community together. // ❸This year, / we
재미있는 행사를 제공합니다 /   학교 공동체를 결속하기 위한 //   올해는 /   체스

┌→ 명사절(think의 목적어)
are trying to have a chess tournament. // ❹We think / [that it will {create a healthy
대회를 개최하려고 합니다 //   저희는 생각합니다 / 그것이 건전한 경쟁 분위기를 조성하고 /
                                                        └──── 대등한 연결 ────

competitive atmosphere} / and {help students make new friends}]. // ❺And some of the
경쟁 분위기를 /   학생들이 새로운 친구를 사귀는 데 도움이 될 것으로 //   그리고 저희 학교 체스 동아리
                                                                            ┌── 대등한 연결 ──
students in our school chess club / [are showing very promising results] / and [are
학생 중 일부는 /   매우 전도유망한 성과를 보여 주고 있고 /   시 체스 대회에

aiming to participate in the City Chess Tournament]. // ❻They are practicing hard / for
참가하는 것을 목표로 하고 있습니다 //   그들은 열심히 연습하고 있습니다 /   대회를
                                  ┌→ '~으로 인해'
the tournament. // ❼However, / due to our school's budgetary constraints, / we had to
위해 //   하지만 /   학교의 예산상 제약으로 인해 /   저희는 교육용
┌→ '~을 줄이다'   ┌→ to부정사구(목적)
cut back on school supplies. // ❽[To offer our students / the best education possible], /
물품을 줄여야 했습니다 //   저희 학생들에게 제공하기 위해서는 / 가능한 최상의 교육을 /
                                            ┌「keep+목적어+-ing: …을 계속 ~하게 하다」
we need the supplies / to keep our chess club running. // ❾We would like to ask /
물품이 필요합니다 /   체스 동아리를 계속 운영할 수 있는 //   부탁드리고자 합니다 /
┌→ 명사절(ask의 목적어)   ┌→ by -ing: ~함으로써   ┌→ 부사절(조건)
[that you help us continue the chess club / by donating money]. // ❿[If you contribute
체스 동아리가 계속 운영될 수 있도록 도와주시길 /   돈을 기부함으로써 //   귀하께서 저희 학교에 기부해
                                                              ┌── 관계절
to our school], / you'll be a hero / to the students / [who are pursuing their dream /
주시면 /   귀하는 영웅이 되실 것입니다 / 학생들에게 /   꿈을 추구하고 있는 /

of becoming chess players]. //
체스 선수가 되는 //

Sincerely,

James Franklin
James Franklin 드림

* budgetary: 예산상의

어휘

□ **principal** 교장   □ **engaging** 재미있는, 매력적인   □ **competitive** 경쟁의
□ **promising** 전도유망한   □ **constraint** 제약, 제한   □ **contribute** 기부하다, 기여하다

글의 흐름 파악

도입(❶)	전개(❷~❾)	마무리(❿)
인사말	편지의 목적	맺음말
자신 소개	• 학교 공동체를 결속하기 위해 체스 대회 개최함 • 체스 동아리 부원 중 일부는 시 대회 참가를 목표로 함 • 예산상의 제약으로 동아리 물품이 부족하므로 기부금 요청함	기부를 한다면 체스 선수가 되고자 하는 학생들에게 영웅이 될 것임

 전문 해석

Butler 씨께
❶저는 Grandview 고등학교 교장 James Franklin입니다. ❷매년 저희는 학교 공동체를 결속하기 위한 재미있는 행사를 제공합니다. ❸올해는 체스 대회를 개최하려고 합니다. ❹저희는 그것이 건전한 경쟁 분위기를 조성하고 학생들이 새로운 친구를 사귀는 데 도움이 될 것으로 생각합니다. ❺그리고 저희 학교 체스 동아리 학생 중 일부는 매우 전도유망한 성과를 보여 주고 있고, 시 체스 대회에 참가하는 것을 목표로 하고 있습니다. ❻그들은 대회를 위해 열심히 연습하고 있습니다. ❼하지만 학교의 예산상 제약으로 인해 저희는 교육용 물품을 줄여야 했습니다. ❽저희 학생들에게 가능한 최상의 교육을 제공하기 위해서는 체스 동아리를 계속 운영할 수 있는 물품이 필요합니다. ❾돈을 기부함으로써 체스 동아리가 계속 운영될 수 있도록 도와주시길 부탁드리고자 합니다. ❿귀하께서 저희 학교에 기부해 주시면 귀하는 체스 선수가 되는 꿈을 추구하고 있는 학생들에게 영웅이 되실 것입니다.
James Franklin 드림

 구문 해설

❺ And [some of the students in our school chess club] [are showing very promising results] and [are aiming to participate in the City Chess Tournament].
첫 번째 [ ]는 주어이고, 두 번째와 세 번째 [ ]는 주어의 술어 역할을 한다.

❾ We would like to ask [that you help us continue the chess club by donating money].
[ ]는 ask의 목적어 역할을 하는 명사절이다.

Quick Check 적절한 말 고르기

1. Each year we provide engaged / engaging events to bring our school's community together.

2. To offer our students the best education possible, we need the supplies to keep / keep our chess club running.

정답 1. engaging 2. to keep

교체 상품 배송 요청

| Keywords | mobile phone, order, return, replacement, prompt action

To Whom It May Concern
관계자분께

❶I am writing to you / about an issue / [with my recent mobile phone order]. //
저는 귀하께 편지를 드립니다 / 문제에 대해 / 저의 최근 휴대 전화 주문과 관련한 //
전치사구

❷I ordered a silver model, / but I was sent a black one. // ❸However, / I decided to use it
저는 은색 모델을 주문했지만 / 검은색 모델을 받았습니다 // 그러나 / 저는 어쨌든 그것을 사용하기로
=model   =the black one

anyway. // ❹Nevertheless, / I could not save numbers in it, / and the battery would not
마음먹었습니다 // 그럼에도 불구하고 / 저는 그것에 번호를 저장할 수 없었고 / 배터리는 하루도 가지 않았습니다 /
=the black one

even last a day / on a full charge. // ❺When I contacted customer service, / the
완전 충전 상태에서 // 제가 고객 서비스에 연락했을 때 /
술어 1   asked의 목적격 보어   술어 2

representative [asked me {to return the phone}] / and [promised to send a replacement]. //
담당자는 저에게 그 전화기를 반품할 것을 요청하면서 / 교체 상품을 보내 주겠다고 약속했습니다 //

❻That was two weeks ago, / and I still have not received the new phone. // ❼I would
그것이 2주 전이었는데 / 저는 아직도 새 전화기를 받지 못했습니다 // 대단히 감사하

highly appreciate it / if you could send me the replacement phone / — in silver and
겠습니다 / 저에게 교체 전화기를 보내 주시면 / 은색이고 배터리가

with a healthy battery / — as soon as possible. //
정상인 / 가능한 한 빨리 //
'~을 고대[기대]하다'

❽I look forward to your prompt action on my request. //
제 요청에 대한 신속한 조치를 고대합니다 //

Thanks,

John Smith
John Smith 드림

어휘

☐ **recent** 최근(의)　　　　　☐ **nevertheless** 그럼에도 불구하고

☐ **contact** (~에) 연락하다　　☐ **representative** 담당자, 대표자　☐ **replacement** 교체 상품, 교체물

☐ **receive** 받다　　　　　　☐ **highly** 대단히, 매우　　　　☐ **prompt** 신속한

☐ **request** 요청

글의 흐름 파악

도입 (❶~❹)	전개 1(❺)	전개 2(❻~❼)	마무리(❽)
문제 제기	문제 상황 설명	이메일의 목적	맺음말
최근 주문한 휴대 전화의 문제(색상, 배터리 불량)를 알림	고객 서비스 담당자의 반품 요청 → 교체 상품을 보내 주기로 약속	아직도 새 전화기를 받지 못한 상태 → 가능한 한 빨리 교체 전화기를 배송해 달라고 요청	신속한 조치에 관한 기대

전문 해석

관계자분께
❶저는 저의 최근 휴대 전화 주문과 관련한 문제에 대해 귀하께 편지를 드립니다. ❷저는 은색 모델을 주문했지만, 검은색 모델을 받았습니다. ❸그러나 저는 어쨌든 그것을 사용하기로 마음먹었습니다. ❹그럼에도 불구하고 저는 그것에 번호를 저장할 수 없었고, 배터리는 완전 충전 상태에서 하루도 가지 않았습니다. ❺제가 고객 서비스에 연락했을 때 담당자는 저에게 그 전화기를 반품할 것을 요청하면서 교체 상품을 보내 주겠다고 약속했습니다. ❻그것이 2주 전이었는데, 저는 아직도 새 전화기를 받지 못했습니다. ❼가능한 한 빨리 저에게 은색이고 배터리가 정상인 교체 전화기를 보내 주시면 대단히 감사하겠습니다.
❽제 요청에 대한 신속한 조치를 고대합니다.
John Smith 드림

구문 해설

❷ I ordered a silver model, but I was sent a black **one**.

one은 model을 대신한다.

❺ When I contacted customer service, the representative [asked me {to return the phone}] and [promised to send a replacement].

두 개의 [ ]는 and로 연결되어 주절의 술어 역할을 한다. 첫 번째 [ ] 안의 { }는 asked의 목적격 보어 역할을 하는 to부정사구이다.

Quick Check — T, F 고르기

1. The writer didn't want to use the phone because it was silver, not black. [T / F]

2. The representative in customer service allowed the writer to get a refund. [T / F]

정답 1. F 2. F

복사기 유지 관리 서비스 광고

| Keywords | copier maintenance, repairperson, extend, downtime

Dear Mr. Scott,
Scott 씨께

❶If you ask your administrative employees, / they will probably agree / [that copier
귀하께서 귀하의 행정 직원들에게 물어보면 /   그들은 아마 동의할 것입니다 /   복사기의 유지 관리가
                                                                                        명사절(agree의 목적어) →
                                                                                        → 명사절(shows의 목적어)

maintenance is critical to a successful office]. // ❷Our research shows / [that the typical
성공적인 사무실에 매우 중요하다는 것에 //   저희가 조사한 바에 따르면 나타났습니다 / 일반 기업은 복사
                                                                                    = copy equipment ←

business will use copy equipment / about six months / before repairing or replacing it]. //
장비를 사용하는 것으로 /   약 6개월 정도 /   그것을 수리하거나 교체하기 전에 //
                                                                        to부정사구(주격 보어) ←

❸Historically, / when you have needed service, / the only option / has been [to call a
과거에는 /   귀하가 서비스가 필요했을 때 /   선택할 수 있는 유일한 것은 / 수리 기사를 부르는 것이었습니다 /
                                                                    → '~가 있다'   → 관계절

repairperson / at a very high cost]. // ❹Fortunately, / there is now a service / [that can
수리 기사를 /   매우 높은 비용에 //   다행히도 /   이제 서비스가 있습니다 /   귀하의 복사기

extend the life of your copier / and save your company thousands of dollars / during
수명을 연장하고 /   귀사가 수천 달러를 절약할 수 있게 해 주는 /   다음 한 해
                                          → 「specialize in: ~을 전문으로 하다」   → 분사구문

the next year]. // ❺Lake Paperworx specializes in copier maintenance, / [successfully
동안 //   Lake Paperworx는 복사기 유지 관리를 전문으로 하며 /   기업 및 법률 회사에

serving business and legal firms / throughout the United States]. // ❻We can
성공적으로 서비스를 제공하고 있습니다 /   미국 전역의 //   저희는 크게

significantly reduce / your maintenance costs and your downtime. // ❼The enclosed
줄일 수 있습니다 /   귀하의 유지 관리 비용과 (고장으로 인한) 작업 중단 시간을 //   동봉된 소책자에 저희
                                                                    → 부사절(조건)

brochure outlines our services. // ❽[If you are interested in using our services], / please
서비스의 개요가 기술되어 있습니다 //   저희 서비스를 이용하는 데 관심이 있으시면 /   920–4848–

call me directly at 920–4848–1212. //
1212로 저에게 바로 전화해 주십시오 //

Sincerely,

James Palmer
James Palmer 드림

Lake Paperworx Business Manager
Lake Paperworx 영업부장

어휘
- □ **administrative** 행정의, 행정상의   □ **maintenance** 유지 관리   □ **extend** 연장하다
- □ **downtime** (고장으로 인한) 작업 중단 시간   □ **enclosed** 동봉된
- □ **brochure** 소책자   □ **outline** 개요를 기술하다

도입(①)	전개(②~③)	주제(④~⑤)	부연(⑥~⑧)
복사기 유지 관리의 중요성	문제 제기	해결 방법	서비스의 장점과 안내
복사기의 유지 관리가 성공적인 사무실에 매우 중요함	• 일반 기업은 복사 장비를 수리 혹은 교체하기 전 약 6개월 정도 사용함 • 서비스 필요 시 매우 높은 비용으로 수리 기사를 부름	복사기 수명 연장 및 비용을 절감하는 서비스가 있음 → Lake Paperworx 복사기 유지 관리 전문 업체	• 복사기 유지 관리 비용과 작업 중단 시간을 크게 줄일 수 있음 • 서비스 이용에 관심이 있으면 바로 전화하라고 독려

전문 해석

Scott 씨께

❶귀하께서 귀하의 행정 직원들에게 물어보면, 그들은 아마 복사기의 유지 관리가 성공적인 사무실에 매우 중요하다는 것에 동의할 것입니다. ❷저희가 조사한 바에 따르면 일반 기업은 복사 장비를 수리하거나 교체하기 전에 약 6개월 정도 사용하는 것으로 나타났습니다. ❸과거에는, 귀하가 서비스가 필요했을 때 선택할 수 있는 유일한 것은 매우 높은 비용에 수리 기사를 부르는 것이었습니다. ❹다행히도, 이제 귀하의 복사기 수명을 연장하고 다음 한 해 동안 귀사가 수천 달러를 절약할 수 있게 해 주는 서비스가 있습니다. ❺Lake Paperworx는 복사기 유지 관리를 전문으로 하며 미국 전역의 기업 및 법률 회사에 성공적으로 서비스를 제공하고 있습니다. ❻저희는 귀하의 유지 관리 비용과 (고장으로 인한) 작업 중단 시간을 크게 줄일 수 있습니다. ❼동봉된 소책자에 저희 서비스의 개요가 기술되어 있습니다. ❽저희 서비스를 이용하는 데 관심이 있으시면, 920-4848-1212로 저에게 바로 전화해 주십시오.

Lake Paperworx 영업부장 James Palmer 드림

구문 해설

❷ **Our research shows [that the typical business will use copy equipment about six months before repairing or replacing it].**

[ ]는 shows의 목적어 역할을 하는 명사절이고, it은 copy equipment를 가리킨다.

❺ **Lake Paperworx specializes in copier maintenance, [successfully serving business and legal firms throughout the United States].**

[ ]는 Lake Paperworx를 의미상의 주어로 하는 분사구문이다.

Quick Check 적절한 말 고르기

1. If you ask your administrative employees, they will probably agree that / what copier maintenance is critical to a successful office.

2. Historically, when you have needed service, the only option has been to call / called a repairperson at a very high cost.

정답 1. that 2. to call

| Keywords | silk, lace, dancing, letdown

❶Olivia pulled / a piece of bright yellow silk / from the display. // ❷In her free hand / she
Olivia는 끌어당겼다 / 샛노란 비단 천 조각을 / 진열대로부터 // 빈손에 / 그녀는

held a sample of beaded lace / and tried to imagine the sound / [it would make
구슬이 달린 레이스의 견본을 들고는 / 소리를 상상하려 했다 / 그것이 발목 주위에서 살랑
→ 부사절
whispering around her ankles / {as she danced}]. // ❸Now that the war was over, / there
거리며 낼 / 춤을 출 때 // 전쟁이 끝났으므로 / 댄스파티가

would be a lot of dancing. // ❹Anticipation bubbled in her chest. // ❺She'd meet a real
많으리라 // 기대가 그녀의 가슴 속에서 부풀었다 // 이번 사교 시즌에, 그녀는 진짜

gentleman this season, / and who knew? // ❻Maybe she would get married. // ❼"May I
신사를 만날 것이고 / 그리고 누가 알겠는가 // 어쩌면 그녀는 결혼할지도 모른다 // "도와드릴까요"

help you?" // ❽A shopkeeper stood beside her. // ❾"I would like five yards of this silk and
가게 점원이 그녀의 옆에 서 있었다 // "이 비단 50야드와 이 레이스 한 두루마리를 주세요."라고

a roll of this lace," / Olivia said. // ❿"I'm very sorry, miss. // ⓫They are already reserved." //
Olivia가 말했다 // "정말 죄송합니다. 손님 // 그것들은 이미 예약되어 있습니다" //
→ 감탄문 (it was 생략) → 「as+형용사[부사]의 원급+as: ~만큼 …한」
⓬What a letdown! // ⓭No other fabric would make / her as beautiful as the yellow silk, /
정말 낙담스러웠다 // 다른 어떤 직물도 만들지 않을 것이고 / 그녀를 그 노란 비단만큼 아름답게 /

and no other pearls would make such a charming whisper. // ⓮With a sigh, / she
다른 어떤 진주도 그토록 매력적인 살랑거리는 소리를 내지 않을 것이다 // 한숨을 쉬면서 / 그녀는

returned the items to the display. //
그 상품들을 다시 진열대에 갖다 놓았다 //

어휘

- □ **silk** 비단
- □ **beaded** 구슬이 달린
- □ **whisper** 살랑거리다, 속삭이다; 살랑거리는 소리
- □ **anticipation** 기대
- □ **bubble** (감정이) 부풀다
- □ **chest** 가슴
- □ **roll** 두루마리
- □ **letdown** 낙담
- □ **fabric** 직물, 천
- □ **pearl** 진주
- □ **charming** 매력적인
- □ **sigh** 한숨

글의 흐름 파악

발단(❶)	전개(❷~❾)	역전(❿~⓮)
상품 구경	기대와 상상	실망스러운 현실
진열대로부터 비단 천을 끌어당김	• 레이스를 들고 상상함 • 댄스파티를 기대함 • 진짜 신사를 만나고 결혼할 것을 상상함	• 원하는 상품이 모두 예약되었다는 말을 들음 • 실망하며 상품들을 다시 진열대에 갖다 둠

전문 해석

❶Olivia는 진열대로부터 샛노란 비단 천 조각을 끌어당겼다. ❷그녀는 빈손에 구슬이 달린 레이스의 견본을 들고는 춤을 출 때 그것이 발목 주위에서 살랑거리며 낼 소리를 상상하려 했다. ❸전쟁이 끝났으므로 댄스파티가 많으리라. ❹기대가 그녀의 가슴 속에서 부풀었다. ❺이번 사교 시즌에, 그녀는 진짜 신사를 만날 것이고, 그리고 누가 알겠는가? ❻어쩌면 그녀는 결혼할지도 모른다. ❼"도와드릴까요?" ❽가게 점원이 그녀의 옆에 서 있었다. ❾"이 비단 5야드와 이 레이스 한 두루마리를 주세요."라고 Olivia가 말했다. ❿"정말 죄송합니다, 손님. ⓫그것들은 이미 예약되어 있습니다." ⓬정말 낙담스러웠! ⓭다른 어떤 직물도 그 노란 비단만큼 그녀를 아름답게 만들지 않을 것이고, 다른 어떤 진주도 그토록 매력적인 살랑거리는 소리를 내지 않을 것이다. ⓮한숨을 쉬면서, 그녀는 그 상품들을 다시 진열대에 갖다 놓았다.

구문 해설

⓬ **What a letdown!**

감탄문으로 「what+명사구+주어+동사」의 어순에서 it was가 a letdown 뒤에서 생략된 것으로 볼 수 있다.

⓭ **No other fabric would make her as beautiful as the yellow silk, and no other pearls would make such a charming whisper.**

「as+형용사·[부사]의 원급+as」 구조로 '~만큼 …한[하게]'의 의미를 나타낸다.

Quick Check — T, F 고르기

1. Olivia expected that there would be many dance parties. T / F
2. Olivia could buy the silk cloth and lace she wanted. T / F

정답 1. T 2. F

Garcia 씨의 트럼펫 연주

| Keywords | trumpet, song, disappeared, stillness

대등한 연결
❶Mr. Garcia [walked to his closet] / and [pulled a trumpet out of its case]. // ❷He blew
Garcia 씨는 자신의 벽장으로 걸어가 / 케이스에서 트럼펫을 꺼냈다 // 그는 그것을

= the trumpet   = the trumpet   대등한
into it, / you know, / like he was clearing it all out. // ❸He [ran his fingers along the
불었다 / 그러니까 / 그가 그것을 다 비워 내듯이 // 그는 밸브를 따라 손가락을 움직이며 /

연결
valves] / and [played a scale]. // ❹And then he said, "Okay, Zach, ready?" // ❺And then
음계를 연주했다 // 그러고는 그는 말했다 / "자, Zach, 준비됐어?"라고 // 그런 다음 그는

명사절(mean의 목적어)   명사구(played의 목적어)
he started playing. // ❻I mean [the guy could play]. // ❼He played / [this really soft and
연주를 시작했다 // 내 말은 그가 연주할 줄 알았다는 것이다 // 그는 연주했다 / 정말 부드럽고 아름다운 이 곡을 /

명사절(knew의 목적어)   「keep -ing: 계속 ~하다」
beautiful song]. // ❽I never knew / [a trumpet could whisper]. // ❾I kept looking at his
아름다운 곡을 // 나는 전혀 알지 못했다 / 트럼펫이 속삭이듯 소리 낼 수 있다는 것을 // 나는 그의 손가락을 계속 바라봤다 //

wanted의 목적어   to부정사구(wanted의 목적격 보어)
fingers. // ❿I wanted / him [to keep playing forever]. // ⓫It was better / than any of the
나는 원했다 / 그가 끝없이 연주를 계속하기를 // 그것은 더 좋았다 / 그 어떤 시보다 /

관계절
poems / [he'd read to us in class]. // ⓬It was like [the whole loud world had gone really,
그가 수업 시간에 우리에게 읽어 주었던 // 시끄러운 온 세상이 정말, 정말 조용해진 것 같았고 /

대등한 연결   = only   동격 관계
really quiet] / and [there was nothing but {this one song}, / {this one sweet and gentle
이 노래 한 곡만 남은 것 같았다 / 이 감미롭고 부드러우며 아주 멋진 노래 /

관계절   분사구
and brilliant song / ⟨that was as soft as a breeze / blowing through the leaves of a
산들바람처럼 은은한 / 나뭇잎 사이로 부는 //

tree⟩}]. // ⓭The world just disappeared. // ⓮I wanted to live / in that stillness forever. //
세상이 그저 사라져 버렸다 // 나는 살고 싶었다 / 그 고요함 속에서 영원히 //

대등한 연결
⓯I wanted to clap. // ⓰And then, / I just didn't know / [what to do] or [what to say]. //
나는 박수를 치고 싶었다 // 그러고 나서 / 나는 전혀 몰랐다 / 무엇을 해야 할지, 무슨 말을 해야 할지를 //

어휘

☐ **closet** 벽장, 옷장
☐ **poem** 시
☐ **breeze** 산들바람

☐ **scale** 음계
☐ **gentle** 부드러운, 온화한
☐ **stillness** 고요함

☐ **whisper** 속삭이다
☐ **brilliant** 아주 멋진, 찬란한
☐ **clap** 박수를[손뼉을] 치다

글의 흐름 파악

연주(❶~❼)		감정(❽~⓰)
Garcia 씨의 트럼펫 연주 시작	→	연주를 들은 'I'의 감정
트럼펫을 꺼내어 음계를 연주한 후, 본격적으로 곡을 연주함		세상이 사라지고 연주만 남은 듯했고, 무엇을 하고 무슨 말을 해야 할지 모를 정도로 감동에 압도됨

전문 해석

❶Garcia 씨는 자신의 벽장으로 걸어가 케이스에서 트럼펫을 꺼냈다. ❷그는 그러니까, 다 비워 내듯이 트럼펫을 불었다. ❸그는 밸브를 따라 손가락을 움직이며 음계를 연주했다. ❹그러고는 "자, Zach, 준비됐어?"라고 그가 말했다. ❺그런 다음 그는 연주를 시작했다. ❻내 말은 그가 연주할 줄 알았다는 것이다. ❼그는 정말 부드럽고 아름다운 이 곡을 연주했다. ❽나는 트럼펫이 속삭이듯 소리 낼 수 있다는 것을 전혀 알지 못했다. ❾나는 그의 손가락을 계속 바라봤다. ❿나는 그가 끝없이 연주를 계속하기를 바랐다. ⓫그것은 그가 수업 시간에 우리에게 읽어 주었던 그 어떤 시보다 좋았다. ⓬시끄러운 온 세상이 정말, 정말 조용해진 것 같았고, 이 노래 한 곡만, 나뭇잎 사이로 부는 산들바람처럼 은은한 이 감미롭고 부드러우며 아주 멋진 노래 한 곡만 남은 것 같았다. ⓭세상이 그저 사라져 버렸다. ⓮나는 그 고요함 속에서 영원히 살고 싶었다. ⓯나는 박수를 치고 싶었다. ⓰그리고 나서 나는 무엇을 해야 할지, 무슨 말을 해야 할지 전혀 몰랐다.

구문 해설

❸ He [ran his fingers along the valves] and [played a scale].
두 개의 [ ]는 and로 연결되어 문장의 술어 역할을 한다.

⓰ And then, I just didn't know [what to do] or [what to say].
두 개의 [ ]는 or로 연결되어 know의 목적어 역할을 한다.

Quick Check 적절한 말 고르기

1. Mr. Garcia walked to his closet and [pulled / pulling] a trumpet out of its case.

2. There was nothing but this one song, this one sweet and gentle and brilliant song that was as [soft / softly] as a breeze blowing through the leaves of a tree.

정답 1. pulled 2. soft

3번

2강

처벌받을 위기에서 벗어남

| Keywords | warrior, punish, shiver, relief

❶A very large warrior <u>approached</u> [→ 술어동사 1] / and <u>stood</u> [→ 술어동사 2] in front of Benny. // **❷**The warrior took
덩치가 매우 큰 한 전사가 다가와 / Benny 앞에 섰다 // 그 전사가 그의 팔을 붙잡았고

him [→ =Benny] by the arm, / and Benny was convinced / [that he was going to be punished]. [→ convinced의 의미 보충] //
Benny는 확신했다 / 자신이 처벌받게 될 것이라고 //

❸He shivered with fear / [while being dragged]. [→ 접속사가 명시된 분사구문] // **❹**The warrior brought Benny / to an
그는 두려움에 떨었다 / 끌려가는 동안 // 그 전사는 Benny를 데려갔다 / 마을의

open area of the village. // **❺**There sat an old man. // **❻**He seemed to be incredibly [→ 「seem to do: ~하는 것처럼 보이다」]
공터로 // 거기에는 한 노인이 앉아 있었다 // 그는 엄청난 존경을 받는 듯 보였다 /

respected / by all of the warriors. // **❼**He introduced himself as Ailani, / meaning
모든 전사에게 // 그는 자신을 Ailani라고 소개했고 / '대추장'이라는

"Highest Chief," / and surprisingly enough, / he spoke in the English language. // **❽**He
뜻의 / 매우 놀랍게도 / 영어로 말을 했다 // 그는

told Benny, / ["I have decided [→ 명사절(told의 직접목적어)] / {that we are not going to punish you}. [→ 명사절(decided의 목적어)] // **❾**We do not
Benny에게 말했다 / "나는 결정했습니다 / 우리가 당신을 처벌하지 않기로 // 우리는 선량한 사람을

punish good men, / so you can relax."] // **❿**The chief continued, / ["I heard {what you [→ 명사절(continued의 목적어)]
처벌하지 않으니 / 안심해도 됩니다" // 그 추장은 계속 말했다 / "당신이 우리를 위해 한 일을 들었

did for us}. // **⓫**Your kindness makes me {say welcome}. [→ 원형부정사구(makes의 목적격 보어)] // **⓬**Welcome to Life Island."] [→ 명사절(heard의 목적어)] //
습니다 // 당신의 친절함은 내게 환영의 말을 전하게 하는군요 // Life Island에 온 걸 환영합니다" //

⓭Tears of relief poured down Benny's face. //
안도의 눈물이 쏟아져 Benny의 얼굴을 타고 흘러내렸다 //

* shiver: (몸을) 떨다

어휘

□ **warrior** 전사
□ **respect** 존경하다
□ **approach** 다가오다
□ **relief** 안도, 안심
□ **incredibly** 엄청나게

글의 흐름 파악

도입(❶~❸)	전개(❹~⓫)	결말(⓭)
상황 제시	대추장과의 만남	안도함
Benny는 전사에게 끌려가며 자신이 처벌받을 것을 확신하고 두려움에 떪	• 대추장이 모든 전사로부터 존경받는 것처럼 보임 • 대추장이 Benny를 처벌하지 않을 것이며 Life Island에 온 것을 환영한다고 말함	안도의 눈물이 쏟아짐

전문 해석

❶덩치가 매우 큰 한 전사가 다가와 Benny 앞에 섰다. ❷그 전사가 그의 팔을 붙잡았고 Benny는 자신이 처벌받게 될 것이라고 확신했다. ❸그는 끌려가는 동안 두려움에 떨었다. ❹그 전사는 Benny를 마을의 공터로 데려갔다. ❺거기에는 한 노인이 앉아 있었다. ❻그는 모든 전사에게 엄청난 존경을 받는 듯 보였다. ❼그는 자신을 '대추장'이라는 뜻의 Ailani라고 소개했고 매우 놀랍게도 영어로 말을 했다. ❽그는 Benny에게 "나는 우리가 당신을 처벌하지 않기로 결정했습니다. ❾우리는 선량한 사람을 처벌하지 않으니 안심해도 됩니다."라고 말했다. ❿그 추장은 계속 말했다. "당신이 우리를 위해 한 일을 들었습니다. ⓫당신의 친절함은 내게 환영의 말을 전하게 하는군요. ⓬Life Island에 온 걸 환영합니다." ⓭안도의 눈물이 쏟아져 Benny의 얼굴을 타고 흘러내렸다.

구문 해설

❸ He shivered with fear [**while** being dragged].

[ ]는 주어 He의 상태를 부가적으로 설명하는 분사구문으로 접속사 while이 명시되었다.

❽~❾ He told Benny, ["I have decided {that we are not going to punish you}. We do not punish good men, so you can relax."]

[ ]는 told의 직접목적어 역할을 하는 명사절이고, { }는 decided의 목적어 역할을 하는 명사절이다.

Quick Check — T, F 고르기

1. It seemed that the chief was very respected by the warriors. T / F
2. The chief thought Benny should be punished. T / F

정답 1. T 2. F

Charlotte이 준비한 추수 감사절 파티

| Keywords | Charlotte's cooking, flavorful experience, relax, delicious, laugh

❶"I think everyone is here now! / Shall we all sit down?" // ❷Everyone was more than
"이제 모두 모인 것 같네요 / 우리 모두 앉을까요" // 모든 이들이 더할 나위 없이 기쁘게 응했고 /

happy to cooperate / and soon / the whole group was settled in their chairs / around
곧 / 모인 사람 모두가 자리를 잡았다 / 식당의 긴

the long dining room table, / [passing dishes / {filled with Charlotte's cooking}]. //
식탁을 둘러서 / 접시를 전달했다 / Charlotte의 요리가 가득 담긴 //
　　　　　　　　　　　　　　　　　　　　→ 분사구문(앞 절에서 기술한 상황과 동시에 일어나는 동작을 나타냄)

❸Soon, / everyone had a full plate / and conversation buzzed / around the table /
곧 / 모두가 접시를 가득 채웠고 / 바쁘게 대화가 오갔다 / 식탁 주위에서 /
　　　　　　　　　　　　　　　　　　└─── 대등한 연결 ───┘

between bites. // ❹Charlotte took a careful bite of her stuffing / and found / [that the
음식을 먹는 사이에 // Charlotte은 자신이 만든 음식의 소를 조심스럽게 한입 베어 물었고 / 알게 되었다 / 양념이 모두
　　　　　　　　　　　　　　　　　　　　　　　　　　　　　　　　　　　명사절(found의 목적어)

seasonings had all blended together beautifully / to create a flavorful experience]. //
기막히게 어우러져 / 풍미 가득한 경험을 만들어 낸다는 것을 //
　　　　　　　　　　　　　　→ 부사절의 술어동사 1　　　　　　　　　　　　　　→ 부사절의 술어동사 2

❺She relaxed a bit more / as she sampled the dishes on her plate / and found [that
그녀는 조금 더 긴장을 풀었다 / 자신의 접시에 담긴 요리를 맛보고 / 모든 음식이 맛있다는 것을
　　　　　　　　　　　　　　　　　　　　　　　　　　　　　　명사절(found의 목적어)

everything tasted good]. // ❻Or, at least, / she thought so. // ❼She just hoped [everyone
알게 되어 // 아니면 적어도 / 그녀는 그렇게 생각했다 // 그녀는 그저 다른 사람들도 모두 같은 생각을
　　　　　　　　　　　　　　　　　　　　　　　　　　　　　　　　　명사절(hoped의 목적어)
　　　　　　　　　　　　→ '(마치) ~인 듯'

else felt the same way]. // ❽As if reading her mind, / Addison leaned over to her. //
하길 바랐다 // 그녀의 마음을 읽은 듯 / Addison이 그녀 쪽으로 몸을 기울였다 //
　　　　　　　　　　　　　　　　　　　　→ 분사구문 1　　　　　　　　　→ 분사구문 2

❾"Everything tastes so delicious," / she said quietly, / [patting her belly] / and [indicating
"모든 것이 너무 맛있어요" / 그녀는 조용히 말했다 / 자신의 배를 두드리며 / 이미 반쯤 먹은 접시를
　　　　　　　　　　　　　　　　　　　　　　　　　　　　　　　　　　　　→ '결국'

her already half-eaten plate]. // ❿"You're going to have to roll me out of here / when all is
가리키면서 // "날 굴려서 여기 밖으로 데리고 나가야 할 거예요 / 결국"

said and done." // ⓫"Eat as much as you like," / Charlotte replied with a laugh. //
"마음껏 먹어요 / Charlotte은 웃으며 대답했다 //

⓬"There's no judgment, / especially on Thanksgiving!" //
"흉볼 사람 없어요 / 특히 추수 감사절에는요" //

* pat: (가볍게) 두드리다, 쓰다듬다

어휘

□ **cooperate** 응하다, 협력하다　　□ **conversation** 대화　　□ **buzz** 바쁘게 오가다, 윙윙거리다
□ **stuffing** (요리 속에 넣은) 소[속]　　□ **seasoning** 양념　　□ **blend** 어우러지다, 섞이다
□ **flavorful** 풍미 가득한　　□ **sample** 맛보다, 시식하다　　□ **at least** 적어도
□ **indicate** 가리키다, 보여 주다　　□ **roll** 굴리다
□ **when all is said and done** 결국, 뭐니 뭐니 해도　　□ **reply** 대답하다

글의 흐름 파악

도입(❶~❸)	전개(❹~❼)	결말(❽~⓬)
추수 감사절 파티 시작	자신의 요리에 대한 Charlotte의 걱정과 사람들의 반응에 대한 기대	Charlotte의 만족감
긴 식탁에서 Charlotte의 요리를 나누며 대화를 나누는 사람들	Charlotte은 자신이 한 요리를 조심스럽게 맛봄 → 양념이 기막히게 어우러져 풍미 가득함을 느끼고 안도함	자신의 요리를 즐기는 Addison을 보고 기뻐함

전문 해석

❶"이제 모두 모인 것 같네요! 우리 모두 앉을까요?" ❷모든 이들이 더할 나위 없이 기쁘게 응했고 곧 모인 사람 모두가 식당의 긴 식탁을 둘러서 자리를 잡았고, Charlotte의 요리가 가득 담긴 접시를 전달했다. ❸곧 모두가 접시를 가득 채웠고, 음식을 먹는 사이에 식탁 주위에서 바쁘게 대화가 오갔다. ❹Charlotte은 자신이 만든 음식의 소를 조심스럽게 한입 베어 물었고 양념이 모두 기막히게 어우러져 풍미 가득한 경험을 만들어 낸다는 것을 알게 되었다. ❺Charlotte은 자신의 접시에 담긴 요리를 맛보고 모든 음식이 맛있다는 것을 알게 되어 조금 더 긴장을 풀었다. ❻아니면 적어도 그녀는 그렇게 생각했다. ❼그녀는 그저 다른 사람들도 모두 같은 생각을 하길 바랐다. ❽그녀의 마음을 읽은 듯 Addison이 그녀 쪽으로 몸을 기울였다. ❾"모든 것이 너무 맛있어요." 그녀는 자신의 배를 두드리며 이미 반쯤 먹은 접시를 가리키면서 조용히 말했다. ❿"결국 날 굴려서 여기 밖으로 데리고 나가야 할 거예요." ⓫Charlotte은 웃으며 "마음껏 먹어요."라고 대답했다. ⓬"흉볼 사람 없어요, 특히 추수 감사절에는요!"

구문 해설

❷ **Everyone was more than happy to cooperate and soon the whole group was settled in their chairs around the long dining room table, [passing dishes {filled with Charlotte's cooking}].**

[ ]는 앞에서 기술한 상황과 동시에 일어나는 동작을 나타내는 분사구문이고, 그 안의 { }는 dishes를 수식하는 분사구이다.

❺ **She relaxed a bit more as she [sampled the dishes on her plate] and [found {that everything tasted good}].**

두 개의 [ ]는 and로 연결되어 as가 유도하는 부사절의 술어 역할을 한다. 두 번째 [ ] 안의 { }는 found의 목적어 역할을 하는 명사절이다.

Quick Check — 적절한 말 고르기

1. Charlotte took a careful bite of her stuffing and found that / what the seasonings had all blended together beautifully to create a flavorful experience.

2. "Everything tastes so delicious / deliciously ," she said quietly, patting her belly and indicating her already half-eaten plate.

정답 1. that 2. delicious

| Keywords | misconceptions, creativity, simple ideas, generate, as many ideas as possible

❶One of the biggest misconceptions / about creativity / is [that it takes a brilliant idea /
가장 큰 오해 중 하나는 / 창의력에 대한 / 한 개의 기발한 아이디어가 필요하다는 것이다 /
명사절(is의 주격 보어)

to solve a complex problem]. // ❷[While this may be true in pure sciences], / in most
복잡한 문제를 해결하는 데 // 순수 과학에서는 이것이 맞을 수도 있지만 / 대부분의 상업
부사절(양보)

commercial contexts, or even in day-to-day living, / it is never that one silver bullet /
적 상황에서는, 혹은 심지어 일상생활에서도 / 결코 한 가지 묘책이 아니다 /
「it is ~ that …」 강조 구문

that does the magic. // ❸It is, in fact, a series of seemingly simple ideas / that counts. //
마법을 부리는 것은 // 사실, 바로 단순해 보이는 일련의 아이디어이다 / 중요한 것은 //
「It is ~ that …」 강조 구문

❹The key / is [to have enough ideas / {that solve specific parts of the overall problem}], /
핵심은 / 충분한 아이디어를 갖는 것이며 / 전체 문제의 특정 부분을 해결하는 /
to부정사구(is의 주격 보어) / 관계절

and then / the thorny task / looks very much tenable. // ❺[Since creativity comes from
그러면 / 골치 아픈 과업이 / 많이 참아 낼 수 있는 것으로 보인다 // 창의성은 개념을 결합하는 것에서 나오며 /
부사절(이유) 1

combining concepts / in an unusual fashion], / and [since it is exceedingly difficult /
독특한 방식으로 / 또 매우 어렵기 때문에 /
부사절(이유) 2 / 형식상의 주어

{to trace the origins of ideas}], / you are better off / generating / as many ideas as
아이디어의 근원을 추적하는 것은 / 여러분은 더 유리할 것이다 / 만들어 낸다면 / 가능한 한 많은 아이디어를 /
내용상의 주어

possible / with the hope [that some of them would click]. // ❻That is [what great
아이디어 중 일부가 성공하기를 바라면서 // 이것이 바로 위대한 과학자와 예술
= many ideas / 명사절(is의 주격 보어)

scientists and artists do]. // ❼As the author Walter Isaacson notes, / 'The sparks come
가가 하는 일이다 // 작가 Walter Isaacson이 말한 대로 / '(창의력의) 불꽃은 아이디어가
'~하는 대로'

from ideas rubbing against each other / rather than as bolts out of the blue.' //
서로 마찰하며 생겨난다 / 예상치 못하게 (난데없이) 발생하는 것이 아니라' //
'~이 아니라 …'

* thorny: 골치 아픈, 까다로운 ** tenable: 참아 낼 수 있는

어휘
- □ misconception 오해
- □ brilliant 기발한, 훌륭한
- □ complex 복잡한
- □ commercial 상업적인, 상업의
- □ silver bullet 묘책, 특효약
- □ a series of 일련의
- □ count 중요하다
- □ combine 결합하다
- □ fashion 방식
- □ exceedingly 매우, 극도로
- □ origin 근원
- □ better off 더 유리한, 형편이 나은
- □ generate 만들어 내다
- □ click 성공하다, 잘되다
- □ bolt out of the blue 예상치 못하게 (난데없이) 발생하는 것

글의 흐름 파악

도입(❶)	전개(❷)	주제(❸~❻)	부연(❼)
창의력에 관한 오해	오해 반박	진정한 창의력	Walter Isaacson의 말 인용
복잡한 문제를 해결하기 위해서는 한 개의 기발한 아이디어가 필요함	대부분의 상업적 상황이나 일상생활에서 꼭 한 가지 묘책이 마술을 부리는 것이 아님	많은 단순한 아이디어의 결합을 통해 창의적으로 문제 해결이 가능함	'(창의력의) 불꽃은 예상치 못하게 (난데없이) 발생하는 것이 아니라 아이디어가 서로 마찰하며 생겨나는 것'

전문 해석

❶창의력에 대한 가장 큰 오해 중 하나는 복잡한 문제를 해결하는 데 한 개의 기발한 아이디어가 필요하다는 것이다. ❷순수 과학에서는 이것이 맞을 수도 있지만, 대부분의 상업적 상황에서는, 혹은 심지어 일상생활에서도, 마법을 부리는 것은 결코 한 가지 묘책이 아니다. ❸사실, 중요한 것은 바로 단순해 보이는 일련의 아이디어이다. ❹핵심은 전체 문제의 특정 부분을 해결하는 충분한 아이디어를 갖는 것이며, 그러면 골치 아픈 과업이 많이 참아 낼 수 있는 것으로 보인다. ❺창의성은 개념을 독특한 방식으로 결합하는 것에서 나오며, 또 아이디어의 근원을 추적하는 것은 매우 어렵기 때문에 여러분은 아이디어 중 일부가 성공하기를 바라면서 가능한 한 많은 아이디어를 만들어 낸다면 더 유리할 것이다. ❻이것이 바로 위대한 과학자와 예술가가 하는 일이다. ❼작가 Walter Isaacson이 말한 대로, '(창의력의) 불꽃은 예상치 못하게 (난데없이) 발생하는 것이 아니라 아이디어가 서로 마찰하며 생겨난다.'

배경지식

Walter Isaacson(월터 아이작슨)
미국의 작가이자 언론인이며 Tulane University의 역사학과 교수이다. 그의 베스트셀러 작품으로는 Leonardo da Vinci, Steve Jobs, Benjamin Franklin, Albert Einstein의 전기가 있고, 지문에서 인용된 그의 말은 2014년에 발간된 그의 저서 *The Innovators*에 나왔다. 2012년 미국 타임지에서 세계의 가장 영향력 있는 100인에 선정되었으며 2023년에는 미국의 국가 인문학 메달을 수상했다.

구문 해설

❶ One of the biggest misconceptions about creativity is [that **it takes a brilliant idea to solve** a complex problem].

[ ]는 is의 주격 보어 역할을 하는 명사절이고, 「it takes ~ to *do*」는 '…하는 데 ~이 필요하다'는 의미이다.

❺ Since creativity comes from combining concepts in an unusual fashion, and since **it** is exceedingly difficult [to trace the origins of ideas], you are better off generating as many ideas as possible with the hope [that some of them would click].

Since가 이끄는 두 번째 부사절에서, it은 형식상의 주어이고, 첫 번째 [ ]는 내용상의 주어이다. 두 번째 [ ]는 the hope과 동격 관계이다.

Quick Check 적절한 말 고르기

1. One of the biggest misconceptions about creativity is │ that / what │ it takes a brilliant idea to solve a complex problem.

2. The key is to have enough ideas that solve specific parts of the overall problem, and then the thorny task │ to look / looks │ very much tenable.

정답 1. that 2. looks

환경을 위한 선택

| Keywords | environment, circumstances, personal

❶ 형식상의 주어 ←
Sometimes it is hard / →to부정사구(내용상의 주어)
[to know the right thing to do for the planet]. // ❷[What sounds
가끔은 어렵다 / 지구를 위해 할 적절한 일을 아는 것이 // 명사절(주어)
좋게 들리는 것이 /

→ '반드시 ~은 아니다'
good] / **may not necessarily be so.** // ❸Rooftop solar panels, / for example, / are one of
반드시 그렇지는 않을 수도 있다 // 지붕에 설치하는 태양 전지판은 / 예를 들어 / 가장 비싸고 가장

→ 「one of the+형용사의 최상급+복수명사: 가장 ~한 것 중 하나」 동명사구(주어)
the most expensive and least effective ways / **to help the environment.**// ❹Buying local
효과적이지 않은 방법의 하나다 / 환경을 돕는 // 지역 농산물을 구매하는

food / **can actually increase water pollution and waste.** // ❺According to research from
것이 / 실제로는 수질 오염과 쓰레기를 증가시킬 수도 있다 // 덴마크와 영국 정부의 연구에 의하면 /

the Danish and UK governments, / **plastic grocery bags may actually be better** / **than**
식료품용 비닐봉지가 사실상 더 나을 수도 있다 / 면 가방

cotton bags / **for the climate and for water.** // ❻You may disagree with all or some of
보다 / 기후와 물을 위해 // 여러분은 그러한 주장 전부나 일부에 동의하지 않을 수도 있고 /

→ 「depend on: ~에 달려 있다」
those claims, / **and you may be right.** // ❼It depends on your individual circumstances. //
여러분이 맞을 수도 있다 // 그것은 여러분의 개인적인 상황에 달려 있다 //

❽If you live in Phoenix, Arizona, / for example, / solar panels could be a smart choice. //
여러분이 애리조나주의 Phoenix에 산다면 / 예를 들어 / 태양 전지판은 현명한 선택이 될 수 있다 //
동명사구(주어)
❾[Using your own cotton bags / continuously and without exception / for shopping for
자신의 면 가방을 사용하는 것은 / 계속 예외 없이 / 몇 년 동안 장을 보기 위해 /

→ 술어동사
several years] / **is probably better for the environment** / **than the alternatives.** // ❿Each
아마 환경에 더 좋을 것이다 / 대안들보다 // 이러한

of these choices depends on personal circumstances and behavior. // ⓫The best
선택 각각은 개인적인 상황과 행동에 달려 있다 // 환경을 위한 최선의

solutions for the environment are personal. //
해결책은 개인적이다 //

어휘

- ☐ **solar panel** 태양 전지판
- ☐ **grocery** 식료품
- ☐ **cotton** 면
- ☐ **claim** 주장
- ☐ **circumstance** 상황
- ☐ **continuously** 계속
- ☐ **exception** 예외
- ☐ **alternative** 대안
- ☐ **solution** 해결책

글의 흐름 파악

소재(❶~❷)		예시(❸~❾)		요지(❿~⓫)
`지구를 위한 선택`		친환경적 선택이 환경에 좋지 않을 수 있는 사례		친환경적 선택의 개인적인 특징
• 지구를 위해 할 일을 아는 것은 어려움 • 좋게 들리는 것이 좋지 않을 수도 있음	➡	• 지붕의 태양 전지판 • 지역 농산물의 구매 • 식료품용 비닐봉지와 면 가방	➡	• 친환경적인 선택의 타당성은 개인의 상황과 행동에 달림 • 환경을 위한 최선의 해결책은 개인적임

전문 해석

❶가끔은 지구를 위해 할 적절한 일을 아는 것이 어렵다. ❷좋게 들리는 것이 반드시 그렇지는 않을 수도 있다. ❸예를 들어 지붕에 설치하는 태양 전지판은 환경을 돕는 가장 비싸고 가장 효과적이지 않은 방법의 하나다. ❹지역 농산물을 구매하는 것이 실제로는 수질 오염과 쓰레기를 증가시킬 수도 있다. ❺덴마크와 영국 정부의 연구에 의하면, 식료품용 비닐봉지가 사실상 기후와 물을 위해 면 가방보다 더 나을 수도 있다. ❻여러분은 그러한 주장 전부나 일부에 동의하지 않을 수도 있고, 여러분이 맞을 수도 있다. ❼그것은 여러분의 개인적인 상황에 달려 있다. ❽예를 들어 여러분이 애리조나주의 Phoenix에 산다면, 태양 전지판은 현명한 선택이 될 수 있다. ❾몇 년 동안 장을 보기 위해 자신의 면 가방을 예외 없이 계속 사용하는 것은 대안들보다 아마 환경에 더 좋을 것이다. ❿이러한 선택 각각은 개인적인 상황과 행동에 달려 있다. ⓫환경을 위한 최선의 해결책은 개인적이다.

배경지식

Phoenix, Arizona(애리조나주의 Phoenix 시)
미국 남서부의 애리조나주에서 가장 인구가 많은 도시이다. 여름 날씨는 매우 덥고 겨울은 온화하며, 반도체 산업이 매우 발달했다.

구문 해설

❷ [What sounds good] may not necessarily be so.
   [ ]는 문장의 주어 역할을 하는 명사절이다.

❸ Rooftop solar panels, for example, are [one of the most expensive and least effective ways] [to help the environment].
   첫 번째 [ ]에서는 「one of the+형용사의 최상급+복수명사」가 사용되어 '가장 ~한 것 중의 하나'의 의미를 나타낸다. 두 번째 [ ]는 첫 번째 [ ]를 수식하는 to부정사구이다.

Quick Check

T, F 고르기

1. In Phoenix, Arizona, solar panels are not a smart choice for the environment. T / F

2. Plastic grocery bags may actually be better than cotton bags for the climate and for water. T / F

정답 1. F 2. T

3번 장애인에 대한 편견

3강

| Keywords | disabilities, competence, unfair, criterion, prejudiced

❶Consider people with disabilities. // ❷Often they are judged / [using criteria of
장애가 있는 사람을 생각해 보라 //   흔히 그들은 평가받는다 /   수동태   능력 기준을 사용하여 /
                                            분사구문(주절을 부가적으로 설명)

competence / {that are *biased* in favor of nondisabled people}]. // ❸Compare, for
           관계절
비장애인에게 유리하게 '편향된' //   예를 들어 보통의 시각

example, an average blind person / with an average sighted person. // ❹Who will be
장애인과 비교해 보라 /   보통의 앞을 볼 수 있는 사람을 //   누가 더 유능할까 /
                                                     명사절(think의 목적어)

more competent / in walking from one place to another? // ❺You might think / [that the
「from ~ to …: ~에서 …으로」
한 장소에서 다른 장소로 걸어갈 때 //   여러분은 생각할 수도 있다 /   앞을 볼 수
                                                       명사절(see의 목적어)

sighted person will be more competent / {because the sighted person can see / 〈where
                                          부사절(이유)
있는 사람이 더 유능할 것으로 /   자신이 볼 수 있으므로 ~ where he or she is going   어디로 가고
                                  = the sighted person will be

he or she is going〉}], / but this is using an unfair criterion. // ❻[If you think about
있는지를 /   하지만 이는 불공정한 기준을 사용하고 있다 //   부사절(조건)   만약 여러분이 능력에 대해 생각

competence / based on the fairer criterion / of {who can best walk / 〈with the eyes
                                              명사절(of의 목적어)
한다면 /   더 공정한 기준에 근거하여 /   누가 가장 잘 걸을 수 있느냐는 /   눈을 감고
                                      「with+명사구+분사(구): 앞 절이 기술하는 상황에 부수하는 상황을 나타냄」

closed〉}], / then the blind person will definitely be more competent. // ❼[Such knowledge /
                                                                            주어   이러한 지식은 /
시각 장애인이 분명히 더 유능할 것이다 //

about people {who are blind} / and, by extension, other socially marginalized people], /
              관계절
시각 장애인에 관한 /   그리고 더 나아가 다른 사회 소외 계층 /

can make us [{appreciate them / and celebrate their unique abilities / as they really are}, /
make의 목적어   make의 목적격 보어   '있는 그대로'
우리로 하여금 그들의 가치를 인정할 수 있게 하고 /   그들의 고유한 능력을 기념할 수 있게 한다 /   있는 그대로 /

rather than {discriminate against, pity, or patronize them / for some incompetence / 〈that
'~이 아니라'   앞의 { }와 rather than으로 연결   관계절
그들을 차별하거나, 동정하거나, 아니면 깔보는 듯한 태도로 대하는 것이 아니라 /   무능함을 이유로 /   실재하지

does not exist / except as a figment of our traditional, prejudiced imaginations〉}]. //
              '~을 제외하고'
않는 /   우리의 인습적이고 편견에 찬 상상이 꾸며 낸 것인 것을 제외하면 //

* marginalize: 소외시키다 ** patronize: 깔보는 듯한 태도로 대하다 *** figment: 꾸며 낸 것

어휘

- □ **disability** 장애
- □ **biased** 편향된
- □ **competent** 유능한
- □ **by extension** 더 나아가
- □ **discriminate** 차별하다
- □ **criterion** 기준(*pl*. criteria)
- □ **in favor of** ~에게 유리하게
- □ **unfair** 불공정한
- □ **appreciate** 가치를 인정하다
- □ **incompetence** 무능함
- □ **competence** 능력
- □ **sighted** 앞을 볼 수 있는
- □ **definitely** 분명히
- □ **unique** 고유한, 독특한
- □ **prejudiced** 편견에 찬

도입(❶~❷)		예시(❸~❺)		요지(❻~❼)
장애인의 능력 평가 기준		장애인과 비장애인의 걷기 능력 평가 기준		공정한 평가 기준의 의의
비장애인에게 유리하게 편향되어 있음	→	불공정한 기준을 사용하여 평가하고 있음	→	• 공정한 기준을 사용하면 장애인의 능력에 대한 평가가 달라지게 됨 • 장애인의 가치와 능력을 제대로 인정할 수 있음

전문 해석

❶장애가 있는 사람을 생각해 보라. ❷흔히 그들은 비장애인에게 유리하게 '편향된' 능력 기준을 사용하여 평가받는다. ❸예를 들어 보통의 시각 장애인과 보통의 앞을 볼 수 있는 사람을 비교해 보라. ❹한 장소에서 다른 장소로 걸어갈 때 누가 더 유능할까? ❺여러분은 앞을 볼 수 있는 사람이 자신이 어디로 가고 있는지를 볼 수 있으므로 더 유능할 것으로 생각할 수도 있지만, 이는 불공정한 기준을 사용하고 있다. ❻만약 여러분이 누가 눈을 감고 가장 잘 걸을 수 있느냐는 더 공정한 기준에 근거하여 능력에 대해 생각한다면, 시각 장애인이 분명히 더 유능할 것이다. ❼시각 장애인, 더 나아가 다른 사회 소외 계층에 관한 이러한 지식은 우리의 인습적이고 편견에 찬 상상이 꾸며 낸 것인 것을 제외하면 실재하지 않는 무능함을 이유로 그들을 차별하거나, 동정하거나, 아니면 깔보는 듯한 태도로 대하는 것이 아니라 그들의 가치를 인정하고 그들의 고유한 능력을 있는 그대로 기념할 수 있게 한다.

구문 해설

❷ Often they are judged [using criteria of competence {that are *biased* in favor of nondisabled people}].

[ ]는 주절을 부가적으로 설명하는 분사구문이고, 그 안의 { }는 criteria of competence를 수식하는 관계절이다.

❺ You might think [that the sighted person will be more competent because the sighted person can see {where he or she is going}], but this is using an unfair criterion.

[ ]는 think의 목적어 역할을 하는 명사절이고, 그 안의 { }는 see의 목적어 역할을 하는 명사절이다.

Quick Check 적절한 말 고르기

1. Often people with disabilities are judged using criteria of competence that are *biased* | against / in favor of | nondisabled people.

2. If you think about competence based on the fairer criterion of who can best walk with the eyes closed, then the blind person will definitely be | less / more | competent.

4번 상상의 본질

3강

| Keywords | imagination, mind, thoughts

❶When you think, / you are using your imagination to create an image or picture /
여러분이 생각할 때는 / 상상력을 이용하여 이미지나 그림을 만들고 있는 것이다 /
└→ '~이 아닌'
in your mind / of an event / rather than the real thing. // ❷If you are driving home /
마음속에 / 사건에 대한 / 실제적인 것이 아닌 // 여러분이 차를 몰고 집에 돌아오고 있다면 /
┌→ 분사구문
from a football match, / [reviewing the game in your mind], / you are merely imagining /
축구 경기를 마치고 / 마음속으로 경기를 복기하면서 / 그저 상상하고 있는 것이다 /
└→ 명사절(imagining의 목적어)
[what the game was like]. // ❸The game is no longer real; / it's now only in your mind,
그 경기가 어땠는지 // 그 경기는 더는 현실이 아니며 / 그것은 이제 여러분의 마음속에만, 즉 여러분의
in your memory. // ❹It was real once, / but not any longer. // ❺Similarly, / if you are
기억 속에만 있다 // 그것은 한때는 현실이었지만 / 더는 그렇지 않다 // 마찬가지로 / 여러분이 생각하고
┌→ 명사절(전치사 about의 목적어) =how bad your marriage is
thinking / about [how bad your marriage is], / you are considering it in your mind. //
있다면 / 여러분의 결혼 생활이 얼마나 안 좋은지 / 여러분은 그것을 여러분의 마음속으로 생각하고 있는 것이다 //

❻*It's all in your imagination.* // ❼You are literally 'making up' your relationship. //
'그 모든 것은 상상 속에 있는 것이다' // 여러분은 말 그대로 여러분의 관계를 '만들어 내고' 있는 것이다 //
┌────── 관계절 ┌→ 술어동사
❽The thoughts / [you are having about your relationship] / are just thoughts. // ❾This is
생각은 / 여러분이 여러분의 관계에 관해 가지고 있는 / 단지 생각일 뿐이다 // 그렇기 때문에
┌→ 명사절(is의 주격 보어)
[why the old saying, 'Things aren't as bad as they seem'] is almost always true. //
'상황이 보이는 것만큼 나쁘지는 않다'라는 옛말은 거의 항상 사실이다 //
┌──── 관계절 ┌→ 부사절(is의 주격 보어)
❿The reason / [things 'seem so bad'] / is [because your mind is able to recreate past
이유는 / 상황이 '그렇게 나빠 보이는' / 여러분의 마음이 과거의 사건을 재현할 수 있기 때문이다 /
┌→ 「as though+주어+과거형동사 ~: 마치 ~인 것처럼」
events, / and preview upcoming events, / almost as though they were happening /
다가오는 사건을 미리 볼 (수 있기 때문이다) / 그것이 거의 마치 일어나고 있는 것처럼 /
=upcoming events
right in front of you, / at that moment / — even though they're not]. // ⓫To make matters
바로 눈앞에서 / 그 순간 / 그것이 실제로는 그렇지 않지만 // 설상가상으로 /
┌→ 분사구문
worse, / your mind can add additional drama to any event, / [thereby making that
여러분의 마음은 어떤 사건에든 여분의 드라마를 추가하여 / 그 사건이 훨씬 더 나빠 보이게 만들
┌→ 비교급 강조(훨씬)
event seem even worse / than it really is, or was, or will be]. //
수 있다 / 실제로 현재에 그러하거나, 과거에 그러했거나, 미래에 그러할 것보다 //

어휘

□ **rather than** ~이 아닌
□ **literally** 말 그대로
□ **recreate** 재현하다, 되살리다
□ **to make matters worse** 설상가상으로
□ **thereby** 그렇게 함으로써

□ **review** 복기하다, 복습하다
□ **make up** ~을 만들어 내다
□ **preview** 미리 보다

□ **merely** 그저, 단지
□ **old saying** 옛말, 속담
□ **additional** 여분의, 추가의

글의 흐름 파악

도입(❶~❹)	전개(❺~❽)	부연(❾~⓫)
생각의 본질인 상상	관계에 관한 마음속 생각	상상의 본질
상상력을 이용하여 사건에 대한 이미지나 그림을 마음속에 만들고 있음 (축구 경기 복기)	관계에 관한 생각은 단지 만들어 낸 생각일 뿐임	상황이 보이는 것만큼 나쁘지 않은데, 상상이 상황을 나빠 보이게 만듦

전문 해석

❶여러분이 생각할 때는 상상력을 이용하여 실제적인 것이 아닌 사건에 대한 이미지나 그림을 마음속에 만들고 있는 것이다. ❷여러분이 축구 경기를 마치고 차를 몰고 집에 돌아오는 길에 마음속으로 경기를 복기하고 있다면, 그 경기가 어땠는지 그저 상상하고 있는 것이다. ❸그 경기는 더는 현실이 아니며, 그것은 이제 여러분의 마음속에만, 즉 여러분의 기억 속에만 있다. ❹그것은 한때는 현실이었지만 더는 그렇지 않다. ❺마찬가지로, 여러분이 여러분의 결혼 생활이 얼마나 안 좋은지 생각하고 있다면, 여러분은 그것을 여러분의 마음속으로 생각하고 있는 것이다. ❻'그 모든 것은 상상 속에 있는 것이다.' ❼여러분은 말 그대로 여러분의 관계를 '만들어 내고' 있는 것이다. ❽여러분이 여러분의 관계에 관해 가지고 있는 생각은 단지 생각일 뿐이다. ❾그렇기 때문에 '상황이 보이는 것만큼 나쁘지는 않다'라는 옛말은 거의 항상 사실이다. ❿상황이 '그렇게 나빠 보이는' 이유는 실제로는 그렇지 않지만 그 순간 거의 마치 바로 눈앞에서 일어나고 있는 것처럼, 여러분의 마음이 과거의 사건을 재현하고, 다가오는 사건을 미리 볼 수 있기 때문이다. ⓫설상가상으로, 여러분의 마음은 어떤 사건에든 여분의 드라마를 추가하여 그 사건이 실제로 현재에 그러하거나, 과거에 그랬거나, 미래에 그러할 것보다 훨씬 더 나빠 보이게 만들 수 있다.

구문 해설

❺ Similarly, if you are thinking about [how bad your marriage is], you are considering it in your mind.

　[ ]는 about의 목적어 역할을 하는 명사절이다.

⓫ To make matters worse, your mind can add additional drama to any event, [thereby making that event seem **even** worse than it really is, or was, or will be].

　[ ]는 앞 절의 내용을 부가적으로 설명하는 분사구문이다. even은 비교급 worse를 강조하는 표현이다.

Quick Check 적절한 말 고르기

1. If you are driving home from a football match, reviewing the game in your mind, you are merely imagining what the game was like / alike .

2. The reason things 'seem so bad' is / are because your mind is able to recreate past events, and preview upcoming events.

정답 1. like 2. is

성과에 대한 긍정적이고 구체적인 인정

| Keywords | appreciation, specific, positive, accomplishments

❶Most people don't equate silence with appreciation. // ❷People [whose work is always
대부분 사람은 침묵과 인정을 동일시하지 않는다 //　　　　　　업무가 항상 훌륭한 사람들도 /
　　　　　　　　　　　　　　　　　　　　　　　　　　　　　　　관계절

good] / still need to hear it from you / occasionally. // ❸Let them know [you've noticed /
　　　여전히 여러분으로부터 그것을 들을 필요가 있다 / 가끔은 //　그들에게 알게 하라 /　여러분이 알아차렸다는 사실을 /
　　　　=appreciation　　　　　　　　　　　　　　　　　　　　　　　명사절(know의 목적어)

{they are meeting their goals}]. // ❹Acknowledgement and appreciation / [create a
그들이 목표를 달성하고 있음을 //　　감사와 인정은 /　　　　　　　　　　서로를 지지하는
→ 명사절(noticed의 목적어)

supportive work environment] / and [keep motivation alive]. // ❺Make your appreciation
업무 환경을 조성하고 /　　　　　　　의욕을 계속 유지시킨다 //　　여러분의 인정 표현이 구체적이고 긍정적이
　　　　　　　　　　대등한 연결　　　　　　　　　　　　　명령문

specific and positive / by noting [what was done well and why it matters]. // ❻This
되도록 하라 /　　　언급함으로써　　무엇이 잘되었고 그것이 왜 중요한지를 //　　　이렇게
　　　　　　　　　명사절(noting의 목적어)

makes people [feel good] / and it also ensures [that the behaviour {you identify} is
하면 사람들이 기분이 좋아지고 /　　　그것은 또한 보장한다 /　　여러분이 확인하는 행동이 반복되는 것을 //
→ 원형부정사구(makes의 목적격 보어)　　　명사절(ensures의 목적어)　　　관계절

repeated]. // ❼So, / don't just say, / ["That was great!"] // ❽Say, / ["That was great
반복되는 것을 //　그러니 / 그냥 말하지 말라 /　　"그것은 좋았어요!"라고 //　　말하라 /　"그것은 …이라서 좋았어요."
　　　　　　　　　　　　명사절(say의 목적어)　　　　　　　　　명사절(Say의 목적어)

because ..."] // ❾Both teams and individuals need / positive, specific information / about
라고 //　　팀과 개인 둘 다 필요하다 /　　　　긍정적이고 구체적인 정보가 /　　　　자신의

their accomplishments. // ❿Use your imagination: [post graphs {showing what the
성과에 대한 //　　　　상상력을 발휘하라 /　　그래프를 게시하라 /　팀이 달성한 것을 보여 주는 /
　　　　　Use your imagination의 구체적 예시 1　　　　분사구

team has achieved}]; [mark the achievement of major milestones or goals / by
팀이 달성한 것을 //　　주요 획기적인 일이나 목표 달성을 축하하라 /　　　　　　　샌드
→ Use your imagination의 구체적 예시 2

{bringing in sandwiches / for lunch for everyone to share} / or {putting up balloons}]; /
위치를 가져와 /　　　모두가 나눠 먹을 점심 식사로 /　　　　　혹은 풍선을 달아 /
　　　　　　　　　　　　　　　　　　　　　　　대등한 연결

[send thank you notes]. // ⓫When you ignore success, / people think [it doesn't matter]
감사 메모를 보내라 //　　여러분이 성공을 무시할 때 /　사람들은 생각하고 /　　그것이 중요하지 않고
→ Use your imagination의 구체적 예시 3　　　　　　　　　술어동사 1　　명사절(think의 목적어)

and stop trying. //
노력을 멈춘다 //
→ 술어동사 2

어휘
- □ equate 동일시하다
- □ acknowledgement 감사, 인지
- □ ensure 보장하다
- □ appreciation 인정, 감사
- □ specific 구체적인
- □ mark 축하하다
- □ occasionally 가끔은
- □ matter 중요하다
- □ milestone 획기적인 일

글의 흐름 파악

도입(❶~❷)	전개(❸~❿)	결론(⓫)
인정의 중요성	인정 표현	성공을 무시할 때의 결과
업무가 항상 훌륭한 사람도 인정을 들을 필요가 있음	• 감사와 인정은 서로를 지지하는 업무 환경을 조성하고 의욕을 유지시킴 • 구체적이고 긍정적으로 표현 • 성과에 대한 인정을 긍정적이고 구체적인 정보로 표현하는 방법의 예를 제시	사람들이 성공이 중요하지 않다고 생각하고 노력을 멈춤

전문 해석

❶대부분 사람은 침묵과 인정을 동일시하지 않는다. ❷업무가 항상 훌륭한 사람들도 여전히 가끔은 여러분으로부터 그것을 들을 필요가 있다. ❸그들이 목표를 달성하고 있음을 여러분이 알아차렸다는 사실을 그들에게 알게 하라. ❹감사와 인정은 서로를 지지하는 업무 환경을 조성하고 의욕을 계속 유지시킨다. ❺무엇이 잘되었고 그것이 왜 중요한지를 언급함으로써 여러분의 인정 표현이 구체적이고 긍정적이 되도록 하라. ❻이렇게 하면 사람들이 기분이 좋아지고, 그것은 또한 여러분이 확인하는 행동이 반복되는 것을 보장한다. ❼그러니 그냥 "그것은 좋았어요!"라고 말하지 말라. ❽"그것은 …이라서 좋았어요."라고 말하라. ❾팀과 개인 둘 다 자신의 성과에 대한 긍정적이고 구체적인 정보가 필요하다. ❿상상력을 발휘하여 팀이 달성한 것을 보여 주는 그래프를 게시하고, 모두가 나눠 먹을 점심 식사로 샌드위치를 가져오거나 풍선을 달아 주요 획기적인 일이나 목표 달성을 축하하고, 감사 메모를 보내라. ⓫여러분이 성공을 무시할 때, 사람들은 그것이 중요하지 않다고 생각하고 노력을 멈춘다.

구문 해설

❸ **Let them know [you've noticed {they are meeting their goals}].**

[ ]는 know의 목적어 역할을 하는 명사절이고, { }는 noticed의 목적어 역할을 하는 명사절이다.

❻ **This makes people feel good and it also ensures [that the behaviour {you identify} is repeated].**

[ ]는 ensures의 목적어 역할을 하는 명사절이고, { }는 the behaviour를 수식하는 관계절이다.

Quick Check — 적절한 말 고르기

1. People who / whose work is always good still need to hear it from you occasionally.

2. When you ignore success, people think it doesn't matter and stop / stops trying.

정답 1. whose 2. stop

뉴스의 질을 판단하는 기준

|Keywords| quality, news, journalistic content, democratic ideals, normative aspects

❶The quality of news / is difficult to measure / because there are no agreed-upon
뉴스의 질은 / 판단하기 어려운데 / 합의된 기준이 없기 때문이다 /
관계절
standards / [that satisfy everyone's definition of high quality]. // ❷The term *quality* /
고품질에 관한 모든 사람의 정의를 충족하는 // '질'이라는 용어는 /
관계절
generally refers to / any attribute, service, or performance / [that is highly valued /
일반적으로 일컫는다 / 어떤 속성, 서비스 또는 성과를 / 높은 평가를 받는 /
동명사구(주어) 주격 보어 1
within a group or a community]. // ❸[Defining quality] / is thus context-dependent,
한 집단이나 공동체 내에서 // 질을 정의하는 것은 / 따라서 상황에 따라 다르고
주격 보어 2 주격 보어 3 형식상의 주어
field-specific, / and subject to individual preferences and tastes. // ❹It is important /
분야에 국한되며 / 개인의 선호와 취향에 영향받는다 // 중요하다 /
내용상의 주어 명사절(note의 목적어) '~과 비교하여' '~(과) 같은'
[to note, / however, / {that compared to other cultural products / such as music and
주목하는 것이 / 그러나 / 다른 문화적 산물과 비교하여 / 음악과 그림 같은
= journalistic content
paintings, / journalistic content is unique / because it has a strong civic and democratic
저널리즘 콘텐츠는 독특하다는 것에 / 그것이 시민적이고 민주적인 요소가 강하기 때문에 //
주어의 핵 술어동사
component}]. // ❺[The idea of the press as the "fourth estate"] / stems from the
언론을 '제4의 자산'이라고 보는 생각은 / 기대에서 비롯된다 /
동격 관계
expectation / [that high-quality journalism / promotes democratic ideals / by {playing
고품질 저널리즘이 / 민주주의의 이상을 증진한다는 / 감시자 역할을 하고 /
대등한 연결
the role of a watchdog}, / {providing a public forum}, / and {serving as a reliable
대중 공론의 장을 제공하며 / 신뢰할 수 있는 정보 제공자 역할을 함으로써 //
접속사가 명시된 분사구문
information provider}]. // ❻Therefore, / [when discussing news quality], / normative
그러므로 / 뉴스의 질을 논할 때 / 규범적인 측면은
「cannot over-동사원형: 아무리 ~해도 지나치지 않다」
aspects cannot be overemphasized. //
아무리 강조해도 지나치지 않다 //

* normative: 규범적인

어휘
□ **quality** (품)질
□ **satisfy** 충족하다
□ **be subject to** ~에[의] 영향을 받다
□ **civic** 시민적인, 시민의
□ **press** 언론
□ **promote** 증진하다
□ **overemphasize** 지나치게 강조하다
□ **measure** 판단하다, 측정하다
□ **refer to** ~을 일컫다[언급하다]
□ **democratic** 민주적인, 민주주의의
□ **stem from** ~에서 비롯되다[기인하다]
□ **watchdog** 감시자, 감시 단체
□ **standard** 기준
□ **attribute** 속성, 특성
□ **compared to** ~과 비교하여
□ **component** (구성) 요소
□ **reliable** 신뢰할 수 있는

글의 흐름 파악

도입(①~③)	전개 1(④)	전개 2(⑤)	결론(⑥)
'질'이라는 용어 정의의 어려움	저널리즘 콘텐츠의 특성	고품질 저널리즘의 역할	뉴스의 질
상황, 분야, 개인의 선호와 취향에 따라 다르게 정의될 수 있음	시민적이고 민주적 요소가 강함	민주주의 이상 증진 • 감시자 역할 • 대중 공론의 장 제공 • 신뢰할 수 있는 정보 제공자 역할	뉴스의 질을 논할 때 규범적인 측면을 강조해야 함

전문 해석 ❶뉴스의 질은 판단하기 어려운데, 고품질에 관한 모든 사람의 정의를 충족하는 합의된 기준이 없기 때문이다. ❷'질'이라는 용어는 일반적으로 한 집단이나 공동체 내에서 높은 평가를 받는 어떤 속성, 서비스 또는 성과를 일컫는다. ❸따라서 질을 정의하는 것은 상황에 따라 다르고, 분야에 국한되며, 개인의 선호와 취향에 영향받는다. ❹그러나 음악과 그림 같은 다른 문화적 산물과 비교하여 저널리즘 콘텐츠는 시민적이고 민주적인 요소가 강하기 때문에 그것이 독특하다는 것에 주목하는 것이 중요하다. ❺언론을 '제4의 자산'이라고 보는 생각은 고품질 저널리즘이 감시자 역할을 하고, 대중 공론의 장을 제공하며, 신뢰할 수 있는 정보 제공자 역할을 함으로써 민주주의의 이상을 증진한다는 기대에서 비롯된다. ❻그러므로 뉴스의 질을 논할 때 규범적인 측면은 아무리 강조해도 지나치지 않다.

구문 해설 ❶ The quality of news is difficult to measure because there are no agreed-upon standards [that satisfy everyone's definition of high quality].

　[　]는 agreed-upon standards를 수식하는 관계절이다.

❸ [Defining quality] is thus context-dependent, field-specific, and subject to individual preferences and tastes.

　[　]는 문장의 주어 역할을 하는 동명사구이다.

Quick Check 적절한 말 고르기

1. The quality of news is difficult to measure because there are no agreed-upon standards that satisfy / question everyone's definition of high quality.

2. The term *quality* generally refers to any attribute, service, or performance that is highly / rarely valued within a group or a community.

적과 반대자

| Keywords | fight, opponents, enemies, relationships

❶[One thing {that managers have to keep in mind}] / is [that they should mend fences
경영자가 명심해야 할 한 가지는 /   어떤 말다툼이라도 하고 나서는 울타리를 고쳐야 한다는

after any fight]. // ❷Opponents are not necessarily enemies. // ❸An opponent disagrees
것이다 //   반대자가 반드시 적은 아니다 //   반대자는 쟁점에 관해 여러분과 의견이

with you on the issue, / of course, / but enemies are ones [with whom you also have a
다르지만 /   물론 /   적은 사람이다 /   여러분이 부정적인 관계도 또한 맺고 있는 //

negative relationship]. // ❹That makes it personal. // ❺You can often work with
                        그 점은 그것을 개인적으로 만든다 //   여러분은 흔히 반대자와 함께 일하고 /

opponents / and strategize toward mutually successful outcomes, / but enemies are
          서로에게 성공적인 결과를 향해 전략을 세울 수 있지만 /   적은 훨씬 더 어렵고 /

[far more difficult] / and consequently [far more dangerous]. // ❻Try to keep opponents
따라서 훨씬 더 위험하다 //   반대자가 적이 되지 않게 노력하라 /

from becoming enemies, / and work to turn enemies into mere opponents. // ❼Find
                        적을 단순한 반대자로 바꾸기 위해 노력하라 //   합의점을

points of agreement, / and find ways [you can legitimately support / those {who were
찾고 /   여러분이 정당하게 옹호할 수 있는 방법을 찾아라 /   반대자였던 사람들을 //

your opponents}]. // ❽The subject of the fight will eventually recede, / but you still need
                   말다툼의 주제는 결국 희미해지겠지만 /   여러분은 여전히 관계가 필요

the relationships. //
하다 //

* legitimately: 정당하게 ** recede: (기억이) 희미해지다

어휘

□ **keep in mind** ~을 명심하다   □ **mend** 고치다   □ **fence** 울타리
□ **opponent** 반대자, 반대편   □ **necessarily** 반드시   □ **strategize** 전략을 세우다
□ **mutually** 서로, 상호 간에   □ **consequently** 따라서

글의 흐름 파악

도입(❶)	→	전개(❷~❺)	→	결론(❻~❽)
경영자가 명심할 것		반대자와 적의 구별		싸움 후 관계를 개선할 중요성
말다툼 후 울타리를 고칠 것		• 반대자와는 의견이 다르지만 적과는 부정적인 관계도 또한 맺음 • 적은 반대자보다 어렵고 위험함		• 반대자가 적이 되지 않게 하고, 적은 반대자로 바꾸라 • 관계가 여전히 필요함

전문 해석

❶경영자가 명심해야 할 한 가지는 어떤 말다툼이라도 하고 나서는 울타리를 고쳐야 한다는 것이다. ❷반대자가 반드시 적은 아니다. ❸물론 반대자는 쟁점에 관해 여러분과 의견이 다르지만, 적은 여러분이 부정적인 관계도 또한 맺고 있는 사람이다. ❹그 점은 그것을 개인적으로 만든다. ❺여러분은 흔히 반대자와 함께 일하고 서로에게 성공적인 결과를 향해 전략을 세울 수 있지만, 적은 훨씬 더 어렵고 따라서 훨씬 더 위험하다. ❻반대자가 적이 되지 않게 노력하고 적을 단순한 반대자로 바꾸기 위해 노력하라. ❼합의점을 찾고 반대자였던 사람들을 여러분이 정당하게 옹호할 수 있는 방법을 찾아라. ❽말다툼의 주제는 결국 희미해지겠지만, 여러분은 여전히 관계가 필요하다.

구문 해설

❶ [One thing {that managers have to keep in mind}] is [that they should mend fences after any fight].

첫 번째 [ ]는 문장의 주어 역할을 하며, 그 안의 { }는 One thing을 수식하는 관계절이다. 두 번째 [ ]는 문장의 주격 보어 역할을 하는 명사절이다.

❺ You can often [work with opponents] and [strategize toward mutually successful outcomes], but enemies are [far more difficult] and consequently [far more dangerous].

첫 번째와 두 번째 [ ]는 and로 연결되어 can에 이어져 주어 You의 술어를 이룬다. 세 번째와 네 번째 [ ]는 둘 다 형용사구로 and로 연결되어 are의 주격 보어 역할을 한다.

Quick Check 빈칸 완성하기

1. An o_____ disagrees with you on the issue, of course, but enemies are ones with whom you also have a negative relationship.

2. The subject of the fight will eventually recede, but you still n_____ the relationships.

정답 1. (o)pponent 2. (n)eed

끊임없는 경제 성장 추구의 문제점

|Keywords| economic growth, environment, finite ecosystem, survival

❶[Political decisions and management decisions / {about 〈how much of any given
주어 → 정치적 결정과 관리 결정은 /   전치사구   명사절(about의 목적어) → 어떤 특정한 종이라도 그것을 얼마나 많이 수확할 수

species can be harvested〉}] / are often based on the amount of money / [there is to be
있는지에 대한 /   흔히 금액에 근거한다 /   관계절   벌어들일 수 있는 //

made]. // ❷Profit leads to economic growth, / [which is the goal of many politicians and
「lead to: ~으로 이어지다」   이윤은 경제 성장으로 이어지며 /   관계절(economic growth를 부가적으로 설명)   이는 많은 정치인과 기업 리더의 목표이다 //

business leaders]. // ❸But [the problem {with seeking continuous economic growth}] /
하지만 지속적인 경제 성장을 추구할 때 발생하는 문제는 /   주어   전치사구

is [that our economy is not separate / from our environment]. // ❹[Everything in our
명사절(is의 주격 보어) → 우리의 경제가 분리되어 있지 않다는 것이다 /   우리의 환경과 //   우리 경제의 모든 것은 /   주어

economy] / comes from our environment. // ❺We [extract resources / from the world
술어동사   술어동사   우리 환경에서 나온다 //   우리는 자원을 채취하여 /   주변 세계에서 /

around us], / [consume them / as products {we eat or use}], / and then [dump the waste
그것을 소비하고 /   우리가 먹거나 사용하는 제품으로 /   대등한 연결   그런 다음 그 폐기물을 다시 지구에 버린다 //   관계절

back into the Earth]. // ❻Our Earth is a finite ecosystem, / [which means / {there is only
우리 지구는 유한한 생태계인데 /   이것은 의미한다 /   단지 제한된 양만 있다는   관계절(주절을 부가적으로 설명)

so much / 〈that we can take from the natural world / to feed our economy〉, / and only
것을 /   우리가 자연계에서 채취할 수 있는 /   우리 경제를 먹여 살리기 위해 /   단지 제한된 양의   관계절   to부정사구(목적)   명사절(means의 목적어)

so much waste / 〈that the Earth can absorb〉, / 〈before natural processes stop functioning
폐기물만 있다는 것을 /   지구가 흡수할 수 있는 /   자연 과정이 제대로 기능하는 것을 멈추기까지 //   관계절   부사절(시간)   「stop -ing: ~하는 것을 멈추다」

properly〉}]. // ❼[The constant effort / {to extract more and more resources}] / is actually
끊임없는 노력은 /   점점 더 많은 자원을 채취하려는 /   사실 생태학적으로   주어   to부정사구(The constant effort를 구체적으로 설명)   술어동사

[an ecological impossibility] / over the long term. // ❽Our survival depends on [learning
불가능하다 /   장기적으로 볼 때 //   우리의 생존은 살아가는 법을 배우는 데 달려 있다 //   명사구(is의 주격 보어)   동명사구(depends on의 목적어)

to live / within the limits of ecosystems]. //
생태계의 한계 내에서 //

어휘

- □ management 관리
- □ extract 채취하다, 추출하다
- □ finite 유한한
- □ properly 제대로
- □ impossibility 불가능성
- □ continuous 지속적인
- □ consume 소비하다
- □ ecosystem 생태계
- □ constant 끊임없는
- □ separate 분리된
- □ dump 버리다
- □ absorb 흡수하다
- □ ecological 생태학적인

글의 흐름 파악

도입(①~②)		요지(③)		전개(④~⑥)		결론(⑦~⑧)
정치와 경제의 목표	→	문제점	→	환경에 대한 영향	→	지속 가능한 생존
지속적인 경제 성장을 통해 이윤을 추구하고자 함		경제는 환경과 분리되어 있지 않음		지속적인 경제 활동은 유한한 지구 생태계의 기능을 위협함		생태계의 한계 내에서 살아가는 법을 배워야 함

전문 해석
❶어떤 특정한 종이라도 그것을 얼마나 많이 수확할 수 있는지에 대한 정치적 결정과 관리 결정은 흔히 벌어들일 수 있는 금액에 근거한다. ❷이윤은 경제 성장으로 이어지며, 이는 많은 정치인과 기업 리더의 목표이다. ❸하지만 지속적인 경제 성장을 추구할 때 발생하는 문제는 우리의 경제가 우리의 환경과 분리되어 있지 않다는 것이다. ❹우리 경제의 모든 것은 우리 환경에서 나온다. ❺우리는 주변 세계에서 자원을 채취하여, 우리가 먹거나 사용하는 제품으로 그것을 소비한 다음, 그 폐기물을 다시 지구에 버린다. ❻우리 지구는 유한한 생태계인데, 이것은 자연 과정이 제대로 기능하는 것을 멈추기까지, 우리가 우리 경제를 먹여 살리기 위해 자연계에서 단지 제한된 양만 채취할 수 있고, 지구는 단지 제한된 양의 폐기물만 흡수할 수 있다는 것을 의미한다. ❼점점 더 많은 자원을 채취하려는 끊임없는 노력은 사실 장기적으로 볼 때 생태학적으로 불가능하다. ❽우리의 생존은 생태계의 한계 내에서 살아가는 법을 배우는 데 달려 있다.

구문 해설
❷ **Profit leads to economic growth, [which is the goal of many politicians and business leaders].**

[ ]는 economic growth를 부가적으로 설명하는 관계절이다.

❺ **We [extract resources from the world around us], [consume them as products {we eat or use}], and then [dump the waste back into the Earth].**

세 개의 [ ]는 and로 연결되어 문장의 술어 역할을 한다. 두 번째 [ ] 안의 { }는 products를 수식하는 관계절이다.

Quick Check 빈칸 완성하기

1. Political decisions and management decisions about how much of any given species can be harvested are often based on the amount of m_____ there is to be made.

2. But the problem with seeking continuous economic growth is that our economy is not s_____ from our environment.

정답 1. (m)oney 2. (s)eparate

지속 가능성을 추구하는 것의 엄중함

| Keywords | black-and-white issues, sustainability, rescue

❶There are no black-and-white issues in life. // ❷No categorical answers. // ❸Everything
삶에서 흑백 논리의 문제는 없다 //　　　　　　　　　　　　단정적인 답은 없다 //　　　　　　모든 것이 끊임없는

is a subject for endless debate and compromise. // ❹This is one of the core principles of
토의와 타협의 사안이다 //　　　　　　　　　　　　이것은 현재 우리 사회의 핵심 원칙 중 하나이다

「end up -ing: 결국 ~하게 되다」
our current society. // ❺Because that core principle is wrong, / the society ends up
　　　　　　　　　그 핵심 원칙이 틀렸기 때문에 /　　　　　　　결국 사회는 많은 문제를 유발하고

　　동명사구　　　　　　　　　　　「when it comes to: ~에 관해서」
[causing a lot of problems / {when it comes to sustainability}]. // ❻There *are* some
있다 /　　　　　　　　　　지속 가능성에 관해서 //　　　　　　　　　몇몇 문제가 '있다' /

　　　　　　　관계절
issues / [that are black and white]. // ❼There are indeed planetary and societal
　　흑백 논리인 //　　　　　　　　　지구적이고 사회적인 경계가 있다 /

　　　　　　　관계절
boundaries / [that must not be crossed]. // ❽For instance, / we think / our societies can be
　　정말로 넘어서는 안 되는 //　　　　　　예를 들어 /　　우리는 생각한다 / 우리 사회가 다소 더 혹은 다소

a little bit more or a little bit less sustainable. // ❾But in the long run / you cannot be a
덜 지속 가능할 수도 있다고 //　　　　　　　　　그러나 장기적으로 /　　여러분은 다소 지속 가능할

　　　　　　　　　　　「either ~ or …: ~이거나 …」
little bit sustainable / — either [you are sustainable] / or [you are unsustainable]. // ❿It is
수는 없으며 /　　　여러분은 지속 가능하거나 /　　　지속 가능하지 않거나이다 //　　　　　그것은

　　　　　　　　　「either ~ or …: ~이거나 …」　　　　　　　　　　　　　「either ~ or …」
like walking on thin ice / — either [it carries your weight], / or [it does not]. // ⓫Either [you
살얼음판 위를 걷는 것과 같은데 /　　그것이 여러분의 체중을 지탱하거나 /　　그러지 못하거나이다 //　　여러분은 기슭에

부사절(미래에 대한 불확실한 추측)
~이거나 …」
make it to the shore], / or [you fall into the deep, dark, cold waters]. // ⓬And [if that
도달하거나 /　　　　　깊고 어둡고 차가운 물속으로 빠지거나이다 //　　　　　　그리고 만일 그것이

　　　　　　　　　　　　　　　　　　　　분사구
should happen to us], / there will not be any nearby planet / [coming to our rescue]. //
우리에게 일어나기라도 한다면 /　　근처의 행성은 전혀 없을 것이다 /　　　　우리를 구조하러 올 //

⓭We are completely on our own. //
우리는 전적으로 혼자인 것이다 //

* categorical: 단정적인

어휘

□ black-and-white 흑백 논리의　　□ debate 토의　　　　　　　　□ compromise 타협, 절충
□ core 핵심의　　　　　　　　　　□ sustainability (환경의) 지속 가능성
□ planetary 지구적인　　　　　　　□ societal 사회의　　　　　　　□ boundary 경계
□ unsustainable 지속 가능하지 않은　□ shore 기슭
□ rescue 구조

글의 흐름 파악

도입(❶~❺)		전개(❻~⓫)		강조(⓬~⓭)
삶과 흑백 논리		지속 가능성은 흑백 논리임		전적으로 혼자인 우리
• 삶에서는 단정적 답이 없음 • 우리 사회의 핵심 원칙	→	• 지속 가능성은 흑백 논리의 적용을 받음 • 양자택일의 문제임 • 살얼음판 위를 걷는 것과 같음	→	지속 가능성이 실패하면 우리를 구조하러 올 행성은 없음

전문 해석

❶삶에서 흑백 논리의 문제는 없다. ❷단정적인 답은 없다. ❸모든 것이 끊임없는 토의와 타협의 사안이다. ❹이것은 현재 우리 사회의 핵심 원칙 중 하나이다. ❺그 핵심 원칙이 틀렸기 때문에 결국 사회는 지속 가능성에 관해서 많은 문제를 유발하고 있다. ❻흑백 논리인 몇몇 문제가 '있다.' ❼정말로 넘어서는 안 되는 지구적이고 사회적인 경계가 있다. ❽예를 들어, 우리는 우리 사회가 다소 더 혹은 다소 덜 지속 가능할 수도 있다고 생각한다. ❾그러나 장기적으로 여러분은 다소 지속 가능할 수는 없으며, 여러분은 지속 가능하거나 지속 가능하지 않거나이다. ❿그것은 살얼음판 위를 걷는 것과 같은데, 그것이 여러분의 체중을 지탱하거나 그러지 못하거나이다. ⓫여러분은 기슭에 도달하거나 깊고 어둡고 차가운 물속으로 빠지거나이다. ⓬그리고 만일 그것이 우리에게 일어나기라도 한다면, 우리를 구조하러 올 근처의 행성은 전혀 없을 것이다. ⓭우리는 전적으로 혼자인 것이다.

구문 해설

❺Because that core principle is wrong, the society ends up [causing a lot of problems {when it comes to sustainability}].

[ ]는 ends up에 연결되어 '결국 ~하게 되다'의 의미를 나타내는 동명사구이다. { }는 「when it comes to ~」 가 쓰여 '~에 관해서'의 의미를 나타낸다.

❾But in the long run you cannot be a little bit sustainable — either [you are sustainable] or [you are unsustainable].

두 개의 절 [ ]가 「either ~ or ...」의 구조로 연결되어 '~이거나 …'의 의미를 나타낸다.

Quick Check 빈칸 완성하기

1. There are indeed planetary and societal boundaries that must not be
   c_____.

2. And if that should happen to us, there will not be any nearby planet coming to our
   r_____.

정답 1. (c)rossed 2. (r)escue

19세기 시장 사회의 철학

| Keywords | market society, status, function, economic reward, contract, justice

❶ [The modern corporation / {as a child / ⟨of laissez-faire economics⟩ / and ⟨of the market
주어 전치사구 대등한 연결
현대 기업은 / 산물인 / 자유방임 경제의 / 그리고 시장 사회의 /

society⟩}] / is based on a creed / [whose greatest weakness is / the inability {to see the
corporation과 수 일치(단수) to부정사구(the inability를 구체적으로 설명)
신조에 기반을 두고 있다 / 가장 큰 약점인 / 필요성을 보지 못하는 것이 /
관계절

need / for status and function of the individual / in society}]. // ❷ [In the philosophy of
전치사구
개인의 신분과 기능에 대한 / 사회에서 // 시장 사회의 철학에는 /

the market society] / there is no other social criterion / than economic reward. // ❸ Henry
'no other ~ than ...: … 이외에 다른 ~은 없다'
다른 사회적 기준은 없다 / 경제적 보상 외에 // Henry

Maine's famous epigram / [that the course of modern history / has been from status to
동격 관계
Maine의 유명한 경구는 / 현대사의 흐름이 / 신분에서 계약으로 이어졌다는 /

contract] / neatly summarizes [{the belief of the nineteenth century}, / {that social status
술어동사 summarizes의 목적어 동격 관계
19세기의 신념을 깔끔하게 요약한다 / 사회적 신분과 기능이 /

and function / should be exclusively the result / ⟨of economic advancement⟩}]. // ❹ This
전치사구
전적으로 결과이어야 한다는 / 경제적 성공의 // 이러한

emphasis / was [the result of a rebellion / against a concept of society / ⟨⟨which defined
명사구(was의 주격 보어) 관계절
강조는 / 반란의 결과였다 / 사회 개념에 대한 / 인간의 지위를 정의하는 /

human position / exclusively in terms of politically determined status⟩, / and ⟨which
'~의 관점에서' 대등한 연결
오로지 정치적으로 결정된 신분의 관점에서만 / 따라서 기회의 평등을

thus denied equality of opportunity⟩⟩]. // ❺ But the rebellion went too far. // ❻ [In order to
to부정사구(목적)
부정하는 // 그러나 그 반란은 너무 멀리 나갔다 // 정의를 확립하기

establish justice] / it denied meaning and fulfillment / to [those {who cannot advance}] /
= the rebellion 관계절
위해 / 그것은 의미와 성취감을 허용하지 않고 말았다 / (경제적으로) 성공하지 못하는 사람들에게 /

— that is, to [the majority] / — instead of realizing / [that the good society must give
동격 관계
즉 다수에게 / 깨닫는 대신 / 좋은 사회는 정의와 신분을 모두 부여해야 한다는 것을 //
명사절(realizing의 목적어)

both justice and status]. //

* laissez-faire: 자유방임의 ** creed: 신조, 신념 *** epigram: 경구(警句)

어휘

- □ **corporation** 기업
- □ **contract** 계약
- □ **advancement** (경제적) 성공, 향상, 발전
- □ **rebellion** 반란
- □ **in terms of** ~의 관점에서, ~의 측면에서
- □ **establish** 확립하다

- □ **status** 신분, 지위
- □ **summarize** 요약하다
- □ **define** 정의하다
- □ **fulfillment** 성취

- □ **criterion** 기준
- □ **exclusively** 전적으로, 오로지
- □ **emphasis** 강조
- □ **deny** 부정하다, 허용하지 않다
- □ **majority** 다수

글의 흐름 파악

도입(❶~❷)		전개(❸~❹)		결론(❺~❻)
현대 기업의 약점		19세기 시장 사회의 철학		문제점
경제적 보상만이 유일한 사회적 기준임	→	사회적 신분과 기능은 오로지 경제적 성공의 결과이어야 한다는 신념	→	정의와 사회적 신분을 모두 부여해야 한다는 것을 깨닫지 못하고 경제적으로 성공하지 못하는 다수에게 의미와 성취감을 허용하지 않음

전문 해석

❶자유방임 경제와 시장 사회의 산물인 현대 기업은 사회에서 개인의 신분과 기능에 대한 필요성을 보지 못하는 것이 가장 큰 약점인 신조에 기반을 두고 있다. ❷시장 사회의 철학에는 경제적 보상 외에 다른 사회적 기준은 없다. ❸현대사의 흐름이 신분에서 계약으로 이어졌다는 Henry Maine의 유명한 경구는 사회적 신분과 기능이 전적으로 경제적 성공의 결과이어야 한다는 19세기의 신념을 깔끔하게 요약한다. ❹이러한 강조는 인간의 지위를 오로지 정치적으로 결정된 신분의 관점에서만 정의하고 따라서 기회의 평등을 부정하는 사회 개념에 대한 반란의 결과였다. ❺그러나 그 반란은 너무 멀리 나갔다. ❻정의를 확립하기 위해 그것은 좋은 사회는 정의와 신분을 모두 부여해야 한다는 것을 깨닫는 대신, (경제적으로) 성공하지 못하는 사람들, 즉 다수에게 의미와 성취감을 허용하지 않고 말았다.

배경지식

Henry Maine(헨리 메인, 1822~1888)
빅토리아 시대 영국을 대표하는 법사학자이다. 저서인 '고대법'에서 '신분에서 계약으로'라는 말로 인류 사회의 진화 과정을 표현하였다.

구문 해설

❷In the philosophy of the market society there is **no other** social criterion **than** economic reward.

「no other ~ than ...」은 '… 이외에 다른 ~은 없다'의 의미이다.

❹This emphasis was the result of a rebellion against a concept of society [which defined human position exclusively in terms of politically determined status], and [which thus denied equality of opportunity].

관계절인 두 개의 [ ]는 and로 연결되어 a concept of society를 수식한다.

Quick Check 적절한 말 고르기

1. In the philosophy of the market society there is no other social criterion than economic / political reward.

2. Henry Maine's famous epigram that the course of modern history has been from status to contract neatly summarizes the belief of the nineteenth century, that social status and function should be exclusively the cause / result of economic advancement.

정답 1. economic 2. result

섬유 재활용의 비현실성

| Keywords | circular economy, textile, recycle

❶The notion of a "circular economy" / — [in which materials circulate continuously, /
'순환 경제'라는 개념은 /   관계절(a "circular economy"를 부가적으로 설명)
                                                           재료가 지속적으로 순환되는 /
being used and reused time and time again] — / is an appealing vision. // ❷However, / it
몇 번이고 다시 사용되고 재사용되면서 /   술어동사   매력적인 비전이다 //   그러나   매우
                                                                                형식상의 주어
is crucial / [to highlight / {just how far we are / from that goal at present}]. // ❸[Although
중요하다 /   강조하는 것이 / 우리가 그저 얼마나 멀리 있는지를 / 현재 그 목표로부터 //   비록 직물 대부분
       내용상의 주어   명사절(highlight의 목적어)   부사절(양보)
                                                                              대등한 연결
most textiles are entirely recyclable], / 73 percent of waste clothing / was incinerated
은 완전히 재활용할 수 있지만 /   폐의류의 73퍼센트가 /   소각되거나 /
or went to landfills / globally in 2015. // ❹Just 12 percent was recycled / into low-value
매립되었다 /   2015년에 전 세계적으로 // 불과 12퍼센트만이 재활용되었고 /   저가치 직물 활용으로 /
                                 '~과 같은'
textile applications / such as mattress stuffing / and less than 1 percent was recycled
매트리스 충전재와 같은 /   1퍼센트 미만이 다시 재활용되었다 /
                                                      명사절(question의 목적어)
back / into clothing. // ❺Some would question / [how realistic the idea of "closing the
의류로 //   혹자는 의문을 제기할 것인데 / '루프 닫기'라는 아이디어가 얼마나 현실적일 수 있는지 /
                                                          명사절(means의 목적어)
loop" can be]; / the complexity of the fashion system means / [that there are multiple
     의류업계의 복잡성은 의미한다는 것이다 /   기회가 많다는 것을 /   형식상의 주어
           to "leak"의 의미상의 주어
opportunities / for materials / to "leak" / from the reuse cycle]. // ❻Furthermore, / it must
재료가 /   '누출'될 / 재사용 순환에서 //   더욱이 /   주목되어야
              '~이 없는 것은 아닌'
be noted / [that fiber recycling / is not without its own environmental footprint]. //
한다 /   섬유 재활용이 /   그 자체의 환경 발자국이 없는 것은 아니라는 점이 //
                                                                       '~(의) 측면에서'
❼Even the reuse of secondhand clothing / has implications / in terms of resource use
중고 의류의 재사용조차도 /   영향이 있다 /   자원 사용과 폐기물 측면에서 /
                                                             대등한 연결
and waste, / particularly if items are [transported over long distances], [dry cleaned], /
특히 제품이 장거리로 운송되고, 드라이클리닝되고, 재포장되는 경우에 그렇다 //
and [repackaged]. //

* textile: 직물 ** incinerate: 소각하다

어휘
□ notion 개념　□ material 재료, 자재, 직물　□ circulate 순환되다
□ continuously 지속적으로　□ crucial 매우 중요한　□ highlight 강조하다
□ entirely 완전히, 전부　□ landfill 매립지　□ stuffing 충전재
□ question 의문[이의]을 제기하다　□ loop 루프, 고리　□ complexity 복잡성
□ leak 누출되다　□ environmental footprint 환경(에 악영향을 미치는) 발자국
□ secondhand 중고의　□ implication 영향, 함축　□ transport 운송하다

글의 흐름 파악

도입(❶)	주제(❷)	예시(❸~❺)	부연(❻~❼)
'순환 경제'의 비전	'순환 경제' 비전의 비현실성	직물 재활용의 실제 상황	직물 재활용의 문제점
재료가 여러 번 재사용되면서 지속적으로 순환된다는 매력적인 비전	현재 우리는 순환 경제의 목표로부터 멀리 떨어진 상황	폐의류가 실제로 재활용되는 비율이 상당히 낮음	섬유 재활용 자체에서 환경 발자국을 남김

 전문 해석

❶재료가 몇 번이고 다시 사용되고 재사용되면서 지속적으로 순환되는 '순환 경제'라는 개념은 매력적인 비전이다. ❷그러나 현재 우리가 그 목표로부터 그저 얼마나 멀리 있는지를 강조하는 것이 매우 중요하다. ❸비록 직물 대부분은 완전히 재활용할 수 있지만, 2015년에 전 세계적으로 폐의류의 73퍼센트가 소각되거나 매립되었다. ❹불과 12퍼센트만이 매트리스 충전재와 같은 저가치 직물 활용으로 재활용되었고 1퍼센트 미만이 의류로 다시 재활용되었다. ❺혹자는 '루프 닫기'라는 아이디어가 얼마나 현실적일 수 있는지 의문을 제기할 것인데, 의류업계의 복잡성은 재사용 순환에서 재료가 '누출'될 기회가 많다는 것을 의미한다는 것이다. ❻더욱이 섬유 재활용이 그 자체의 환경 발자국이 없는 것은 아니라는 점에 주목해야 한다. ❼중고 의류의 재사용조차도 자원 사용과 폐기물 측면에서 영향이 있는데, 특히 제품이 장거리로 운송되고, 드라이클리닝되고, 재포장되는 경우에 그렇다.

 배경지식

circular economy(순환 경제)
'생산 → 소비 → 폐기' 패턴을 기반으로 하는 기존의 선형 경제 모델의 대안으로, 자원 절약과 재활용을 통해 지속 가능성을 추구하는 친환경 경제 모델을 말한다. 제품의 수명이 다하면 재활용을 통해 가능한 한 그 재료를 다시 생산적으로 사용하여 폐기물을 최소한으로 줄이고 더 많은 가치를 창출하고자 하는 생산 및 소비 모델이다.

 구문 해설

❶ [The notion of a "circular economy" — {in which materials circulate continuously, being used and reused time and time again} —] is an appealing vision.

[ ]는 문장의 주어 역할을 하는 명사구이고, 그 안의 { }는 a "circular economy"를 부가적으로 설명하는 관계절이다.

❻ Furthermore, **it** must be noted [that fiber recycling is not without its own environmental footprint].

it은 형식상의 주어이고, [ ]는 내용상의 주어이다.

Quick Check — 적절한 말 고르기

1. However, it is crucial highlight / to highlight just how far we are from that goal at present.

2. Some would question how realistic the idea of "closing the loop" can be; the complexity of the fashion system means / meaning that there are multiple opportunities for materials to "leak" from the reuse cycle.

정답 1. to highlight 2. means

시간의 영향

|Keywords| performance, interest, strength, loan

❶When anticipating the effects of time, / we should mentally forecast / [what they are
시간의 영향을 예견할 때 / 　　우리는 마음속에서 예측해야 하며 / 　그것이 무엇일지를 /
　　　　　　　　　　　　　　　　　명사절(forecast의 목적어)

likely to be]; / we should not practically stop them from happening, / by demanding the
그것이 일어나는 것을 실제로 막아서는 안 된다 / 약속의 즉각적인 성과를 요구함

immediate performance of promises / [which time alone can fulfill]. // ❷The man [who
으로써 /   시간만이 이행할 수 있는 // 그런 요구를 하는 사람은 /

makes his demand] / will find out / [that there is no worse or stricter usurer than Time];
알게 될 것이며 / '시간'보다 더 나쁘거나 더 가혹한 고리대금업자가 없다는 것을 /

and [that, {if you compel Time / to give money in advance}, / you will have to pay a rate
여러분이 '시간'에게 강요한다면 / 미리 돈을 줄 것을 / 훨씬 더 높은 금리의 이자를 내야 하리라는

of interest much higher / than any usurer would require]. // ❸It is possible, / for instance, /
것을 / 그 어느 고리대금업자가 요구하는 것보다 // 가능하다 / 예를 들어 /

[to make a tree {burst forth into leaf}, {blossom}, or {even bear fruit} / within a few days, /
갑자기 나무에 잎이 돋고 꽃이 피고 심지어 열매를 맺게 하는 것이 / 며칠 만에 /

by the application of unslaked lime and artificial heat]; / but after that / the tree will
생석회를 쓰고 인공적인 열을 가해서 / 하지만 그 후에 / 그 나무는 시들어 죽을

wither away. // ❹So / a young man may abuse his strength / — it may be only for a few
것이다 // 따라서 / 젊은이는 자신의 힘을 남용할 수도 있고 / 단 몇 주 동안일 수도 있지만 /

weeks / — by trying to do at nineteen / [what he could easily manage at thirty], / and
열아홉 살에 하려고 시도함으로써 / 자신이 서른 살에 쉽게 할 수 있는 일을 / '시간'은

Time may give him the loan / [for which he asks] ; / but the interest [he will have to
대출금을 줄 수도 있다 / 그가 요구하는 / 하지만 그가 내야 할 이자는 /

pay] / comes out of the strength of his later years; / indeed, / it is part of his very life
그 자신의 노년의 힘에서 나오는데 / 진정 / 그것은 바로 그의 생명 자체의 일부이다 //

itself. //

* usurer: 고리대금업자 ** unslaked lime: 생석회(生石灰) *** wither away: 시들어 죽다

□ anticipate 예견하다, 예상하다　□ forecast 예측하다　□ practically 실제로
□ immediate 즉각적인　□ fulfill 이행하다　□ strict 가혹한
□ compel 강요하다　□ burst forth into 갑자기 ~하기 시작하다
□ blossom 꽃을 피우다　□ application 이용, 적용　□ artificial 인공적인
□ abuse 남용하다　□ loan 대출금, 융자금

글의 흐름 파악

도입(❶)	전개(❷~❸)	부연(❹)
시간의 영향 예측	가혹한 고리대금업자인 '시간'	즉각적인 성과를 요구한 결과
즉각적인 성과를 바라며 시간의 영향을 막아서는 안 됨	• '시간'에게 성과를 미리 요구한다면, 훨씬 더 높은 금리의 이자를 내야 할 것임 • 인공적으로 빠르게 성장하게 한 나무는 쇠약해짐	빠른 성과를 기대하며 힘을 남용하면 노년에 써야 할 체력을 미리 써 버리는 것일 수 있음

전문 해석

❶시간의 영향을 예견할 때, 우리는 그것이 무엇일지를 마음속에서 예측해야 하며, 시간만이 이행할 수 있는 약속의 즉각적인 성과를 요구함으로써 그것이 일어나는 것을 실제로 막아서는 안 된다. ❷그런 요구를 하는 사람은 '시간'보다 더 나쁘거나 더 가혹한 고리대금업자가 없다는 것을 알게 될 것이며, 여러분이 '시간'에게 미리 돈을 줄 것을 강요한다면, 그 어느 고리대금업자가 요구하는 것보다 훨씬 더 높은 금리의 이자를 내야 하리라는 것을 알게 될 것이다. ❸예를 들어, 생석회를 쓰고 인공적인 열을 가해서 며칠 만에 갑자기 나무에 잎이 돋고 꽃이 피고 심지어 열매를 맺게 하는 것이 가능하지만, 그 후에 그 나무는 시들어 죽을 것이다. ❹따라서 젊은이는 단 몇 주 동안일 수도 있지만, 자신이 서른 살에 쉽게 할 수 있는 일을 열아홉 살에 하려고 시도함으로써 자신의 힘을 남용할 수도 있고, '시간'은 그가 요구하는 대출금을 줄 수도 있지만, 그가 내야 할 이자는 그 자신의 노년의 힘에서 나오는데, 진정 그것은 바로 그의 생명 자체의 일부이다.

구문 해설

❶ When anticipating the effects of time, we should mentally forecast [what they are likely to be]; we should not practically stop them from happening, by demanding the immediate performance of promises [which time alone can fulfill].

첫 번째 [ ]는 forecast의 목적어 역할을 하는 명사절이고, 두 번째 [ ]는 promises를 수식하는 관계절이다.

❸ It is possible, for instance, [to make a tree {burst forth into leaf}, {blossom}, or {even bear fruit} within a few days, by the application of unslaked lime and artificial heat]; but after that the tree will wither away.

It은 형식상의 주어이고, [ ]는 내용상의 주어이다. or로 연결된 세 개의 { }는 make의 목적격 보어 역할을 하는 원형부정사구이다.

Quick Check · 빈칸 완성하기

1. When anticipating the effects of time, we should mentally forecast what they are likely to be; we should not practically stop them from happening, by demanding the immediate p_____ of promises which time alone can fulfill.

2. Time may give a young man the loan for which he asks; but the i_____ he will have to pay comes out of the strength of his later years.

정답 1. [p]erformance 2. [i]nterest

유형편 **45**

표준화 시험 위주 교육의 문제점

| Keywords | standardized tests, test scores, education

❶There are disturbing changes underway / in today's school systems. // ❷Funding is
불안한 변화가 진행 중이다 /　　　　　　　　　오늘날의 학교 체제에 //　　　　재정 지원은 흔히

「be tied to: ~과 결부되다」　　　　분사구　　　　　　　→ 관계절(standardized tests를 부가적으로 설명)
frequently tied to scores / [achieved on standardized tests], / [which primarily evaluate
점수와 결부되는데 /　　　표준화 시험에서 얻는 /　　　이 시험은 주로 기계적 암기를 평가한다 //

　　　　　　　　　　　　　　　　　→ '~과 같은(전치사)'
rote memory]. // ❸Teaching "to" tests like these / inevitably focuses resources and
이와 같은 시험에 '맞춰' 가르치는 것은 /　　　필연적으로 자원과 교육 과정을 집중하게 한다 /

　　　　　　　　　　　　　　　　　　　　　　　→ 주어　　　　→ to부정사구
curriculum / on the lower-scoring students. // ❹[The pressure {to bring up test scores for
점수가 낮은 학생에게 //　　　　　이 힘겨워하는 학생들의 시험 점수를 끌어올려야 한다는 압박감은 /

　　　　　　　　　　　　　　→ 술어동사
these struggling students}] / limits time for the kinds of individualized learning / [that
개별화된 학습 형태를 위한 시간을 제한하며 /　　　　　　　　　　　모든

challenges all students to reach their highest potential], / and teachers have less
학생이 자신의 잠재력을 최대한 발휘할 수 있도록 장려하는 /　　　　교사는 기회가 줄어든다 /

　　　　　　　　　　　　→ to부정사구(opportunity에 대한 구체적인 내용을 설명)
opportunity / [to encourage creative thinking and incorporate hands-on activities]. //
창의적 사고를 장려하고 체험 활동을 포함할 //

　　　　　　　　　　→ 수동태
❺When education is not enriched / by exploration, discovery, problem solving, and
교육이 풍성해지지 않으면 /　　　　　탐구, 발견, 문제 해결, 그리고 창의적 사고로 /

　　　　　　　　　　　　　　　　　　　「be engaged in: ~에 참여하다」　　→ 부사절(이유)
creative thinking, / students are not truly engaged in their own learning. // ❻[Because
　　　　　　　　학생은 자신의 학습에 진정으로 참여하지 않는다 //　　　교사는 강조해야

　　　→ 「be required to do: ~해야 하다」
teachers are required to emphasize / uninspiring workbooks and drills], / more and
하므로 /　　　　　　　　흥미를 주지 않는 워크북과 반복 학습을 /　　　점점 더 많은 학생

more students are developing negative feelings / about mathematics, science, history,
에게 부정적인 감정이 생기고 있다 /　　　　수학, 과학, 역사, 문법, 작문에 대해 //

　　　　　　　　　　　　　　　→ to부정사구(Opportunities에 대한 구체적인 내용을 설명)
grammar, and writing. // ❼Opportunities [to authentically learn and retain knowledge] /
　　　　　　　　　진정으로 지식을 배우고 기억할 수 있는 기회가 /

→ be+being+과거분사: ~되고 있다(수동태 진행형)　　　→ 관계절
are being replaced by instruction / [that teaches "to the tests]." //
교육으로 바뀌고 있다 /　　　'시험에 맞춰' 가르치는 //

* rote memory: 기계적 암기 ** authentically: 진정으로

어휘

- □ **disturbing** 불안한, 어지럽히는
- □ **underway** 진행 중인
- □ **funding** 재정 지원, 자금 제공
- □ **standardized test** 표준화 시험
- □ **primarily** 주로
- □ **evaluate** 평가하다
- □ **inevitably** 필연적으로, 불가피하게
- □ **struggling** 힘겨워하는, 분투하는
- □ **challenge** 장려하다, 북돋우다
- □ **incorporate** 포함하다, 통합하다
- □ **hands-on** 체험하는
- □ **be engaged in** ~에 참여하다
- □ **uninspiring** 흥미를 주지 않는
- □ **workbook** 워크북, 학습장
- □ **drill** 반복 학습, 훈련
- □ **retain** 기억하다, 간직하다

도입(❶~❷)		전개 1(❸~❹)		전개 2(❺~❻)		요약(❼)
학교 체제의 실태		결과 1(교사)		결과 2(학생)		교육의 현재 실태
재정 지원은 표준화 시험에서 얻는 점수와 결부되며 이 시험은 주로 기계적 암기를 평가함	→	• 점수가 낮은 학생에게 자원과 교육 과정이 집중됨 • 교사는 창의적 사고를 장려하고 체험 활동을 포함할 기회가 줄어듦	→	• 학생은 자신의 학습에 진정으로 참여하지 않음 • 반복 학습 강조로 인해 배우는 내용에 대한 부정적인 감정이 생김	→	진정으로 지식을 배우고 기억할 수 있는 기회가 '시험에 맞춰' 가르치는 교육으로 바뀌고 있음

 전문 해석

❶오늘날의 학교 체제에 불안한 변화가 진행 중이다. ❷재정 지원은 흔히 표준화 시험에서 얻는 점수와 결부되는데, 이 시험은 주로 기계적 암기를 평가한다. ❸이와 같은 시험에 '맞춰' 가르치는 것은 필연적으로 자원과 교육 과정을 점수가 낮은 학생에게 집중하게 한다. ❹이 힘겨워하는 학생들의 시험 점수를 끌어올려야 한다는 압박감은 모든 학생이 자신의 잠재력을 최대한 발휘할 수 있도록 장려하는 개별화된 학습 형태를 위한 시간을 제한하며, 교사는 창의적 사고를 장려하고 체험 활동을 포함할 기회가 줄어든다. ❺교육이 탐구, 발견, 문제 해결, 그리고 창의적 사고로 풍성해지지 않으면 학생은 자신의 학습에 진정으로 참여하지 않는다. ❻교사는 흥미를 주지 않는 워크북과 반복 학습을 강조해야 하므로, 점점 더 많은 학생에게 수학, 과학, 역사, 문법, 작문에 대해 부정적인 감정이 생기고 있다. ❼진정으로 지식을 배우고 기억할 수 있는 기회가 '시험에 맞춰' 가르치는 교육으로 바뀌고 있다.

 배경지식

curriculum(교육 과정)
교육의 가장 큰 목적 중의 하나는 교과를 제대로 가르치는 일이라고 할 수 있다. 교사가 교육 목적을 달성하기 위하여 계획하고 실행하고 나아가 평가하고 통제하는 일련의 모든 과정이 교육의 과정이라고 할 수 있다. 즉 학생들에게 가르쳐야 할 수많은 내용 중에서 어떤 것을, 어떻게, 왜 가르쳐야 하는지를 파악하고 분석하고 연구하는 분야가 교육 과정이다.

 구문 해설

❹ [The pressure to bring up test scores for these struggling students] **limits** time for the kinds of individualized learning [that challenges all students to reach their highest potential].

첫 번째 [ ]는 주어 역할을 하고, limits가 술어동사이다. 두 번째 [ ]는 individualized learning을 수식하는 관계절이다.

❼ Opportunities [to authentically learn and retain knowledge] are being replaced by instruction [that teaches "to the tests."]

첫 번째 [ ]는 Opportunities의 구체적인 내용을 설명하는 to부정사구이고, 두 번째 [ ]는 instruction을 수식하는 관계절이다.

Quick Check 적절한 말 고르기

1. Funding is frequently tied to scores achieved on standardized tests, which / where primarily evaluate rote memory.

2. Because teachers are required to emphasize uninspiring workbooks and drills, more and more students are developing / developed negative feelings about mathematics, science, history, grammar, and writing.

정답 1. which 2. developing

성인 뇌의 적응성

| Keywords | adult brain, neurons, adapt

❶For many years, / it was indeed widely believed / [that the adult brain was essentially
오랫동안 / 　　형식상의 주어　　　실제로 널리 믿어졌다 / 　내용상의 주어　성인의 뇌는 본질적으로 '고정된' 것으로 /

'set', / with all the neurons and major connections / {we'd need}]. // ❷Sure, / we learn
'고정된' / 모든 뉴런과 주요 연결부를 가진 / 　관계절　우리가 필요로 할 // 　술어동사 1　물론 / 우리는 새로운

new things / and update our understanding of things / all the time, / [meaning / {new
것을 배우고 / 　술어동사 2　사물에 대한 이해를 업데이트하는데 / 항상 / 분사구문　이는 뜻한다 / 명사절(meaning의 목적어)　새로운

connections / are regularly being ⟨formed⟩ and ⟨turned over⟩ / in networks / ⟨governing
연결이 / 　　　대등한 연결　　　정기적으로 형성되고 교체되고 있다는 것을 / 네트워크에서 / 분사구　학습과 기억을 관

learning and memory⟩}]. // ❸But in terms of overall physical structure and major
장하는 // 　　　'~이라는 측면에서'　하지만 전체적인 물리적 구조와 주요 연결부의 측면에서 보면

connections, / the stuff / [that makes us 'what we are'], / the adult brain was long
연결부의 / 즉 (~한) 것 / 　관계절　우리를 '지금의 우리'로 만드는 / 성인의 뇌는 오랫동안 여겨져 왔다 /

thought / to be 'done'. // ❹However, / in recent years / there's been a steady stream of
'완성된' 것으로 // 　분사구　하지만 / 최근 몇 년 동안 / 증거가 꾸준히 이어져 왔다 /

evidence / [revealing / {that the adult brain *can* change and adapt, / even create new
보여 주는 / 명사절(revealing의 목적어)　성인의 뇌는 변화하고 적응'할 수' 있고 / 심지어 새로운 뉴런을 생성'할

neurons, / and experiences can still reshape the brain, / even as we head into our
수'도 있으며 / 경험이 뇌를 여전히 재구성할 수 있는데 / 　'~할 때조차도'　우리가 황혼기에 접어들 때조차도 //

twilight years}]. // ❺Consider the taxi driver study, / [where constant driving and
　　　택시 운전사를 대상으로 한 연구를 생각해 보라 / 관계절(the taxi driver study를 부가적으로 설명)　혼잡한 런던 거리를 계속 운전하고 주행하는 것이 /

navigation of chaotic London streets / leads to increased hippocampus size, / revealing /
　　「lead to: (결과를) 가져오다, 초래하다」　해마 크기의 증가를 가져오는 / 분사구문　이는 밝히고 있다 /

{the adult brain structure is somewhat malleable}]. //
명사절(revealing의 목적어)　성인의 뇌 구조가 어느 정도 적응성이 있다는 사실을 //

* hippocampus: (대뇌 측두엽의) 해마 ** malleable: 적응성 있는

어휘

☐ **neuron** 뉴런, 신경 세포　　☐ **turn over** 교체하다　　☐ **govern** 관장하다, 다스리다
☐ **in terms of** ~이라는 측면에서　☐ **overall** 전체적인　　☐ **steady** 꾸준한
☐ **twilight** 황혼기, 황혼　　☐ **navigation** 주행, 운항　　☐ **chaotic** 혼잡한, 혼란스러운

글의 흐름 파악

도입(①)	전개 1(②~③)	전개 2(④)	예시(⑤)
성인 뇌의 고정성	추가 설명	성인 뇌의 변화와 적응 증거	택시 운전사 대상 연구
성인 뇌가 본질적으로 '고정된' 것으로 널리 믿어짐	• 새로운 연결이 정기적으로 형성되고 교체되고 있음 • 하지만 성인 뇌가 '완성된' 것으로 오랫동안 여겨짐	• 성인의 뇌가 변화하고 적응할 수 있으며 새로운 뉴런을 생성할 수 있음 • 경험이 뇌를 여전히 재구성할 수 있음	• 혼잡한 거리를 운전하고 주행 → 해마의 크기가 증가 • 성인의 뇌 구조가 어느 정도 적응성이 있음

전문 해석 ●오랫동안 성인의 뇌는 우리가 필요로 할 모든 뉴런과 주요 연결부를 가진 본질적으로 '고정된' 것으로 실제로 널리 믿어졌다. ❷물론 우리는 항상 새로운 것을 배우고 사물에 대한 이해를 업데이트하는데 이는 학습과 기억을 관장하는 네트워크에서 새로운 연결이 정기적으로 형성되고 교체되고 있다는 것을 뜻한다. ❸하지만 전체적인 물리적 구조와 주요 연결부, 즉 우리를 '지금의 우리'로 만드는 것의 측면에서 보면, 성인의 뇌는 '완성된' 것으로 오랫동안 여겨져 왔다. ❹하지만 최근 몇 년 동안 성인의 뇌는 변화하고 적응'할 수' 있고, 심지어 새로운 뉴런을 생성'할 수'도 있으며, 경험이 뇌를 여전히 재구성할 수 있는데, 우리가 황혼기에 접어들 때조차도 그러하다는 것을 보여 주는 증거가 꾸준히 이어져 왔다. ❺혼잡한 런던 거리를 계속 운전하고 주행하는 것이 해마 크기의 증가를 가져오고 이는 성인의 뇌 구조가 어느 정도 적응성이 있다는 사실을 밝히고 있는 택시 운전사를 대상으로 한 연구를 생각해 보라.

구문 해설 ❷ Sure, we learn new things and update our understanding of things all the time, [meaning {new connections are regularly being formed and turned over in networks 〈governing learning and memory〉}].

[ ]는 앞 절의 내용을 부가적으로 설명하는 분사구문이고, 그 안의 { }는 meaning의 목적어 역할을 하는 명사절이다. { } 안의 〈 〉는 networks를 수식하는 분사구이다.

❸ But in terms of overall physical structure and major connections, the stuff [that makes us 'what we are'], the adult brain was long thought to be 'done'.

[ ]는 the stuff를 수식하는 관계절이다.

Quick Check   적절한 말 고르기

1. However, in recent years there's been a steady stream of evidence revealing that / what the adult brain *can* change and adapt, even create new neurons, and experiences can still reshape the brain, even as we head into our twilight years.

2. Consider the taxi driver study, where / which constant driving and navigation of chaotic London streets leads to increased hippocampus size, revealing the adult brain structure is somewhat malleable.

정답 1. that 2. where

이념적 원칙에 맞춰 창의적으로 거래 성사시키기

|Keywords| ideological principles, obstacle, deal making

❶Often / ideological principles / crystallize in laws, rules, and institutions / [that threaten
흔히 / 이념적 원칙은 / 법, 규칙 및 제도에서 구체화된다 / 관계절 / 거래를 막겠다고 위협

to block deals]. // ❷Nationalism requires / [that all resources belong to the state] / and
하는 // 내셔널리즘은 요구한다 / 명사절(requires의 목적어 1) 모든 자원이 국가에 속하며 / 그 외에

[that no one else may own them]. // ❸Islamic fundamentalism / prohibits interest
명사절(requires의 목적어 2) 누구도 그것을 소유할 수 없도록 // =all resources 이슬람 근본주의는 / 대출에 대한 이자 지불금을 금지

payments on loans. // ❹Egyptian socialism demands / [that workers participate / both in
한다 // 이집트 사회주의는 요구한다 / 명사절(demands의 목적어) 노동자가 참여할 것을 / 기업의 경영과

the management and the profits of an enterprise]. // ❺Each of these principles / can be
「both ~ and …: ~과 … 모두」 이익에 모두 // 이러한 원칙 각각은 / 거래 성사에

an obstacle to deal making / in particular cases. // ❻Yet, / with some creativity, / it is
걸림돌이 될 수 있다 / 특정 사례에서 // 하지만 / 창의력을 조금 발휘하면 / 형식상의 주어 / 거래를

possible [to structure a deal / in such a way / {that the ideological principle is respected /
구성할 수 있다 / 내용상의 주어 방식으로 / 관계절 이념적 원칙을 존중하면서도 /

but business goes forward}]. // ❼For example, / worker participation in management /
사업이 진행되는 // 예를 들어 / 노동자의 경영 참여는 /

need not mean [a seat on the company's board of directors], / but [simply an advisory
명사구(mean의 목적어 1) 회사 이사회의 자리를 의미할 필요는 없으며 / 명사구(mean의 목적어 2) 그저 자문 위원회를 의미할 뿐이다 /

committee / {that meets regularly with an officer of the company}]. // ❽And / a petroleum
관계절 회사 임원과 정기적으로 만나는 // 그리고 / 석유 개발 계약서는 /

development contract / could be written / in such a way / [that the ownership of oil is
작성될 수 있다 / 방식으로 / 관계절 기름 소유권이 이전되는 /

transferred / not when the oil is in the ground / but at the point {that it leaves the flange
「not ~ but …: ~이 아니라 …」 기름이 땅속에 있을 때가 아니라 / 관계절 그것이 유정(油井)의 철관 끝 테두리를 떠나는 시점에서 //

of the well}]. //

* crystallize: 구체화되다 ** flange: (철관 끝의) 테두리

어휘

☐ **ideological** 이념의
☐ **block** 막다
☐ **fundamentalism** 근본주의
☐ **loan** 대출
☐ **enterprise** 기업, 대규모 사업
☐ **board of directors** 이사회
☐ **petroleum** 석유
☐ **transfer** 이전하다

☐ **principle** 원칙, 원리
☐ **nationalism** 내셔널리즘, 민족주의
☐ **prohibit** 금지하다
☐ **socialism** 사회주의
☐ **obstacle** 걸림돌, 장애(물)
☐ **advisory committee** 자문 위원회
☐ **contract** 계약(서)
☐ **well** 유정(油井)

☐ **institution** 제도

☐ **payment** 지불(금)
☐ **profit** 이익
☐ **structure** 구성하다, 구조화하다

☐ **ownership** 소유(권)

글의 흐름 파악

도입(❶)		전개(❷~❺)		주제(❻)		예시(❼~❽)
이념적 원칙		거래 성사의 걸림돌로서의 이념		창의적인 거래 구성		창의적인 거래 구성의 예시
이념적 원칙은 거래를 막겠다고 위협하는 법, 규칙 및 제도에서 구체화됨	→	내셔널리즘, 이슬람 근본주의, 이집트 사회주의 특정 사례에서 거래 성사에 걸림돌이 될 수 있음	→	창의력을 조금 발휘하면 이념적 원칙을 존중하면서도 사업이 진행되는 방식으로 거래를 구성할 수 있음	→	• 회사 임원과 정기적으로 만나는 자문 위원회를 의미함 노동자의 경영 참여 • 기름이 유정(油井)의 철관 끝 테두리를 떠나는 시점에서 기름 소유권이 이전되는 방식으로 석유 개발 계약서 작성

전문 해석 ❶흔히 이념적 원칙은 거래를 막겠다고 위협하는 법, 규칙 및 제도에서 구체화된다. ❷내셔널리즘은 모든 자원이 국가에 속하며 그 외에 누구도 그것을 소유할 수 없도록 요구한다. ❸이슬람 근본주의는 대출에 대한 이자 지불금을 금지한다. ❹이집트 사회주의는 노동자가 기업의 경영과 이익에 모두 참여할 것을 요구한다. ❺이러한 원칙 각각은 특정 사례에서 거래 성사에 걸림돌이 될 수 있다. ❻하지만 창의력을 조금 발휘하면 이념적 원칙을 존중하면서도 사업이 진행되는 방식으로 거래를 구성할 수 있다. ❼예를 들어, 노동자의 경영 참여는 회사 이사회의 자리를 의미할 필요는 없으며, 그저 회사 임원과 정기적으로 만나는 자문 위원회를 의미할 뿐이다. ❽그리고 석유 개발 계약서는 기름이 땅속에 있을 때가 아니라 그것이 유정(油井)의 철관 끝 테두리를 떠나는 시점에서 기름 소유권이 이전되는 방식으로 작성될 수 있다.

구문 해설 ❹ Egyptian socialism demands [that workers participate both in the management and the profits of an enterprise].

「 」는 demands의 목적어 역할을 하는 명사절이다.

❼ For example, worker participation in management need **not** mean [a seat on the company's board of directors], **but** [simply an advisory committee {that meets regularly with an officer of the company}].

「not ~ but ...」에 의해 두 개의 [ ]가 연결되어 있다. 두 번째 [ ] 안의 { }는 an advisory committee를 수식하는 관계절이다.

Quick Check 적절한 말 고르기

1. Nationalism requires that all resources belong to the state and | that / what | no one else may own them.

2. And a petroleum development contract could be written in | so / such | a way that the ownership of oil is transferred not when the oil is in the ground but at the point that it leaves the flange of the well.

정답 1. that 2. such

지속 가능성에 대한 과학의 기여도

|Keywords| scientific knowledge, technology, sustainability, social outcomes

❶The unquestioned assumption / [that any and all scientific knowledge — and associated
의심의 여지가 없는 가정은 / 모든 과학 지식과 관련 기술이 /

technology / — contributes to sustainability] / derives from faith / in the importance of
지속 가능성에 기여한다는 / 믿음에서 비롯된다 / 객관적 지식의 중요성에 대한 /

objective knowledge / for solving global problems. // ❷Scientists obtain power / and
객관적 지식 / 지구의 문제들을 해결하기 위한 // 과학자는 권력을 얻고 / 우리

become the priests of our era / to the extent that they provide a special form of
시대의 사제가 된다 / 특별한 형태의 지식을 제공한다는 점에서 /

knowledge / [that can be used / to do such wonderful things]. // ❸And / we often consider
지식 / 이용될 수 있는 / 그러한 놀라운 일을 하는 데 // 그리고 / 우리는 흔히 그것을 과학적

that the final test of scientific knowledge: / we can *do* things / with its results, / such as
지식에 대한 최종 시험으로 여기는데 / 우리가 일을 '실행할' 수 있다는 것이다 / 그것의 결과를 가지고 / 이를테면

applying it / [to reverse the decline of an endangered species]. // ❹Regardless, / we
그것을 적용하는 것 / 멸종 위기종의 감소를 되돌리기 위해 // 그럼에도 불구하고 / 우리는

know now / [that {the linear view of the relation / between science and social outcomes}
이제 알고 있다 / 관계에 대한 선형적 관점에 / 과학과 사회적 결과 사이의 /

is flawed]. // ❺Science may allow us to do things, / but we can assess its contribution to
결함이 있다는 것을 // 과학은 우리가 무언가를 할 수 있게 할지 모르지만 / 우리는 지속 가능성에 대한 그것의 기여도를 평가할 수 있다 /

sustainability / only by incorporating broader contextual and socio-ecological questions. //
더 광범위한 맥락적, 사회 생태학적 문제를 통합해야만 //

❻We typically think of sustainability / as doing something out there in the world, / when
우리는 보통 지속 가능성을 생각한다 / 현실 세계에서 무언가를 하는 것으로 / 실제로는

in fact we may need to first reassess the way / [we are setting the problem]. //
방식을 먼저 재평가해야 할지도 모르는데도 불구하고 / 우리가 문제를 설정하는 //

어휘

□ **assumption** 가정
□ **era** 시대
□ **endangered** 멸종 위기의
□ **incorporate** 통합하다
□ **socio-ecological** 사회 생태학적인

□ **associated** 관련된
□ **to the extent that** ~인 점에서
□ **linear** 선형의
□ **contextual** 맥락적인

□ **sustainability** 지속 가능성
□ **reverse** 되돌리다
□ **flawed** 결함이 있는

□ **reassess** 재평가하다

글의 흐름 파악

도입(❶)	전개(❷~❸)	반론(❹~❻)
과학 지식과 관련 기술의 역할	과학자의 권력과 과학적 적용	과학과 사회적 결과 간의 관계 재평가
과학 지식과 관련 기술이 지속 가능성에 기여한다는 믿음이 있음	• 과학자는 특별한 지식을 제공하는 정도로 권력을 얻음 • 과학적 적용을 과학적 지식의 최종 시험으로 여김	• 과학과 사회적 결과 사이의 선형적 관점에는 결함이 있음 • 지속 가능성에 대한 기여를 평가하기 위해서는 맥락적, 사회 생태학적 문제를 통합해야 함

 전문 해석

❶모든 과학 지식과 관련 기술이 지속 가능성에 기여한다는 의심의 여지가 없는 가정은 지구의 문제들을 해결하기 위한 객관적 지식의 중요성에 대한 믿음에서 비롯된다. ❷과학자는 그러한 놀라운 일을 하는 데 이용될 수 있는 특별한 형태의 지식을 제공한다는 점에서 권력을 얻고 우리 시대의 사제가 된다. ❸그리고 우리는 흔히 그것을 과학적 지식에 대한 최종 시험으로 여기는데, 우리가 그것의 결과를 가지고 일을 '실행할' 수 있다는, 이를테면 멸종 위기종의 감소를 되돌리기 위해 그것을 적용하는 것이다. ❹그럼에도 불구하고, 우리는 이제 과학과 사회적 결과 사이의 관계에 대한 선형적 관점에 결함이 있다는 것을 알고 있다. ❺과학은 우리가 무언가를 할 수 있게 할지 모르지만, 더 광범위한 맥락적, 사회 생태학적 문제를 통합해야만 우리는 지속 가능성에 대한 그것의 기여도를 평가할 수 있다. ❻실제로는 우리가 문제를 설정하는 방식을 먼저 재평가해야 할지도 모르는데도 불구하고, 우리는 보통 지속 가능성을 현실 세계에서 무언가를 하는 것으로 생각한다.

 구문 해설

❷Scientists obtain power and become the priests of our era to the extent that they provide a special form of knowledge [that can be used to do such wonderful things].

[ ]는 a special form of knowledge를 수식하는 관계절이다.

❻We typically think of sustainability as doing something out there in the world, when in fact we may need to first reassess the way [we are setting the problem].

[ ]는 the way를 수식하는 관계절이다.

Quick Check 빈칸 완성하기

1. The assumption that any and all scientific knowledge contributes to s_____ derives from faith in the importance of objective knowledge for solving global problems.

2. Science may allow us to do things, but we can assess its contribution to sustainability only by i_____ broader contextual and socio-ecological questions.

정답 1. (s)ustainability 2. (i)ncorporating

낭비되는 식품을 줄이는 방안

| Keywords | grocery spending, unused, spoiled, leftovers

❶[According to research / from the University of Arizona's Bureau of Applied Research
전치사구
연구에 따르면 / 애리조나 대학교 인류학 응용 연구국의 /

in Anthropology], / the average household ends up wasting / an average of 14 percent /
end up -ing: 결국 ~하게 되다
일반 가정에서는 결국 낭비하게 된다 / 평균 14퍼센트를 /

of its grocery spending / [by throwing away unused or spoiled food]. // ❷Even worse, /
전치사구   「by -ing: ~함으로써」   비교 표현 강조
식료품 지출의 /   사용하지 않거나 상한 음식을 버림으로써 //   훨씬 더 심각한 것은 /

15 percent of that waste / includes products / [that {were never opened} / and {were still
수 일치(단수)   관계절   대등한 연결
이러한 낭비 중 15퍼센트는 / 제품을 포함한다는 것이다 / 개봉하지 않았고 / 아직 유통 기한 내에

within their expiration date}]! // ❸(This statistic really makes me cringe / — why not just
makes의 목적어 원형부정사(makes의 목적격 보어)
있었던 //   (이 통계는 나를 정말 움찔하게 하는데 /   그냥 달러 지폐를

set dollar bills on fire / while we're at it?) // ❹The study also found / [that a family of four /
명사절(found의 목적어)
불태우면 어떨까 /   기왕 말 나온 김에) //   이 연구는 또한 발견했다 /   4인 가족이 /

ends up throwing away / an average of $590 of perishable groceries per year, / {such as
end up -ing: 결국 ~하게 되다   전치사구
결국 버린다는 것도 /   연간 평균 590달러어치의 상하기 쉬운 식료품을 /   육류, 농산물,

meat, produce, dairy, and grain products}]. // ❺You can save / [an average of $50 per
명사구(save의 목적어)
유제품, 곡물 제품 등 //   여러분은 절약할 수 있다 / 매달 평균 50달러를 /

month] / [by avoiding overbuying perishable foods]. // ❻[Check your supplies before
「by -ing: ~함으로써」
상하기 쉬운 식품을 과도하게 사지 않음으로써 //   쇼핑하기 전에 생필품을 점검하고 /

shopping] / and [estimate the exact amount / {you'll need to buy for the next week}]. //
대등한 연결   관계절
정확한 양을 추정하라 /   다음 주를 위해 사야 할 //

❼This is also a good time / [to {throw away outdated leftovers}, / {make sure perishable
to부정사구
이때는 또한 좋은 시간이다 /   오래된 남은 음식은 버리고 /   상하기 쉬운 품목은 틀림없이 눈에 잘

items are in view}, / and {use up good leftovers / for that day's meals}]. //
대등한 연결
띄는 곳에 보관하며 /   상태가 좋은 남은 음식은 다 먹어 치울 수 있는 / 그날의 식사로 //

* cringe: (겁이 나서) 움찔하다 ** perishable: 상하기 쉬운

어휘

□ **bureau** (관청의) 국(局), 부서   □ **anthropology** 인류학   □ **end up -ing** 결국 ~하게 되다

□ **spoiled** (음식물이) 상한   □ **expiration date** 유통 기한   □ **statistic** 통계

□ **while we're at it** 기왕 말 나온 김에   □ **produce** 농산물

□ **overbuy** 과도하게 사다   □ **estimate** 추정하다   □ **outdated** 오래된, 구식의

□ **leftover** 남은 음식   □ **be in view** 눈에 띄는 곳에 있다   □ **use up** ~을 다 써 버리다

글의 흐름 파악

문제점(❶~❹)		해결 방안(❺~❼)
애리조나 대학교 인류학 응용 연구국의 연구 내용 소개		식품 낭비를 줄이는 방안
• 음식물 버림 → 식료품 지출의 14퍼센트 낭비 • 버려진 음식물 중 15퍼센트는 개봉되지 않고 유통 기한 내에 있었음 • 4인 가족이 연간 평균 590달러어치의 식료품을 버림	→	• 상하기 쉬운 식품의 과도한 구매 피하기 • 쇼핑 전에 구매할 식료품의 정확한 양 추정하기 • 오래된 남은 음식 버리기, 상하기 쉬운 식료품은 눈에 잘 띄는 곳에 보관하기, 상태가 좋은 남은 음식은 식사로 먹기

전문 해석

❶애리조나 대학교 인류학 응용 연구국의 연구에 따르면, 일반 가정에서는 사용하지 않거나 상한 음식을 버려 식료품 지출의 평균 14퍼센트를 결국 낭비하게 된다. ❷훨씬 더 심각한 것은 이러한 낭비 중 15퍼센트는 개봉하지 않았고 아직 유통 기한 내에 있었던 제품을 포함한다는 것이다! ❸(이 통계는 나를 정말 움찔하게 하는데, 기왕 말 나온 김에 그냥 달러 지폐를 불태우면 어떨까?) ❹이 연구는 또한 4인 가족이 육류, 농산물, 유제품, 곡물 제품 등 상하기 쉬운 식료품을 연간 평균 590달러어치 버린다는 것도 발견했다. ❺여러분은 상하기 쉬운 식품을 과도하게 사지 않음으로써 매달 평균 50달러를 절약할 수 있다. ❻쇼핑하기 전에 생필품을 점검하고 다음 주를 위해 사야 할 정확한 양을 추정하라. ❼이때는 또한 오래된 남은 음식은 버리고, 상하기 쉬운 품목은 틀림없이 눈에 잘 띄는 곳에 보관하며, 상태가 좋은 남은 음식은 그날의 식사로 다 먹어 치울 수 있는 좋은 시간이다.

구문 해설

❹ The study also found [that a family of four ends up throwing away an average of $590 of perishable groceries per year, such as meat, produce, dairy, and grain products].

[ ]는 found의 목적어 역할을 하는 명사절이다.

❻ [Check your supplies before shopping] and [estimate the exact amount {you'll need to buy for the next week}].

두 개의 [ ]는 and로 연결되어 명령문을 이룬다. 두 번째 [ ] 안의 { }는 the exact amount를 수식하는 관계절이다.

Quick Check 적절한 말 고르기

1. According to research from the University of Arizona's Bureau of Applied Research in Anthropology, the average household ends up saving / wasting an average of 14 percent of its grocery spending by throwing away unused or spoiled food.

2. You can save / waste an average of $50 per month by avoiding overbuying perishable foods.

정답 1. wasting 2. save

근거 없는 믿음이 되는 오래된 오류

| Keywords | incorrect hypotheses, becoming myths

❶Throughout history, / human imagination has been a double-edged sword. // ❷On one
역사 내내 / 인간의 상상력은 양날의 검이었다 // 한편으로 /

hand, / it pushes new discoveries, / but for every newly established scientific fact, /
그것은 새로운 발견을 촉진하지만 / 모든 새롭게 확립된 과학적인 사실마다 /

관계절(multiple incorrect hypotheses를 부가적으로 설명)◄┐ ┌►관계절의 술어 1
there are often multiple incorrect hypotheses, / [which {must be corrected along the
흔히 다수의 부정확한 가설이 있고 / 그것들은 도중에 수정되어야 하며 /

┌►관계절의 술어 2
way} / or {risk becoming myths}]. // ❸Thomas Edison is credited with saying: / "I have
그러지 않으면 근거 없는 믿음이 되는 위험에 놓이게 된다 // 말한 사람은 Thomas Edison이라고 한다 / "나는 실패하지

분사구문(주절을 부가적으로 설명)◄┐ ┌►명사절(implying의 목적어)
not failed. / I've just found 10,000 ways that won't work," / [implying {that error is part
않았다 / 나는 작동하지 않을 1만 개의 방식을 찾았을 뿐이다" / 오류가 발명의 한 부분이라고 암시한 //

of invention}]. // ❹Unfortunately, / if errors or partial truths get circulated long enough, /
유감스럽게도 / 오류나 부분적인 진실이 상당히 오래 유통되면 /

┌►can에 연결 1 ┌►can에 연결 2
they can [lead to a false echo chamber of repetition] / and [suggest "truth" where none
그것들은 반복의 잘못된 메아리 방으로 이어지고 / 진실이 전혀 존재하지 않는데도 '진실'을 암시할 수 있다 //

┌►부사절(양보)
exists]. // ❺For example, / [even though the *humors* have been discredited for
예를 들어 / 여러 세기 동안 '체액'은 신빙성이 떨어졌음에도 불구하고 /

┌─동격 관계
centuries], / some still believe in the myth / [that blood types (blood being one of the
일부 사람들은 여전히 근거 없는 믿음을 믿는다 / (혈액은 네 가지 '체액'의 하나여서) 혈액형이 성격을 결정할 수 있다는 //

four *humors*) can determine personalities]. // ❻A quick internet search finds / more than
빠르게 인터넷 검색을 해 보면 발견되는데 / 이 주제와 관련된

분사구문(주절을 부가적으로 설명)◄┐ ┌►명사절(meaning의 목적어)
five million websites related to this topic, / [meaning {this myth is slow to die}]. //
5백만 개가 넘는 웹사이트가 / 그것은 이 근거 없는 믿음이 없어지는 데 오래 걸린다는 것을 의미한다 //

* echo chamber: 메아리 방 ** humor: 체액(인간의 기질을 정한다고 생각되었던 4가지 액)

어휘

□ **double-edged sword** 양날의 검
□ **establish** 확립하다　　□ **multiple** 다수의
□ **hypothesis** 가설(*pl.* hypotheses)
□ **be credited with** ~의 공이 있다고 여겨지다
□ **partial** 부분적인　　□ **circulate** 유통하다

□ **discovery** 발견

□ **myth** 근거 없는 믿음
□ **imply** 암시하다
□ **discredit** 신빙성을 떨어뜨리다

소재(❶~❷)	발전(❸~❹)	사례(❺~❻)
인간 상상력의 폐해	반복은 근거 없는 믿음이 됨	체액에 대한 믿음
다수의 부정확한 가설 생성 → 수정되지 않으면 근거 없는 믿음이 됨	• Edison의 말: 오류가 발명의 일부임 • 오류나 부분적인 진실이 오래 유통되면 반복의 메아리 방으로 이어져 진실이 됨	• 체액의 신빙성이 떨어졌는데도 혈액형과 성격의 관계를 믿음 • 혈액형 관련 웹사이트의 검색 결과는 근거 없는 믿음을 없애기 어려움을 알려 줌

 전문 해석

❶역사 내내, 인간의 상상력은 양날의 검이었다. ❷한편으로, 그것은 새로운 발견을 촉진하지만, 모든 새롭게 확립된 과학적인 사실마다, 흔히 다수의 부정확한 가설이 있고, 그것들은 도중에 수정되어야 하며 그러지 않으면 근거 없는 믿음이 되는 위험에 놓이게 된다. ❸"나는 실패하지 않았다. 나는 작동하지 않을 1만 개의 방식을 찾았을 뿐이다."라고 말하여 오류가 발명의 한 부분이라고 암시한 사람은 Thomas Edison이라고 한다. ❹유감스럽게도, 오류나 부분적인 진실이 상당히 오래 유통되면, 그것들은 반복의 잘못된 메아리 방으로 이어지고 진실이 전혀 존재하지 않는데도 '진실'을 암시할 수 있다. ❺예를 들어, 여러 세기 동안 '체액'은 신빙성이 떨어졌음에도 불구하고 일부 사람들은 여전히 (혈액은 네 가지 '체액'의 하나여서) 혈액형이 성격을 결정할 수 있다는 근거 없는 믿음을 믿는다. ❻빠르게 인터넷 검색을 해 보면 이 주제와 관련된 5백만 개가 넘는 웹사이트가 발견되는데, 그것은 이 근거 없는 믿음이 없어지는 데 오래 걸린다는 것을 의미한다.

 배경지식

four humors(사체액설)
고대 그리스로부터 서양 중세까지 지배적이었던 생리학 가설이며, 사람의 몸은 건, 냉, 습, 열(cold, dry, moist, hot)의 성질을 가진 네 가지 체액으로 이루어져 있고 이것이 균형을 이룰 때 건강하다는 학설이다.

 구문 해설

❹ Unfortunately, if errors or partial truths get circulated long enough, they can [lead to a false echo chamber of repetition] and [suggest "truth" where none exists].

두 개의 [ ]는 and로 연결되어 can에 이어져 they로 시작하는 주절의 술어를 이룬다.

❻ A quick internet search finds [more than five million websites {related to this topic}], [meaning this myth is slow to die].

첫 번째 [ ]는 finds의 목적어 역할을 하는 명사구이며, { }는 more than five million websites를 수식하는 분사구이다. 두 번째 [ ]는 앞 절에 기술된 내용을 부연 설명하는 분사구문이다.

Quick Check | T, F 고르기

1. Edison said that he had found 10,000 ways of doing things that didn't work. T / F

2. Today, no one believes that blood types can determine personality. T / F

혼자 하는 예술 활동의 이점

| Keywords | engage in, creative activity, by ourselves, meditative and reflective ways

❶Ideally, / [when we make art / or engage in any creative activity / by ourselves], / we
이상적으로   우리가 예술을 창작하거나 /   어떤 창의적인 활동이든 할 때 /   혼자 /   우리는
부사절(시간)
술어동사 1   술어동사 2   주어의 핵

recognize its value / and make time and space for it in our lives. // ❷[The boom in
그것의 가치를 인정하고 /   우리 삶에서 그것을 위한 시간과 공간을 할애한다 //   컬러링(색칠하기) 북과

coloring books and coloring pages / in the past few years] / is one such example. //
컬러링 페이지의 인기가 /   지난 몇 년 동안 /   그러한 사례의 하나이다 //
술어동사

❸It takes away / the challenging part of visual art-making and skills / and provides us /
그것은 없애고 /   시각 예술 창작과 기술의 어려운 부분을 /   우리에게 제공한다 /
대등한 연결

with a level of challenge / [that is relatively easy and manageable]. // ❹[Our studies with
수준의 도전을 /   비교적 쉽고 감당할 만한 //   암 환자와 간병인을 대상으로
관계절   주어의 핵

cancer patients and caregivers] showed / [that solitary activities like coloring / helped
한 우리의 연구는 보여 주었다 /   색칠하기와 같은 혼자 하는 활동이 /   명상적, 성찰적
술어동사   명사절(showed의 목적어)

in meditative and reflective ways / by taking us / to a space of distraction / away from
방식으로 도움이 됨을 /   우리를 데려감으로써 / 벗어날 수 있는 공간으로 /   일상적인 걱정에서 //

everyday concerns]. // ❺Such activities / do not necessarily help / us [resolve our
이러한 걱정에서 //   이러한 활동이 /   꼭 도움이 되는 것은 아니지만 /   우리가 우리의 문제를 해결
=solitary activities   '반드시 ~은 아니다(부분부정)'   help의 목적격 보어

problems]; / rather, they provide / [a time {to rest}] / and [a way {to focus our attention
하는 것에 /   그보다는 /   그것들은 제공한다 /   휴식하는 시간과 /   다른 곳에 주의를 집중하는 방법을 /
provide의 목적어 1   provide의 목적어 2

elsewhere}] / until such time as we can address them directly. // ❻When we make art
그보다 /   우리가 그것들을 직접적으로 해결할 수 있는   그런 시간이 생길 때까지 //   우리가 혼자서 예술을 창작하면 /
「such ~ as ...: …하는 그런 ~」

by ourselves, / it can help / us self-regulate; / feel a sense of mastery, control, and
혼자 /   그것은 도움이 될 수 있다 / 우리가 우리 자신을 통제하는 데 / 우리 삶에 대한 숙달감, 통제감, 주체성을 느끼는 데 /
help의 목적격 보어 1   help의 목적격 보어 2

agency over our lives; / and engage in reflective, validating, contemplative, or
그리고 성찰, 검증, 사색 또는 명상 수행을 하는 데 //
help의 목적격 보어 3

meditative practices. //

* meditative: 명상의 ** contemplative: 사색하는

어휘

□ **ideally** 이상적으로
□ **recognize** 인정하다
□ **relatively** 비교적
□ **resolve** 해결하다
□ **validate** 검증하다, 승인하다

□ **engage in** ~을 하다, ~에 참여[종사]하다
□ **boom** 인기, 호황
□ **solitary** 혼자 하는
□ **address** 해결하다

□ **challenging** 어려운
□ **reflective** 성찰적인
□ **agency** 주체성

글의 흐름 파악

도입(❶)		예시(❷~❸)		주제(❹~❻)
혼자 하는 예술 활동	→	컬러링 북과 컬러링 페이지의 인기	→	암 환자와 간병인 대상 연구의 시사점
우리는 혼자 하는 예술 활동의 가치를 알고 있음		비교적 쉽고 감당할 만한 수준의 창의적 활동임		혼자 하는 예술 활동의 정신적 이점 • 우리가 겪고 있는 문제에서 벗어나 휴식할 시간을 제공함 • 삶에 대한 숙달감, 통제감, 주체성을 느끼게 해 줌 • 성찰, 검증, 사색, 명상 수행에 도움이 됨

전문 해석 ❶이상적으로, 우리가 혼자 예술을 창작하거나 어떤 창의적인 활동이든 할 때, 우리는 그것의 가치를 인정하고 우리 삶에서 그것을 위한 시간과 공간을 할애한다. ❷지난 몇 년 동안 컬러링(색칠하기) 북과 컬러링 페이지의 인기가 그러한 사례의 하나이다. ❸그것은 시각 예술 창작과 기술의 어려운 부분을 없애고 비교적 쉽고 감당할 만한 수준의 도전을 제공한다. ❹암 환자와 간병인을 대상으로 한 우리의 연구는 색칠하기와 같은 혼자 하는 활동이 우리를 일상적인 걱정에서 벗어날 수 있는 공간으로 데려감으로써 명상적, 성찰적 방식으로 도움이 됨을 보여 주었다. ❺이러한 활동이 우리의 문제를 해결하는 것에 꼭 도움이 되는 것은 아니지만, 그보다는 우리가 그것들을 직접적으로 해결할 수 있는 그런 시간이 생길 때까지 휴식하는 시간과 다른 곳에 주의를 집중하는 방법을 제공한다. ❻우리가 혼자서 예술을 창작하면, 그것은 우리가 우리 자신을 통제하는 데, 우리 삶에 대한 숙달감, 통제감, 주체성을 느끼는 데, 그리고 성찰, 검증, 사색 또는 명상 수행을 하는 데 도움이 될 수 있다.

구문 해설 ❹ Our studies with cancer patients and caregivers showed [that solitary activities like coloring helped in meditative and reflective ways by taking us to a space of distraction away from everyday concerns].

[ ]는 showed의 목적어 역할을 하는 명사절이다.

❺ Such activities do not necessarily help us [resolve our problems]; rather, they provide [a time to rest] and [a way to focus our attention elsewhere] until such time as we can address them directly.

첫 번째 [ ]는 help의 목적격 보어 역할을 하는 원형부정사구이고, 두 번째와 세 번째 [ ]는 명사구인데, and로 연결되어 provide의 목적어 역할을 한다.

Quick Check 적절한 말 고르기

1. The boom in coloring books and coloring pages in the past few years [is / are] one such example.

2. It takes away the challenging part of visual art-making and skills and [providing / provides] us with a level of challenge that is relatively easy and manageable.

정답 1. is 2. provides

과학에서 중요한 것

| Keywords | measurements, observe, numbers, science

❶[When Galileo rolled the balls down the inclined plane], / he didn't merely look and
갈릴레오가 경사면에서 공을 굴렸을 때 / 그저 쳐다보며 보기만 한 것은 아니었다 /

see / [what happened]. // ❷He very carefully measured / the distance [traveled] / and
무슨 일이 일어나는지 // 그는 매우 주의 깊게 측정했다 / 이동 거리와 / 그 거리를

the time [it took to travel that distance]. // ❸From these measurements, / he calculated
이동하는 데 걸린 시간을 // 이러한 측정으로부터 / 그는 이동 속도를

the speed of travel. // ❹[What he came up with] / was a mathematical equation / [relating
계산했다 // 그가 생각해 낸 것은 / 수학 방정식이었다 / 수량과 관련한 //

numerical quantities]. // ❺We can imagine / [that {when he observed the moons of
우리는 상상할 수 있다 / 그가 목성의 위성을 관찰했을 때 /

Jupiter}, / he didn't merely see some spots / at various different places / from night to
그가 몇 개의 점들을 그저 보기만 한 것이 아니라 / 여러 다른 장소에서 / 밤마다 /

night: / he {kept track of ⟨where the spots were⟩}, / {compared their positions / from
그는 그 점들이 어디에 있는지 추적하고 / 그것들의 위치를 비교하였으며 / 밤마다 /

night to night}, / and {perhaps did some calculations / ⟨intended to compute / what
아마 몇 가지 계산을 수행하여 / 산출하려는 의도가 있는 / 그것들이

path they were traveling⟩}, / to find out / {that their change in apparent position /
어떤 경로로 이동하고 있는지 / 알아냈다고 / 그것들의 시위치 변화가 /

was consistent with their being bodies moving around Jupiter}]. // ❻Similarly, / [in my
그것들이 목성 주위를 도는 천체라는 것과 일치한다는 것을 // 마찬가지로 / 내가 하는

hypothetical bird experiment] / I imagined myself / as a budding junior scientist /
가상의 새 실험에서 / 나는 내 자신을 상상했다 / 초보 신예 과학자라고 /

[weighing the stuff] / {I put into the cage}] / and [calculating percentages by weight / of
먹이의 무게를 재고 / 내가 새장에 넣은 / 무게로 비율을 계산하는 /

{what was eaten}]. // ❼It's obvious: / numbers are important to science. // ❽Scientists
새가 먹은 것의 // 분명한 것은 / 과학에는 숫자가 중요하다는 것이다 // 과학자는 측정하고

measure and calculate; / they don't just observe. //
계산하며 / 그들은 단지 관찰만 하는 것이 아니다 //

어휘

□ **inclined** 경사진, 기운   □ **plane** 면, 평면   □ **calculate** 계산하다
□ **come up with** ~을 생각해 내다   □ **equation** 방정식   □ **numerical** 수의, 숫자로 나타낸
□ **quantity** 양, 수량   □ **moon** (행성의 주위를 도는) 위성   □ **compute** 산출하다, 계산하다
□ **apparent position** 시위치(지구에서 볼 때, 천구(天球) 안에 놓이는 천체들의 겉보기 위치)
□ **be consistent with** ~과 일치하다   □ **hypothetical** 가상의, 가설의
□ **budding** 신예의, 신진의

글의 흐름 파악

예시 1(❶~❺)		예시 2(❻)		결론(❼~❽)
갈릴레오		내 자신		과학의 본질
• 경사면에서 공을 굴렸을 때, 그저 쳐다보며 보기만 한 것이 아니라 매우 주의 깊게 측정하고 계산을 했음 • 목성의 위성을 관찰했을 때, 그저 보기만 한 것이 아니라 몇 가지 계산을 수행하여 알아냈다고 상상할 수 있음	→	새장에 넣은 먹이의 무게를 재고 새가 먹은 것의 무게로 비율을 계산하는 초보 신예 과학자라고 상상함	→	• 과학에는 숫자가 중요함 • 과학자는 측정하고 계산하며, 단지 관찰만 하는 것이 아님

 전문 해석

❶갈릴레오가 경사면에서 공을 굴렸을 때, 무슨 일이 일어나는지 그저 쳐다보며 보기만 한 것은 아니었다. ❷그는 이동 거리와 그 거리를 이동하는 데 걸린 시간을 매우 주의 깊게 측정했다. ❸이러한 측정으로부터 그는 이동 속도를 계산했다. ❹그가 생각해 낸 것은 수량과 관련한 수학 방정식이었다. ❺우리는 그가 목성의 위성을 관찰했을 때 밤마다 여러 다른 장소에서 몇 개의 점들을 그저 보기만 한 것이 아니라, 그 점들이 어디에 있는지 추적하고, 밤마다 그것들의 위치를 비교하였으며, 아마 그것들이 어떤 경로로 이동하고 있는지 산출하려는 의도가 있는 몇 가지 계산을 수행하여, 그것들의 시위치 변화가 그것들이 목성 주위를 도는 천체라는 것과 일치한다는 것을 알아냈다고 상상할 수 있다. ❻마찬가지로, 내가 하는 가상의 새 실험에서 나는 내 자신을 새장에 넣은 먹이의 무게를 재고 새가 먹은 것의 무게로 비율을 계산하는 초보 신예 과학자라고 상상한다. ❼분명한 것은, 과학에는 숫자가 중요하다는 것이다. ❽과학자는 측정하고 계산하며, 단지 관찰만 하는 것이 아니다.

 배경지식

Galileo Galilei(갈릴레오 갈릴레이, 1564~1642)
이탈리아의 천문학자이자 물리학자이다. 자유 낙하 운동과 관성의 법칙 등을 발견했다. 지구가 태양 주위를 돌고 있다는 코페르니쿠스의 지동설을 믿고, 이를 발전시키기 위해 노력했다.

 구문 해설

❶ [When Galileo rolled the balls down the inclined plane], he didn't merely look and see [what happened].

첫 번째 [ ]는 시간을 나타내는 부사절이고, 두 번째 [ ]는 look과 see의 목적어 역할을 하는 명사절이다.

❻ Similarly, in my hypothetical bird experiment I imagined myself as a budding junior scientist [weighing the stuff {I put into the cage}] and [calculating percentages by weight of {what was eaten}].

and로 연결된 두 개의 [ ]는 a budding junior scientist를 수식하는 분사구이다. 첫 번째 [ ] 안의 { }는 the stuff를 수식하는 관계절이고, 두 번째 [ ] 안의 { }는 전치사 of의 목적어 역할을 하는 명사절이다.

Quick Check 적절한 말 고르기

1. He very carefully measured the distance ⎡travels / traveled⎤ and the time it took to travel that distance.

2. ⎡That / What⎤ he came up with was a mathematical equation relating numerical quantities.

국가별 1인당 연간 음식물 쓰레기양

| Keywords | annual food waste, retail, household

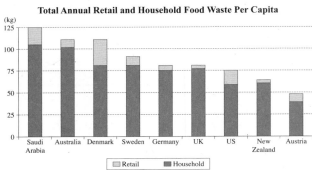

Total Annual Retail and Household Food Waste Per Capita

❶The above graph shows / the total annual food waste / at the retail and household
위 도표는 보여 준다 /　　　　　　　연간 음식물 쓰레기 총량을 /　　　　　　소매 및 가정 단계에서의 /

stages, / per capita, / for nine selected countries. // ❷Among the countries, / Saudi Arabia /
단계 /　　1인당 /　　선정된 9개 국가에 대한 //　　　　그 국가들 중 /　　　사우디아라비아가 /

had the largest amount of total annual food waste per capita, / [immediately followed
1인당 연간 음식물 쓰레기 총량이 가장 많았고 /　분사구문(주절이 기술하는 상황에 부수하는 상황을 나타냄) ← 호주와 덴마크가 바로 그 뒤를 이었다 //

by Australia and Denmark]. // ❸Austria was the only country / [whose total annual food
　　　　　　　　　　　　　　　오스트리아는 유일한 국가였다 /　　　1인당 연간 음식물 쓰레기 총량이 /

waste per capita / was less than 50 kg]. // ❹In terms of the annual food waste per capita /
　　　　　　　　50kg 미만인 //　　　　1인당 연간 음식물 쓰레기 면에서는 /

at the retail stage, / Denmark topped the list / with more than 25 kg. // ❺Germany / had
소매 단계에서의 /　　　덴마크가 1위를 차지했다 /　　25kg을 넘어서 //　　　　독일은 /　1인당

almost the same amount of total annual food waste per capita / as the UK. // ❻At the
연간 음식물 쓰레기 총량이 거의 같았다 /　　　　　　　　　　　　　　영국과 //　　　　가정 단계

household stage, / the US wasted / almost as much as New Zealand; / additionally, /
에서는 /　　　　미국이 낭비했고 /　　거의 뉴질랜드만큼 /　　　게다가 /

the former wasted even less than the latter / at the retail stage.
전자가 후자보다 훨씬 더 적게 낭비했다 /　　　　소매 단계에서는 //

* per capita: 1인당

어휘

□ **annual** 연간의, 한 해의　　□ **retail** 소매(의)　　□ **select** 선정[선택]하다

□ **immediately** 바로, 즉시　　□ **in terms of** ~ 면에서는, ~에 관해서는

□ **top the list** 1위를 차지하다　　□ **additionally** 게다가

글의 흐름 파악

도입(①)	전개(②~⑥)
도표 소개	도표 설명
9개 국가에 대한 소매 및 가정 단계에서의 1인당 연간 음식물 쓰레기 총량	② 1인당 연간 음식물 쓰레기양이 가장 많은 나라는 사우디아라비아, 호주, 덴마크 순 ③ 1인당 연간 총 음식물 쓰레기양이 50kg 미만인 유일한 국가는 오스트리아 ④ 소매 단계에서 1인당 연간 음식물 쓰레기양이 가장 많은 나라는 25kg이 넘는 덴마크 ⑤ 독일과 영국은 1인당 연간 총 음식물 쓰레기양이 거의 같았음 ⑥ 가정 단계에서는 미국이 거의 뉴질랜드만큼 낭비했고 소매 단계에서는 훨씬 더 적게 낭비했음 (X)

전문 해석 ❶위 도표는 선정된 9개 국가에 대한 소매 및 가정 단계에서의 1인당 연간 음식물 쓰레기 총량을 보여 준다. ❷그 국가들 중 사우디아라비아가 1인당 연간 음식물 쓰레기 총량이 가장 많았고, 호주와 덴마크가 바로 그 뒤를 이었다. ❸오스트리아는 1인당 연간 음식물 쓰레기 총량이 50kg 미만인 유일한 국가였다. ❹소매 단계에서의 1인당 연간 음식물 쓰레기 면에서는 덴마크가 25kg을 넘어서 1위를 차지했다. ❺독일은 영국과 1인당 연간 음식물 쓰레기 총량이 거의 같았다. ❻가정 단계에서는 미국이 거의 뉴질랜드만큼 낭비했고, 게다가 소매 단계에서는 전자가 후자보다 훨씬 더 적게 낭비했다. (X)

구문 해설 ❷ Among the countries, Saudi Arabia had the largest amount of total annual food waste per capita, [immediately followed by Australia and Denmark].

[ ]는 주절이 기술하는 상황에 부수하는 상황을 나타내는 분사구문이다.

❸ Austria was the only country [whose total annual food waste per capita was less than 50 kg].

[ ]는 the only country를 수식하는 관계절이다.

Quick Check · 적절한 말 고르기

1. Austria was the only country which / whose total annual food waste per capita was less than 50 kg.

2. In terms of the annual food waste per capita at the retail stage, Denmark topping / topped the list with more than 25 kg.

정답 1. whose 2. topped

세계 스키 핫스팟의 시즌별 평균 스키어 방문 수

| Keywords | skier visits, domestic, foreign

The World's Skiing Hotspots
Average Number of Skier Visits Per Season (Latest 5-Year Average)

M = million

United States 55.5M
Austria 43.6M
France 40.7M
Japan 26.6M
Italy 22.3M
Switzerland 22.0M
Canada 18.5M
China 17.9M
Sweden 9.2M
Germany 7.0M

0 10 20 30 40 50 60

□ Domestic skiers ■ Foreign skiers

* Data from April 2022

❶The above graph / shows [the latest 5-year average number of skier visits per season /
위 도표는 /   시즌별 최근 5년 평균 스키어 방문 수를 보여 준다 /

명사구(shows의 목적어)

in the world's skiing hotspots, / as of April 2022]. // ❷The United States / had the largest
세계 스키 핫스팟의 /   2022년 4월 현재 //   미국은 /   시즌별 평균 스키어 방문

average number of skier visits per season / among the ten countries, / with more than
수가 가장 많았는데 /   10개국 중 /   내국인 스키어의 수가 5천만

50 million domestic skiers. // ❸Austria / [had the second largest average number of
명을 넘었다 //   오스트리아는 / 두 번째로 시즌별 평균 스키어 방문 수가 많았고 /

대등한 연결

skier visits per season / among the ten countries] / and [recorded the most foreign skier
10개국 중 /   가장 많은 외국인 스키어 방문 수를 기록했다 //

술어동사

visits]. // ❹[The average number of domestic skier visits per season in Japan] / was
일본의 시즌별 평균 내국인 스키어 방문 수는 /   이탈리아의

명사구(주어)

= the average number

more than that of domestic and foreign skier visits per season combined in Italy. //
시즌별 평균 내국인 스키어 방문 수와 외국인 스키어 방문 수를 합친 수보다 많았다 //

❺The average number of skier visits per season in Italy / was more than that in
이탈리아의 시즌별 평균 스키어 방문 수는 /   스위스의 시즌별 평균 스키어 방문 수보다

명사구(주어)

Switzerland, / with a difference of three hundred thousand visits. // ❻[The two countries /
많았는데 /   그 차이는 30만 명이었다 //   두 국가는 /

술어동사

with less than ten million average skier visits per season] / were Sweden and Germany, /
시즌별 평균 스키어 방문 수가 1,000만 명 미만인 /   스웨덴과 독일이었는데 /

= Germany   = Sweden

and the latter had more skiers than the former. //
후자가 전자보다 스키어의 수가 더 많았다 //

어휘

□ **domestic** 국내의   □ **as of** ~ 현재   □ **combine** 합치다
□ **the latter** 후자   □ **the former** 전자

도입(❶)	전개(❷~❻)
도표 소개	**도표 설명**
2022년 4월 현재, 세계 스키 핫스팟의 시즌별 최근 5년 평균 스키어 방문 수	❷ 미국은 10개국 중 시즌별 평균 스키어 방문 수가 가장 많았고 내국인 스키어의 수가 5천만 명을 넘음 ❸ 오스트리아는 10개국 중 두 번째로 시즌별 평균 스키어 방문 수가 많았고 가장 많은 외국인 스키어 방문 수를 기록함 ❹ 일본의 시즌별 평균 내국인 스키어 방문 수는 이탈리아의 시즌별 평균 내국인 스키어 방문 수와 외국인 스키어 방문 수를 합친 수보다 많음 ❺ 이탈리아의 시즌별 평균 스키어 방문 수는 스위스의 시즌별 평균 스키어 방문 수보다 많았는데, 그 차이는 30만 명임 ❻ 시즌별 평균 스키어 방문 수가 1,000만 명 미만인 두 국가는 스웨덴과 독일로 후자가 전자보다 스키어의 수가 더 많음 (×)

전문 해석

❶위 도표는 2022년 4월 현재, 세계 스키 핫스팟의 시즌별 최근 5년 평균 스키어 방문 수를 보여 준다. ❷미국은 10개국 중 시즌별 평균 스키어 방문 수가 가장 많았는데, 내국인 스키어의 수가 5천만 명을 넘었다. ❸오스트리아는 10개국 중 두 번째로 시즌별 평균 스키어 방문 수가 많았고, 가장 많은 외국인 스키어 방문 수를 기록했다. ❹일본의 시즌별 평균 내국인 스키어 방문 수는 이탈리아의 시즌별 평균 내국인 스키어 방문 수와 외국인 스키어 방문 수를 합친 수보다 많았다. ❺이탈리아의 시즌별 평균 스키어 방문 수는 스위스의 시즌별 평균 스키어 방문 수보다 많았는데, 그 차이는 30만 명이었다. ❻시즌별 평균 스키어 방문 수가 1,000만 명 미만인 두 국가는 스웨덴과 독일이었는데, 후자가 전자보다 스키어의 수가 더 많았다. (×)

구문 해설

❶ The above graph shows [the latest 5-year average number of skier visits per season in the world's skiing hotspots, as of April 2022].

[ ]는 shows의 목적어 역할을 하는 명사구이다.

❺ The average number of skier visits per season in Italy was more than **that** in Switzerland, with a difference of three hundred thousand visits.

that은 the average number를 대신한다.

Quick Check — 적절한 말 고르기

1. Austria had the second largest average number of skier visits per season among the ten countries and recorded / to record the most foreign skier visits.

2. The two countries with less than ten million average skier visits per season was / were Sweden and Germany, and the latter had more skiers than the former.

| Keywords | read for fun, survey, proportion, share

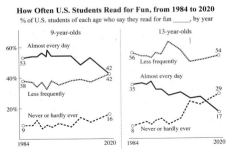

How Often U.S. Students Read for Fun, from 1984 to 2020
% of U.S. students of each age who say they read for fun _____, by year

Note: Totals may not sum to 100% due to rounding.

❶The graphs above show / the survey results / on [how often U.S. students {aged 9 and
위 도표는 보여 준다 / 설문 조사 결과를 / 9세와 13세의 미국 학생이 재미로 책을 읽는 빈도에 대한 /

13} read for fun / from 1984 to 2020]. // ❷In 1984, / more than half of 9-year-olds said /
1984년부터 2020년까지 // 1984년에는 / 9세의 절반 이상이 답했다 /

[they read for fun almost every day], / but in 2020 / the proportion dropped / to the same
거의 매일 재미로 책을 읽는다고 / 하지만 2020년에는 / 그 비율이 떨어졌다 / 9세의 비율과 같은

level as that of 9-year-olds / [who said {they read for fun less frequently}]. // ❸In 2020, /
수준으로 / 재미로 책을 읽는 빈도가 낮다고 답한 / 2020년에는 /

the proportion of 9-year-olds / [who said {they never or hardly ever read for fun}] / was
9세의 비율이 / 재미로 책을 전혀 읽지 않거나 거의 읽지 않는다고 답한 / 가장 높은

at its highest level / in the survey period. // ❹Among the 13-year-olds / [surveyed in
수준이었다 / 설문 기간 중 // 13세 중 / 2020년 설문에 참여한

2020], / 17% said / [they read for fun almost every day], / [which was less than half the
답한 비율은 17퍼센트로 / 거의 매일 재미로 책을 읽는다고 / 비율의 절반보다 더 작았다 /

percentage / {who said this in 1984}]. // ❺In 2020, / [about three-in-ten students in this
1984년에 그렇다고 말한 // 2020년에는 / 이 연령대의 학생 10명 중 약 3명이 답했으며 /

age group] said / [they never or hardly ever read for fun], / an increase of 21 percentage
자신은 재미로 책을 전혀 읽지 않거나 거의 읽지 않는다고 / 이것은 21퍼센트포인트 증가한 것이다 /

points / compared to 1984. // ❻In 2020, / [the share of 13-year-olds / {who reported
1984년과 비교해서 // 2020년에 / 13세의 비율은 / 재미로 책을 읽는 빈도가

reading for fun less frequently}] / was 12 percentage points lower / than that of their
낮다고 답한 / 12퍼센트포인트 더 낮았다 / 똑같이 답한 9세의 비율보다 //

9-year-old counterparts. //

어휘
□ frequently 자주, 빈번히　　□ survey 설문 조사　　□ proportion 비율
□ counterpart 동등한 것, 상대방

글의 흐름 파악

도입(❶)
도표 소개
미국에서 1984년과 2020년까지 9세와 13세의 미국 학생들이 재미로 책을 읽는 빈도에 대한 설문 조사 결과를 보여 줌

➡

전개(❷~❻)
도표 설명
❷ 1984년: 9세의 절반 이상이 거의 매일 재미로 책을 읽는다고 답함 2020년: 그 비율이 재미로 책을 읽는 빈도가 낮다고 답한 비율과 같은 수준으로 떨어짐 ❸ 2020년: 재미로 책을 전혀 읽지 않거나 거의 읽지 않는다고 답한 9세의 비율이 설문 기간 중 가장 높은 수준이었음 ❹ 2020년: 13세 중 거의 매일 재미로 책을 읽는다고 답한 비율은 17퍼센트로, 1984년의 비율의 절반보다 더 작았음 ❺ 2020년: 13세의 10명 중 약 3명이 재미로 책을 전혀 읽지 않거나 거의 읽지 않는다고 답함 ❻ 2020년: 재미로 책을 읽는 빈도가 낮다고 답한 13세의 비율은 똑같이 답한 9세의 비율보다 12퍼센트포인트 더 낮았음 (X)

전문 해석

❶위 도표는 1984년부터 2020년까지 9세와 13세의 미국 학생들이 재미로 책을 읽는 빈도에 대한 설문 조사 결과를 보여 준다. ❷1984년에는 9세의 절반 이상이 거의 매일 재미로 책을 읽는다고 답했지만, 2020년에는 그 비율이 재미로 책을 읽는 빈도가 낮다고 답한 9세의 비율과 같은 수준으로 떨어졌다. ❸2020년에는 재미로 책을 전혀 읽지 않거나 거의 읽지 않는다고 답한 9세의 비율이 설문 기간 중 가장 높은 수준이었다. ❹2020년 설문에 참여한 13세 중 거의 매일 재미로 책을 읽는다고 답한 비율은 17퍼센트로, 1984년에 그렇다고 말한 비율의 절반보다 더 작았다. ❺2020년에는 이 연령대의 학생 10명 중 약 3명이 자신은 재미로 책을 전혀 읽지 않거나 거의 읽지 않는다고 답했으며, 이것은 1984년과 비교해서 21퍼센트포인트 증가한 것이다. ❻2020년에 재미로 책을 읽는 빈도가 낮다고 답한 13세의 비율은 <u>똑같이 답한 9세의 비율보다 12퍼센트포인트 더 낮았다</u>. (X)

구문 해설

❷ In 1984, more than half of 9-year-olds said [they read for fun almost every day], but in 2020 the proportion dropped to the same level as that of 9-year-olds [who said they read for fun less frequently].

첫 번째 [ ]는 said의 목적어 역할을 하는 명사절이고, 두 번째 [ ]는 9-year-olds를 수식하는 관계절이다.

❻ In 2020, the share of 13-year-olds [who reported reading for fun less frequently] was 12 percentage points lower than **that** of their 9-year-old counterparts.

[ ]는 13-year-olds를 수식하는 관계절이고, that은 the share를 대신한다.

Quick Check | **적절한 말 고르기**

1. The proportion of 9-year-olds who said they never or hardly ever read for fun was / were at its highest level in the survey period.

2. Among the 13-year-olds surveyed in 2020, 17% said they read for fun almost every day, which / who was less than half the percentage who said this in 1984.

미국 성인의 온라인 쇼핑 기기

| Keywords | devices, online shopping, distribution, age, income

Device Types Used by U.S. Adults for Their Online Shopping in 2022
% of U.S. adults who said, thinking about their general shopping habits,
they ever bought things online using ...

	A smartphone	A desktop or laptop computer	A tablet
U.S. adults	76	69	28
Ages 18-29	87	69	20
30-49	92	71	29
50-64	69	67	32
65+	48	67	31
Upper income	81	86	36
Middle income	77	74	29
Lower income	74	51	23

Note: Those who did not give an answer are not shown.

❶The above graph shows / [the devices {that U.S. adults used / for their online
위 도표는 보여 준다 / 명사구(shows의 목적어) 미국 성인이 사용한 기기를 / 관계절 온라인 쇼핑에 /

shopping / in 2022}, / {including the distribution for each device / by age and income}]. //
2022년 / 전치사구 기기별 분포를 포함하여 / 연령 및 소득에 따른 //

❷In 2022, / smartphones were [the most preferred method of online shopping / for most
2022년에 / 명사구(were의 주격 보어) 온라인 쇼핑을 할 때 가장 선호하는 방식은 스마트폰이었고 / 대부분의

Americans], / [with {around three-quarters} / {saying ⟨they used a smartphone for
미국인이 / 「with+명사구+분사구: 주절이 기술하는 상황에 부수하는 상황을 나타냄」 약 4분의 3이 / 명사절(saying의 목적어) 온라인 구매 시 스마트폰을 사용한다고 말했다 //

online purchases⟩}]. // ❸In comparison, / 69% reported / [using a desktop or laptop
온라인 구매 시 // 이에 비해 / 69퍼센트는 답했고 / 동명사구(reported의 목적어) 데스크톱 또는 노트북 컴퓨터를 사용한다고

computer / for online shopping], / [while only 28% said / {they used a tablet}]. // ❹[The use
온라인 쇼핑 시 / 부사절(대조) 반면에 단지 28퍼센트가 말했다 / 명사절(said의 목적어) 자신이 태블릿을 사용한다고 // 명사구(주어) 스마트폰

of smartphones / for online shopping] / was more common / among adults [under 50
사용은 / 온라인 쇼핑 시 / 술어동사 더 많이 나타났는데 / 50세 미만의 성인에서 / 전치사구

years old], / [especially with {92% of those aged 30 to 49} / {reporting ⟨that they shopped
50세 미만의 성인에서 / 「with+명사구+분사구: 주절이 기술하는 상황에 부수하는 상황을 나타냄」 특히 30~49세의 92퍼센트가 / 명사절(reporting의 목적어) 스마트폰을 사용하여 온라인 쇼핑을 한다고 응답

online using a smartphone⟩}]. // ❺Meanwhile, / [when it comes to age differences /
했다 // 한편 / 연령별 차이를 살펴보면 / '~을 살펴보면, ~에 관해 말해 보면'

in online shopping using tablets], / those aged 18 to 29 / were more likely to use a
태블릿을 이용한 온라인 쇼핑의 / 18~29세가 / 「be likely to do: ~할 가능성이 있다」 태블릿을 사용할 가능성이 더 컸다 /

tablet / for online shopping / than [those aged 30 and older]. // ❻[Device types for online
온라인 쇼핑 시 / 비교 대상 30세 이상보다 // 주어 온라인 쇼핑을 위한 기기 형태는

shopping] / also varied by household income, / [with {those with higher incomes} /
또한 가구 소득에 따라 달랐는데 / 술어동사 소득이 높을수록 / 「with+명사구+형용사구: 주절이 기술하는 상황에

{more likely to use each device / for online purchases}]. //
각각의 기기를 사용할 가능성이 더 컸다 / 온라인 구매 시 // 부수하는 상황을 나타냄」

어휘

- □ **device** 기기, 장비
- □ **prefer** 선호하다
- □ **income** 수입
- □ **common** 흔한
- □ **distribution** 분포
- □ **vary** 다르다, 다양하다

도입(①)	전개(②~⑥)
도표 소개	도표 설명
연령 및 소득에 따른 기기별 분포를 포함하여 2022년 미국 성인이 온라인 쇼핑에 사용한 기기를 보여 줌	② 76퍼센트의 미국인이 온라인 쇼핑 시 스마트폰 사용을 선호함 ③ 온라인 쇼핑 시 데스크톱 또는 노트북 컴퓨터를 사용한다고 답한 비율은 69퍼센트, 태블릿을 사용한다는 응답은 28퍼센트였음 ④ 특히 30~49세의 92퍼센트가 스마트폰을 사용하여 온라인 쇼핑을 한다고 응답함 ⑤ 18~29세가 30세 이상보다 온라인 쇼핑 시 태블릿을 사용할 가능성이 더 컸음 (X) ⑥ 소득이 높을수록 온라인 구매 시 각각의 기기를 사용할 가능성이 더 컸음

전문 해석   ①위 도표는 연령 및 소득에 따른 기기별 분포를 포함하여 2022년 미국 성인이 온라인 쇼핑에 사용한 기기를 보여 준다. ②2022년에 대부분의 미국인이 온라인 쇼핑을 할 때 가장 선호하는 방식은 스마트폰이었고, 약 4분의 3이 온라인 구매 시 스마트폰을 사용한다고 말했다. ③이에 비해, 69퍼센트는 온라인 쇼핑 시 데스크톱 또는 노트북 컴퓨터를 사용한다고 답했고, 반면에 태블릿을 사용한다는 응답은 28퍼센트에 불과했다. ④온라인 쇼핑 시 스마트폰 사용은 50세 미만의 성인에서 더 많이 나타났는데, 특히 30~49세의 92퍼센트가 스마트폰을 사용하여 온라인 쇼핑을 한다고 응답했다. ⑤한편, 태블릿을 이용한 온라인 쇼핑의 연령별 차이를 살펴보면, 18~29세가 30세 이상보다 온라인 쇼핑 시 태블릿을 사용할 가능성이 더 컸다. (X) ⑥온라인 쇼핑을 위한 기기 형태는 또한 가구 소득에 따라 달랐는데, 소득이 높을수록 온라인 구매 시 각각의 기기를 사용할 가능성이 더 컸다.

구문 해설   ❷ In 2022, smartphones were the most preferred method of online shopping for most Americans, [with around three-quarters saying they used a smartphone for online purchases].

[ ]는 「with+명사구(around three-quarters)+분사구(saying they used a smartphone for online purchases)」의 구조로 주절이 기술하는 상황에 부수하는 상황을 나타낸다.

❻ Device types for online shopping also varied by household income, [with those with higher incomes more likely to use each device for online purchases].

[ ]는 「with+명사구(those with higher incomes)+형용사구(more likely to use each device for online purchases)」의 구조로 주절이 기술하는 상황에 부수하는 상황을 나타낸다.

Quick Check 적절한 말 고르기

1. In comparison, 69% reported using a desktop or laptop computer for online shopping, because / while only 28% said they used a tablet.

2. The use of smartphones for online shopping was more common among adults under 50 years old, especially with 92% of those aged 30 to 49 reporting / reported that they shopped online using a smartphone.

Gladys West의 생애

| Keywords | mathematician, black, naval base

❶Gladys West is an American mathematician. // ❷She was born in rural Virginia in 1930. //
Gladys West는 미국의 수학자이다 //　　　　　　　　　그녀는 1930년에 버지니아주의 시골에서 태어났다 //
　　　　　　　　└ 술어 1　　　　　　　　　　　　　　　　　　└ 술어 2

❸She [grew up on her family's small farm] / and [dreamed of getting a good education]. //
그녀는 가족의 작은 농장에서 성장했고 /　　　　　　좋은 교육을 받을 것을 꿈꿨다 //

❹She worked hard / and received a scholarship / to Virginia State College (now Virginia
그녀는 열심히 공부했고 /　　장학금을 받았다 /　　　역사적으로 흑인 대학이었던 Virginia State College(오늘날

State University), a historically black university. // ❺In 1956 she was hired as a
Virginia State University)에 갈 //　　　　　　　　　　　1956년 그녀는 수학자로 고용되었다 /
　　　　　　　　　　　　　　　　　　　　　　　　　　　　　　└ 술어 1

mathematician / at the naval base in Dahlgren, Virginia. // ❻She [was the second black
　　　　　　　버지니아주 Dahlgren에 있는 해군 기지에 //　　그녀는 두 번째 흑인 여성이자 /
　　　　　　　　　　　　　　　　　　　└ 술어 2

woman / {to be hired at the base}] / and [was one of only four black employees]. //
그 기지에 고용된 /　　　　　　　　　　단 네 명의 흑인 직원 중 한 명이었다 //
└ to부정사구

❼There, / West made significant contributions / to the applied mathematics / [that deals
그곳에서 /　West는 중요한 기여를 했다 /　　　　응용 수학에 /　　　　　　지구의 크기, 모양,
　　　　　　　　　　　　　　　　　　　　　　　　　　　　　　　　　　└ 관계절

with the measurement of the Earth's size, shape, and gravitational field]. // ❽West and
중력장의 측정을 다루는 //　　　　　　　　　　　　　　　　　　　　　　　　West와 그녀의

her team created a model / [that allows the GPS system / {to make accurate
팀은 모델을 만들었다 /　　　　　GPS 시스템이 할 수 있게 하는 /　　　지구상의 어느 장소에 대해서도
　　　　　　　　　└ 관계절　　　　　　　　　　　　　　　└ to부정사구(allows의 목적격 보어)

calculations of any location on Earth}]. // ❾West retired from the base in 1998 at the age
정확한 계산을 //　　　　　　　　　　　　　　　West는 1998년 68세로 그 기지에서 퇴직했지만 /

of 68 / but continued her education. // ❿She later completed a PhD in Public
　　　자신의 교육을 계속했다 //　　　　　　그녀는 나중에 행정학 박사 학위를 마쳤다 /

Administration / at Virginia Tech by distance-learning. //
　　　　　　원격 교육으로 Virginia Tech에서 //

* gravitational field: (지구의) 중력장

어휘
□ **rural** 시골의　　　　　□ **scholarship** 장학금　　　□ **naval** 해군의
□ **base** 기지　　　　　　□ **significant** 중요한　　　□ **contribution** 기여
□ **calculation** 계산　　　□ **PhD** 박사 학위(=Doctor of Philosophy)
□ **distance-learning** 원격 교육

글의 흐름 파악

성장(❶~❹)		핵심 경력(❺~❽)		은퇴 후 삶(❾~❿)
출생과 교육/	→	**수학자로서의 활동**	→	**은퇴 후의 교육**
• 버지니아주 시골 출생 • Virginia State College에 갈 장학금을 받음		• 해군 기지에 수학자로 고용됨 • 지구의 측정을 다루는 응용 수학에 기여함 • GPS를 위한 모델을 만들었음		• 퇴직 후에도 자신의 교육을 계속함 • 행정학 박사 학위를 마침

전문 해석 ❶Gladys West는 미국의 수학자이다. ❷그녀는 1930년에 버지니아주의 시골에서 태어났다. ❸그녀는 가족의 작은 농장에서 성장했고 좋은 교육을 받을 것을 꿈꿨다. ❹그녀는 열심히 공부했고 역사적으로 흑인 대학이었던 Virginia State College(오늘날 Virginia State University)에 갈 장학금을 받았다. ❺1956년 그녀는 버지니아주 Dahlgren에 있는 해군 기지에 수학자로 고용되었다. ❻그녀는 그 기지에 고용된 두 번째 흑인 여성이자 단 네 명의 흑인 직원 중 한 명이었다. ❼그곳에서, West는 지구의 크기, 모양, 중력장의 측정을 다루는 응용 수학에 중요한 기여를 했다. ❽West와 그녀의 팀은 GPS 시스템이 지구상의 어느 장소에 대해서도 정확한 계산을 할 수 있게 하는 모델을 만들었다. ❾West는 1998년 68세로 그 기지에서 퇴직했지만, 자신의 교육을 계속했다. ❿그녀는 나중에 원격 교육으로 Virginia Tech에서 행정학 박사 학위를 마쳤다.

배경지식 **Virginia State College(버지니아 주립 대학)**
버지니아주 Ettrick에 있다. 1882년 정부로부터 토지를 부여받아 흑인 전용 대학으로 설립된 유서 깊은 교육 기관이며, 현재도 재학생의 대다수가 흑인으로 이루어져 있다.

구문 해설 ❸She [grew up on her family's small farm] and [dreamed of getting a good education].

두 개의 [ ]는 and로 연결되어 주어 She의 술어를 이룬다.

❽West and her team created a model [that allows the GPS system {to make accurate calculations of any location on Earth}].

[ ]는 a model을 수식하는 관계절이며, { }는 allows의 목적격 보어이다.

Quick Check T, F 고르기

1. West won a scholarship to Virginia State College, an all-white university. T / F
2. West completed a doctorate in public administration by distance-learning. T / F

정답 1. F 2. T

포르투갈 전통 음악 fado

| Keywords | music, one singer, hard realities, working-class districts, flourish

❶Fado means "fate" in Portuguese, / but is also the name of a form of music / [originating
fado는 포르투갈어로 '운명'이라는 뜻이지만 /   음악의 한 형태의 이름이기도 하다 //   리스본에서 유래한 //
                                                                                                                                 분사구
                                                                                                     (being)
in Lisbon]. // ❷It is usually performed by one singer, / [accompanied / by dual *guitarras*
그것은 보통 한 명의 가수에 의해 공연되는데 /   반주된다 /   두 대의 *guitarras*(만돌린
                                                              분사구문(주절이 기술하는 상황에 부수하는 상황을 나타냄)
(mandolin-shaped 12-string guitars) and a *viola* (Spanish guitar)]. // ❸Fado lyrics /
모양의 12현 기타)와 한 대의 *viola*(스페인 기타)로 //   fado 가사는 /
                                                                          대등한 연결
frequently focus on / [the hard realities of daily life], / or [the trials of love]. // ❹Fado is
흔히 중점을 둔다 /   일상생활의 고단한 현실이나 /   사랑의 시련에 //   fado는 또한
                                                                       관계절(*saudade*를 부가적으로 설명)
also linked / with the notion of *saudade*, / [which is a longing / for something
관련이 있다 /   *saudade*라는 개념과 /   갈망인 /   이룰 수 없는 것에 대한 //
                                                                                                           술어동사
impossible to attain]. // ❺*Fadistas*, / as fado singers are known, / often wear / a black
이룰 수 없는 //   *fadistas*는 /   fado 가수로 알려진 /   종종 착용한다 /   검은색 애도의
shawl of mourning, / although songs can also be upbeat. // ❻Since the 19th century, /
숄을 /   하지만 노래는 경쾌할 수도 있다 //   19세기 이후 /
fado has been performed / in bars and clubs / in working-class districts of Lisbon. //
fado는 공연되었다 /   바와 클럽에서 /   리스본의 노동자 계층 구역에 있는 //
                                                                         「fall out of favour: 인기가 떨어지다」
❼It flourished during the Salazar years, / before falling out of favour / after the 1974
그것은 Salazar 시대에 번성하다가 /   인기가 떨어졌다 /   1974년 혁명 이후 //
Revolution. // ❽In recent times, / the genre has been revived / and a new generation of
최근에 /   이 장르가 부활하여 /   새로운 세대의 음악가들과 가수들이 /
musicians and singers / can be heard in *casas de fado*, / around Lisbon.
                              *casas de fado*에서 노래하는 것을 들을 수 있다 /   리스본 곳곳의 //

* lyrics: 가사   ** mourning: 애도

어휘

□ **originate in** ~에서 유래하다   □ **accompany** 반주[연주]하다, 동반하다

□ **frequently** 흔히, 자주   □ **longing** 갈망   □ **attain** 이루다, 획득하다

□ **upbeat** 경쾌한, 낙관적인   □ **district** 구역   □ **flourish** 번성하다

□ **fall out of favour** 인기가 떨어지다, 총애를 잃다   □ **revolution** 혁명

□ **revive** 부활시키다   □ **generation** 세대

글의 흐름 파악

<table>
<tr><td colspan="2" style="text-align:center">전개(❷~❽)</td></tr>
<tr><td style="text-align:center">도입(❶)</td><td style="text-align:center">세부 정보</td></tr>
<tr>
<td>
fado 소개

• 의미: 포르투갈어로 '운명'이라는 뜻
• 리스본에서 유래한 음악의 한 형태임
</td>
<td>
• 공연: 가수 한 명, guitarras 두 대, viola 한 대
• 가사: 일상생활의 고단한 현실, 사랑의 시련
• 이룰 수 없는 것에 대한 갈망인 saudade라는 개념과도 관련이 있음
• 가수는 검은색 애도의 숄을 착용하지만, 노래는 경쾌할 수 있음
• 19C 이후 리스본의 노동자 계층 구역에 있는 바와 클럽에서 공연됨
• 번성 및 부활: Salazar 시대에 번성 → 1974년 혁명 이후 인기 쇠퇴 → 최근에 부활하여 리스본 곳곳의 casas de fado에서 새로운 세대의 음악인들의 노래를 들을 수 있음
</td>
</tr>
</table>

전문 해석   ❶fado는 포르투갈어로 '운명'이라는 뜻이지만, 리스본에서 유래한 음악의 한 형태의 이름이기도 하다. ❷그것은 보통 한 명의 가수에 의해 공연되는데, 두 대의 *guitarras*(만돌린 모양의 12현 기타)와 한 대의 *viola*(스페인 기타)로 반주된다. ❸fado 가사는 흔히 일상생활의 고단한 현실이나 사랑의 시련에 중점을 둔다. ❹fado는 또한 이룰 수 없는 것에 대한 갈망인 *saudade*라는 개념과 관련이 있다. ❺fado 가수로 알려진 *fadistas*는 종종 검은색 애도의 숄을 착용하지만, 노래는 경쾌할 수도 있다. ❻19세기 이후, fado는 리스본의 노동자 계층 구역에 있는 바와 클럽에서 공연되었다. ❼그것은 Salazar 시대에 번성하다가, 1974년 혁명 이후 인기가 떨어졌다. ❽최근에 이 장르가 부활하여 리스본 곳곳의 *casas de fado*에서 새로운 세대의 음악가들과 가수들이 노래하는 것을 들을 수 있다.

구문 해설   ❶ Fado means "fate" in Portuguese, but is also the name of a form of music [originating in Lisbon].

  [ ]는 music을 수식하는 분사구이다.

Quick Check   적절한 말 고르기

1. Fado is also linked with the notion of *saudade*, in which / which is a longing for something impossible to attain.

2. *Fadistas*, as fado singers are known, often wear / wearing a black shawl of mourning, although songs can also be upbeat.

마야의 구기 경기

|Keywords| Mayan culture, ball games, players

❶The Mayan ball game / was a very important part of Mayan culture. // ❷The ball
마야의 구기 경기는 /　　　　　　　　　 마야 문화의 매우 중요한 부분이었다 //　　　　　　　그 구기 경기는

　　　　　　　　　→ 수동태　　　　　　　　　　→ 「either ~ or …: ~이거나 …인」
games were played / either by 2 players or by 2 teams of players. // ❸The object of the
행해졌다 /　　　　　두 명의 선수나 두 팀의 선수들에 의해 //　　　　　　경기의 목표는 /

　　　　　　　　　→ to부정사구(주격 보어)　　　　　　　　　　　→ '~하는 동안'
game / was [to put a ball through one of the stone rings / while stopping the other
공을 돌 고리 중 하나에 넣는 것이었다 /　　　　　　상대 팀이 다른 돌 고리에 공을 넣지 못하게

　　　　　　　　　→ 「stop ~ from -ing: ~이 …하지 못하게 하다」
team from putting the ball through the other stone ring]. // ❹The ball was a little larger
하는 동안 //　　　　　　　　　　　　　　　　　 공은 농구공보다 조금 더 컸고 /

　　　　　　　　　　　→ 「be made of: ~으로 만들어지다」
than a basketball / and was made of solid rubber. // ❺For protection, / players wore /
단단한 고무로 만들어졌다 //　　　　　　보호를 위해 /　　　　선수들은 착용했다 /

　　　　　　　　　　　　　　　　　　　　　　　　　→ 관계절
hard leather gloves, elbow and knee pads, masks, / and belts [that were made of wood
단단한 가죽 장갑, 팔꿈치 및 무릎 보호대, 마스크를 /　　　나무나 돌로 만들어진 벨트를 //

　　　　　　　　　→ 부사절(양보)　　　　　　　　　　　→ 명사절(think의 목적어)
or stone]. // ❻[Although not all historians agree], / some think / [the rules did not allow
비록 모든 역사가가 동의하는 것은 아니지만 /　　　몇몇 역사가들은 생각한다 / 규칙상 선수들이 자신의 손이나

　　　　　　→ to부정사구(allow의 목적격 보어)
players {to touch the ball with their hands or feet}]. // ❼They used only their elbows,
발로 공을 건드리는 것이 허용되지 않았다고 //　　　　　그들은 오로지 자신의 팔꿈치, 골반 부위, 무릎만

　　　　　　　　　　　　　　　　　　　　　　→ 「keep ~ from -ing: ~이 …하지 않도록 하다」
hips, and knees to hit the ball, / and had to keep the ball from touching the ground. //
사용하여 공을 쳤고 /　　　　　　　공이 땅에 닿지 않도록 해야 했다 //

　　　　　　　　　　　　　　　　→ to부정사구(liked의 목적어)
❽Spectators from all classes liked / [to watch and bet on the games]. //
모든 계층의 관중들이 좋아했다 /　　　경기를 보며 내기하기를 //

어휘

□ **object** 목표, 목적　　　□ **solid** 단단한, 고체의　　　□ **rubber** 고무
□ **leather** 가죽　　　　　□ **elbow** 팔꿈치　　　　　　□ **spectator** 관중, 관객
□ **bet** 내기를 하다

글의 흐름 파악

도입 (❶)	전개 1 (❷~❸)	전개 2 (❹~❺)	결과 (❻~❽)
마야의 구기 경기의 문화적 의미	경기 진행 및 목표	공과 선수 보호 장비	경기 규칙 및 특징
마야 문화의 매우 중요한 부분이었음	• 진행: 두 명의 선수나 두 팀의 선수들에 의해 행해짐 • 목표: 상대 팀이 다른 돌 고리에 공을 넣지 못하게 하는 동안, 그 공을 돌 고리 중 하나에 넣는 것임	• 공: 농구공보다 조금 더 컸고 단단한 고무로 만들어짐 • 선수: 선수들은 보호 장비를 착용함	• 손이나 발로 공을 건드리는 것이 허용되지 않음 • 팔꿈치, 골반 부위, 무릎만 사용하여 공을 쳤고, 공이 땅에 닿으면 안 됨 • 모든 계층의 관중이 좋아함

 전문 해석

❶마야의 구기 경기는 마야 문화의 매우 중요한 부분이었다. ❷그 구기 경기는 두 명의 선수나 두 팀의 선수들에 의해 행해졌다. ❸경기의 목표는 상대 팀이 다른 돌 고리에 공을 넣지 못하게 하는 동안, 공을 돌 고리 중 하나에 넣는 것이었다. ❹공은 농구공보다 조금 더 컸고 단단한 고무로 만들어졌다. ❺보호를 위해 선수들은 단단한 가죽 장갑, 팔꿈치 및 무릎 보호대, 마스크, 그리고 나무나 돌로 만들어진 벨트를 착용했다. ❻비록 모든 역사가가 동의하는 것은 아니지만, 몇몇 역사가들은 규칙상 선수들이 자신의 손이나 발로 공을 건드리는 것이 허용되지 않았다고 생각한다. ❼그들은 오로지 자신의 팔꿈치, 골반 부위, 무릎만 사용하여 공을 쳤고, 공이 땅에 닿지 않도록 해야 했다. ❽모든 계층의 관중들이 경기를 보며 내기하기를 좋아했다.

 배경지식

마야 문명

역사 기원 전후부터 9세기까지 중앙아메리카의 과테말라 고지에서 유카탄반도에 걸쳐 번성한 마야족의 고대 문명이다. 옥수수 경작을 기반으로 하고 신권 정치(神權政治)를 행하였으며, 매우 큰 돌로 건조물을 만들었고 천문, 역법, 상형 문자가 발달하였다. 13세기의 톨텍족 침입과 1532년의 에스파냐 침입으로 철저히 파괴되었다.

 구문 해설

❼ They [used only their elbows, hips, and knees to hit the ball], and [had to keep the ball from touching the ground].

두 개의 [ ]가 and로 연결되어 주어인 They에 이어진다.

❽ [Spectators from all classes] liked [to watch and bet on the games].

첫 번째 [ ]는 문장의 주어 역할을 하고, 두 번째 [ ]는 liked의 목적어 역할을 하는 to부정사구이다.

Quick Check 적절한 말 고르기

1. For protection, players wore hard leather gloves, elbow and knee pads, masks, and belts that │ was / were │ made of wood or stone.

2. Although not all historians agree, some think the rules did not allow players │ touch / to touch │ the ball with their hands or feet.

조각가 Lysippus

|Keywords| Lysippus, sculptors, canon, ideal beauty

❶Lysippus / was the most prominent, prolific and longest-lived / of the great 4th-century
Lysippus는 / 가장 저명하고, 다작을 하였으며, 장수했다 / 기원전 4세기의 위대한 조각가 중 //

BC sculptors. // ❷He was active, / reportedly making 1,500 works, / all of them in bronze. //
그는 활발하게 활동했는데 / 1,500개의 작품을 제작한 것으로 전해질 정도로 / 그것들 모두 청동으로 만들어졌다 //
└→ 분사구문(주어 Lysippus를 부가적으로 설명)

❸[Considered the most accomplished artist of his age], / Lysippus suitably became
당대 가장 뛰어난 예술가로 여겨진 / Lysippus는 당연히 알렉산더 대왕의 총신,

Alexander the Great's favourite — in fact, court-sculptor. // ❹The world-conqueror
실은 궁정 조각가가 되었다 // 그 세계 정복자는 거의 다른 어느 누구
└→ to부정사구(allowed의 목적격 보어)

allowed almost no one else / [to sculpt him]. // ❺Lysippus went on to make / portrait
에게도 허용하지 않았다 / 자신을 조각하는 것을 // Lysippus는 계속해서 만들었다 / 알렉산더 대왕
└→ '~ 등, ~ 같은'

busts of many of Alexander's warring successors, / such as Cassander and Seleucus I. //
의 서로 싸우는 많은 후계자의 초상 흉상을 / Cassander와 Seleucus 1세 등 //
┌── 동격 관계 ──┐   ┌→
❻[A native of Sicyon in the Peloponnese], / [Lysippus] ran a workshop of almost
Peloponnese의 Sicyon 출신으로 / Lysippus는 거의 산업적인 규모의 작업장을 운영했다 /
┌── 관계절

industrial size / [that was continued after his death by his sons]. // ❼Ancient writers
그의 아들들이 그의 사후에도 이어 나갔던 // Pliny와 같은 고대 작가들은
└→ '~과 같은' 술어동사←┐ └→ 명사절(relate의 목적어)   ┌── 동격 관계 ──┐

such as Pliny relate / [that Lysippus invented an entirely new canon, / or mathematically
말한다 / Lysippus가 완전히 새로운 규범을 만들어 내어 / 즉 수학적으로 계산된 이상적인
┌→ 분사구문   ┌→ = the canon

calculated ideal beauty, / {almost displacing that of Polyclitus}]. //
미를 / Polyclitus의 규범을 거의 대체했다고 //

* prolific: 다작의 ** bust: 흉상 *** canon: 규범

어휘
□ **prominent** 저명한, 유명한   □ **sculptor** 조각가   □ **reportedly** 전하는 바에 따르면
□ **bronze** 청동   □ **accomplished** 뛰어난, 재주가 많은
□ **suitably** 당연히, 적절하게   □ **portrait** 초상, 초상화   □ **successor** 후계자
□ **relate** 말하다, 설명하다   □ **displace** 대체하다

글의 흐름 파악

도입(❶)
Lysippus 소개
기원전 4세기의 위대한 조각가임

→

전개(❷∼❼)
세부 정보 제시
• 1,500개의 청동 작품을 제작한 것으로 전해짐
• 궁정 조각가가 됨
• 알렉산더 대왕의 후계자들의 초상 흉상을 제작함
• 거의 산업적인 규모의 작업장을 운영함
• 완전히 새로운 규범을 만들어 냄

 전문 해석

❶Lysippus는 기원전 4세기의 위대한 조각가 중 가장 저명하고, 다작을 하였으며, 장수했다. ❷그는 1,500개의 작품을 제작한 것으로 전해질 정도로 활발하게 활동했는데, 그것들 모두 청동으로 만들어졌다. ❸당대 가장 뛰어난 예술가로 여겨진 Lysippus는 당연히 알렉산더 대왕의 총신, 실은 궁정 조각가가 되었다. ❹그 세계 정복자는 거의 다른 어느 누구에게도 자신을 조각하는 것을 허용하지 않았다. ❺Lysippus는 Cassander와 Seleucus 1세 등 알렉산더 대왕의 서로 싸우는 많은 후계자의 초상 흉상을 계속해서 만들었다. ❻Peloponnese의 Sicyon 출신으로 Lysippus는 그의 아들들이 그의 사후에도 이어 나갔던 거의 산업적인 규모의 작업장을 운영했다. ❼Pliny와 같은 고대 작가들은 Lysippus가 완전히 새로운 규범, 즉 수학적으로 계산된 이상적인 미를 만들어 내어 Polyclitus의 규범을 거의 대체했다고 말한다.

 배경지식

canon(카논)
그리스어 'kanon'에서 유래한 것으로 기준, 규범을 의미한다. 미술에서는 '이상적인 인체의 비례'를 뜻하는데, 신장을 머리 길이의 일곱 배가 되도록 정한 Polyclitus의 칠등신 인체 비례를 Lysippus는 팔등신으로 바꾸었다.

 구문 해설

❸ [Considered the most accomplished artist of his age], Lysippus suitably became Alexander the Great's favourite — in fact, court-sculptor.

[ ]는 주어인 Lysippus를 부가적으로 설명하는 분사구문이다.

❺ Lysippus went on to make portrait busts of many of Alexander's warring successors, [such as Cassander and Seleucus I].

[ ]는 Alexander's warring successors의 예를 보여 준다.

Quick Check 빈칸 완성하기

1. He was a_____, reportedly making 1,500 works, all of them in bronze.

2. Ancient writers such as Pliny relate that Lysippus invented an entirely new canon, or mathematically calculated ideal beauty, almost d_____ that of Polyclitus.

정답 1. (a)ctive 2. (d)isplacing

컴퓨터 은유

|Keywords| computer metaphor, imitate, desktop, browser

❶A good way / [to make human-machine interaction more natural] / would be [to
좋은 방법은 /　　　인간과 기계의 상호 작용을 더 자연스럽게 만드는 /　　　　　　　더 나은 은유를 개발하는

develop a better metaphor]. // ❷A computer metaphor / is a familiar object or activity /
것일 것이다 //　　　　　　컴퓨터 은유란 /　　　　　　친숙한 사물이나 행동이다 /

[that your computer imitates / with its commands, display arrangements, and
컴퓨터가 모방하는 /　　　　그것의 명령어, 디스플레이 배열 및 동작을 통해 //

behavior]. // ❸The two main metaphors / [we have today] / are the desktop and the
　　　　두 가지 주요 은유는 /　　　오늘날 우리가 가진 /　　데스크톱과 브라우저이다 //

browser. // ❹In the desktop metaphor, / the display screen mimics a typical desk; /
　　　데스크톱 은유에서 /　　　　디스플레이 화면은 일반적인 책상을 모방하는데 /

information is kept inside folders, / [which can be {opened}, {closed}, and {slipped into
정보는 폴더 안에 보관되며 /　　　폴더를 여닫고 다른 폴더에 넣을 수 있다 //

other folders}]. // ❺With Web browsing, / the metaphor is downtown window shopping; /
　　　웹 브라우징에서 /　　　은유는 번화가 윈도쇼핑인데 /

you gaze at various "storefronts," / see one [you like], / and (click) you enter. // ❻Inside, /
여러분은 다양한 '상점'을 응시하다가 /　마음에 드는 곳을 보고 /　(클릭하여) 들어간다 //　그 안에는 /

there are more options to browse, / you choose another, / and again you enter. // ❼Like
탐색할 더 많은 선택 사항이 있고 /　　또 하나의 선택 사항을 선택한 다음 / 다시 들어간다 //

a linguistic metaphor, / the power of a good computer metaphor / is [that it makes
은유처럼 /　　　　　좋은 컴퓨터 은유의 힘은 /　　　　　　그것이 새로운 시스템을

a new system / {you don't know} / behave like an old "system" / {with which you are
만든다는 것이다 /　여러분이 모르는 /　　기존 '시스템'처럼 행동하게 /　　여러분이 친숙한 //

familiar}]. // ❽This lets you / [use the new system] / and [get useful results out of it
　　　이것은 여러분이 (~할 수 있게) 해 준다 / 새로운 시스템을 사용하여 / 그것으로부터 유용한 결과를 쉽게 얻을 수 있게 /

easily], / since you don't have to struggle / learning new concepts and commands. //
　　　여러분이 애쓸 필요가 없으므로 /　　　　새로운 개념과 명령어를 배우느라 //

어휘

□ **metaphor** 은유, 비유　　　□ **familiar** 친숙한　　　□ **imitate** 모방하다

□ **command** 명령어, 명령　　□ **arrangement** 배열

□ **browser** 브라우저(인터넷의 자료들을 읽을 수 있게 해 주는 프로그램)　　□ **mimic** 모방하다

□ **folder** (일부 컴퓨터 시스템에서 파일 보관용) 폴더　　□ **slip** (재빨리 슬며시) 넣다, 놓다

□ **gaze at** ~을 응시하다[바라보다]　□ **storefront** 상점, 점포, 가게 앞　□ **linguistic** 언어적인, 언어의

□ **struggle** 애쓰다, 분투하다

글의 흐름 파악

도입(❶~❷)		전개(❸~❻)		결론(❼~❽)
컴퓨터 은유 소개		**컴퓨터 은유의 예**		**컴퓨터 은유의 장점**
• 인간과 기계의 상호 작용을 더 자연스럽게 함 • 컴퓨터가 명령어, 디스플레이 배열, 동작을 통해 모방하는 친숙한 사물이나 행동임	▶	• 데스크톱 은유: 디스플레이 화면은 일반적인 책상을 모방 • 웹 브라우징 은유: 번화가의 윈도쇼핑을 모방	▶	• 새로운 시스템을 친숙한 기존 시스템처럼 행동하게 함 • 새로운 개념과 명령어를 배우느라 애쓸 필요가 없음

전문 해석

❶인간과 기계의 상호 작용을 더 자연스럽게 만드는 좋은 방법은 더 나은 은유를 개발하는 것일 것이다. ❷컴퓨터 은유란 컴퓨터가 그것의 명령어, 디스플레이 배열 및 동작을 통해 모방하는 친숙한 사물이나 행동이다. ❸오늘날 우리가 가진 두 가지 주요 은유는 데스크톱과 브라우저이다. ❹데스크톱 은유에서 디스플레이 화면은 일반적인 책상을 모방하는데, 정보는 폴더 안에 보관되며, 폴더를 여닫고 다른 폴더에 넣을 수 있다. ❺웹 브라우징에서 은유는 번화가 윈도쇼핑인데, 여러분은 다양한 '상점'을 응시하다가 마음에 드는 곳을 보고 (클릭하여) 들어간다. ❻그 안에는 탐색할 더 많은 선택 사항이 있고, 또 하나의 선택 사항을 선택한 다음 다시 들어간다. ❼언어적 은유처럼, 좋은 컴퓨터 은유의 힘은 그것이 여러분이 모르는 새로운 시스템을 여러분이 친숙한 기존 '시스템'처럼 행동하게 만든다는 것이다. ❽여러분이 새로운 개념과 명령어를 배우느라 애쓸 필요가 없으므로 이것은 여러분이 새로운 시스템을 사용하여 그것으로부터 유용한 결과를 쉽게 얻을 수 있게 해 준다.

구문 해설

❷ A computer metaphor is a familiar object or activity [that your computer imitates with its commands, display arrangements, and behavior].

[ ]는 a familiar object or activity를 수식하는 관계절이다.

❺ With Web browsing, the metaphor is downtown window shopping; you gaze at various "storefronts," see **one** [you like], and (click) you enter.

[ ]는 one을 수식하는 관계절이다. one은 a storefront를 대신한다.

Quick Check 빈칸 완성하기

1. Like a linguistic metaphor, the power of a good computer metaphor is that it makes a new system you don't know behave like an old "system" with which you are f_____.

2. This lets you use the new system and get useful results out of it e_____, since you don't have to struggle learning new concepts and commands.

정답 1. (f)amiliar 2. (e)asily

토양 침식의 원인이 되는 인간 활동

| Keywords | human activity, landscape, soil erosion

❶Human activity on the landscape / can significantly contribute to soil erosion. // ❷In a
자연 경관에 가해지는 인간 활동은 /　　　　　　　토양 침식의 커다란 원인이 될 수 있다 //　　　　　　　자연

natural state, / vegetation serves as natural protection against erosion / [because the
상태에서 /　　　　초목은 침식에 대한 자연적인 보호 역할을 한다 /　　　　　　　뿌리 연결망이 다양한
→ 부사절(이유)
→「help+동사원형」　　　　　　　　　　　　　　　　　　　　　　　　→ '~ 같은'

network of roots helps hold the soil in place against various erosive forces, / such as
침식력에 대항하여 토양을 제자리에 고정하는 데 도움이 되기 때문에 /　　　　　　　　　　바람과 물 같은 //

wind and water]. // ❸Scientists estimate / [that, in the United States, 30% of erosion is
　　　　　　　　　　　과학자들은 추정한다 /　　　미국에서 침식의 30퍼센트는 자연력에 의한 것이고
→ 명사절(estimate의 목적어)

due to natural forces / and 70% is due to human impact]. // ❹Oftentimes, / [when people
　　　　　　　　70퍼센트는 인간의 영향에 의한 것으로 //　　　　　흔히 /　　　사람들이 토지를 농사를
→ 부사절(시간)

use the land for farming], / [the protective covering of natural vegetation is destroyed],
위해 사용할 때 /　　　　자연 초목의 보호막은 파괴되고 /
→ 주절 1

and [the erosion process speeds up]. // ❺In fact, / studies have shown / [that artificially
침식 과정은 가속화된다 //　　　　실제로 /　　연구에 따르면 나타났다 /　　인위적으로 만들어진
→ 주절 2　　　　　　　　　　　　　　　　　　　　　　　　　　→ 명사절(shown의 목적어)

created erosion played a big part / in the downfall of many early civilizations]. // ❻Poor
침식이 큰 역할을 한 것으로 /　　　　　많은 초기 문명의 몰락에 //　　　　　　　잘못된
→ 부사절(시간)　　　　　　　　　→ = the soil

land management practices / degraded the soil / [until it was no longer productive /
토지 관리 관행은 /　　　　토양을 악화시켰다 /　　생산성이 떨어질 때까지 /
→ 분사구

enough to support the population / {living in the area}]. // ❼Early civilizations / [that
인구를 더 이상 부양할 수 없을 정도로 /　　그 지역에 거주하는 //　　초기 문명은 /　　침식의
→ 관계절
→ '~ 같은'
→ 술어동사

recognized the disastrous effects of erosion] / used devices / such as terracing the land
재앙적인 영향을 인식한 /　　　　　　　　방법을 이용했다 /　산비탈 경사면에서 쟁기질, (작물) 심기, 관개
→ 관계절

to keep from plowing, planting, and irrigating on hillside slopes / [where water could
작업을 못하게 하기 위해 토지를 계단식으로 만드는 것과 같은 /　　　　　물이 비옥한 토양을 휩쓸어 갈 수

wash the fertile soil away]. //
있는 //

* erosion: 침식 ** plow: 쟁기질하다 *** irrigate: 관개 작업을 하다

어휘

□ **landscape** 자연 경관, 경치　　□ **contribute to** ~의 원인이 되다　□ **vegetation** 초목
□ **hold ~ in place** ~을 제자리에 고정하다　　　　　　　　　　　　　□ **estimate** 추정하다
□ **speed up** 가속화되다　　□ **artificially** 인위적으로　　　　　　□ **downfall** 몰락
□ **degrade** 악화시키다　　　□ **productive** 생산적인　　　　　　　□ **disastrous** 재앙의
□ **device** 방법, 장치, 기기　□ **terrace** 계단식으로 만들다　　　　□ **keep from** ~을 못하게 막다
□ **slope** 경사면　　　　　　□ **fertile** 비옥한

글의 흐름 파악

주제(①)		전개 1(②~⑥)	전개 2(⑦)
토양 침식의 원인	→	토양 침식에 대한 인간 활동의 영향	침식의 재앙적인 영향을 막고자 한 초기 문명
인간 활동이 토양 침식의 커다란 원인		• 자연 상태에서 초목은 침식에 대한 자연적인 보호 역할을 하지만, 인간의 영향에 의해 미국에서 토양의 70퍼센트가 침식됨 • 잘못된 토지 관리 관행은 생산성이 떨어질 때까지 토양을 악화시킴	침식의 재앙적인 영향을 인식한 초기 문명은 산비탈 경사면에서 쟁기질, (작물) 심기, 관개 작업을 못하게 하기 위해 토지를 계단식으로 만드는 것과 같은 방법을 이용함

전문 해석

①자연 경관에 가해지는 인간 활동은 토양 침식의 커다란 원인이 될 수 있다. ②자연 상태에서 초목은 뿌리 연결망이 바람과 물 같은 다양한 침식력에 대항하여 토양을 제자리에 고정하는 데 도움이 되기 때문에 침식에 대한 자연적인 보호 역할을 한다. ③과학자들은 미국에서 침식의 30퍼센트는 자연력에 의한 것이고 70퍼센트는 인간의 영향에 의한 것으로 추정한다. ④흔히, 사람들이 토지를 농사를 위해 사용할 때, 자연 초목의 보호막은 파괴되고 침식 과정은 가속화된다. ⑤실제로, 연구에 따르면 인위적으로 만들어진 침식이 많은 초기 문명의 몰락에 큰 역할을 한 것으로 나타났다. ⑥잘못된 토지 관리 관행은 그 지역에 거주하는 인구를 더 이상 부양할 수 없을 정도로 생산성이 떨어질 때까지 토양을 악화시켰다. ⑦침식의 재앙적인 영향을 인식한 초기 문명은 물이 비옥한 토양을 휩쓸어 갈 수 있는 산비탈 경사면에서 쟁기질, (작물) 심기, 관개 작업을 못하게 하기 위해 토지를 계단식으로 만드는 것과 같은 방법을 이용했다.

구문 해설

❸ Scientists estimate [that, in the United States, 30% of erosion is due to natural forces and 70% is due to human impact].

[ ]는 estimate의 목적어 역할을 하는 명사절이다.

❻ Poor land management practices degraded the soil [until it was no longer productive enough to support the population {living in the area}].

[ ]는 '~까지'라는 의미를 나타내는 부사절이고, 그 안의 { }는 the population을 수식하는 분사구이다.

Quick Check 적절한 말 고르기

1. In fact, studies have shown that / what artificially created erosion played a big part in the downfall of many early civilizations.

2. Early civilizations that recognized the disastrous effects of erosion used / using devices such as terracing the land to keep from plowing, planting, and irrigating on hillside slopes where water could wash the fertile soil away.

정답 1. that 2. used

네안데르탈인의 특징

| Keywords | Neanderthals, cavemen, reputation, fossil, characteristics

❶It used to be thought / [that Neanderthals were dim-witted, slouching cavemen /
→ 형식상의 주어 / → 내용상의 주어
여겨졌었다 / 네안데르탈인은 우둔하고 구부정한 원시인이라고

→ 분사구
{completely covered with hair}]. // ❷But this reputation is based on just one fossil, /
털로 완전히 뒤덮인 // 하지만 이러한 평판은 단 하나의 화석에 근거한 것인데 /
→ 「be based on: ~에 근거하다」

→ 관계절(one fossil을 부가적으로 설명) → 삽입절
[which {modern scholarship has proved} / happens to be that of an old, diseased, and
이 화석은, 현대 학문이 입증하기를 / 우연히도 늙고 병들고 다친 한 남성의 것이었다 //

injured man]. // ❸He was approximately forty or forty-five years old / when he died / —
그는 대략 마흔 살 또는 마흔다섯 살이었으며 / 죽었을 때 /

very old for people at that time. // ❹Healthy Neanderthals probably walked erect. //
그 당시로는 매우 나이가 많은 사람이었다 // 건강한 네안데르탈인은 직립 보행을 했을 것이다 //

→ 분사구 → 명사절(show의 목적어)
❺[Objects {found at Neanderthal sites}] show / [that Neanderthals could make complex
네안데르탈인 유적지에서 발견된 물건들은 보여 준다 / 네안데르탈인이 복잡한 도구를 만들 수 있었음을 //
→ 명사구(주절의 주어)

→ 명사절(suggest의 목적어)
tools]. // ❻The characteristics of their skulls suggest / [that they probably could speak,
그들의 두개골 특징은 시사한다 / 그들이 아마도 말을 할 수 있었음을 /

→ 관계절
although perhaps not with the full range of sounds / {that modern humans make}]. //
소리의 전체 범위는 아니겠지만 / 현대인이 내는 //

→ 명사절(show의 목적어) → 부사절(조건)
❼Sites also show / [that they did not necessarily live in caves, / but, {if they did}, / they
유적지는 또한 보여 준다 / 그들이 반드시 동굴에서 살지는 않았지만 / 그랬다면 / 아마도
→ 술어 1

likely altered the caves / to make them more livable]. // ❽Sometimes they [built
동굴을 개조했으리라는 것을 / 더 살기 좋게 // 그들은 때로 주거지를 만들었다 /

→ 분사구
shelters] / rather than [settled in caves]. // ❾In 1996, / scientists [digging at a Neanderthal
동굴에 자리를 잡기보다는 // 1996년 / 슬로베니아의 네안데르탈인 유적지를 발굴하던 과학자들은 /
→ 술어 2

→ 명사절(announced의 목적어) → 명사절(found의 목적어)
site in Slovenia] / announced / [they had found / {what appeared to be a musical
발표했다 / 발견했다고 / 악기로 보이는 것을 /

→ 동격 관계
instrument, / ⟨a flute made from a bear bone⟩}]. //
곰 뼈로 만든 피리인 //

* dim-witted: 우둔한 ** slouching: 구부정한 자세로 앉은[선]

어휘

□ **caveman** 원시인, 동굴 거주자 □ **completely** 완전히 □ **reputation** 평판, 명성
□ **fossil** 화석 □ **injured** 다친, 상처를 입은 □ **approximately** 대략
□ **erect** 직립한 □ **skull** 두개골 □ **alter** 개조하다, 바꾸다
□ **shelter** 주거지 □ **settle** 자리 잡다

글의 흐름 파악

도입(①)		부연(②~③)		본론(④~⑨)
네안데르탈인에 대한 인식	→	네안데르탈인에 대한 잘못된 인식의 근거	→	추정되는 네안데르탈인의 특징
네안데르탈인을 우둔하고 구부정한 원시인이라고 여김		네안데르탈인에 대한 평판은 단 하나의 화석에 근거한 것임		• 직립 보행 • 복잡한 도구 사용 • 언어 사용 • 동굴 이외의 주거지 • 악기 사용

전문 해석

❶네안데르탈인은 털로 완전히 뒤덮인 우둔하고 구부정한 원시인이라고 여겨졌었다. ❷하지만 이러한 평판은 단 하나의 화석에 근거한 것인데, 이 화석은, 현대 학문이 입증하기를, 우연히도 늙고 병들고 다친 한 남성의 것이었다. ❸그는 죽었을 때 대략 마흔 살 또는 마흔다섯 살이었으며, 그 당시로는 매우 나이가 많은 사람이었다. ❹건강한 네안데르탈인은 직립 보행을 했을 것이다. ❺네안데르탈인 유적지에서 발견된 물건들은 네안데르탈인이 복잡한 도구를 만들 수 있었음을 보여 준다. ❻그들의 두개골 특징은 현대인이 내는 소리의 전체 범위는 아니겠지만, 그들이 아마도 말을 할 수 있었음을 시사한다. ❼유적지는 또한 그들이 반드시 동굴에서 살지는 않았지만, 그랬다면, 아마도 동굴을 더 살기 좋게 개조했으리라는 것을 보여 준다. ❽그들은 때로 동굴에 자리를 잡기보다는 주거지를 만들었다. ❾1996년 슬로베니아의 네안데르탈인 유적지를 발굴하던 과학자들은 곰 뼈로 만든 피리인 악기로 보이는 것을 발견했다고 발표했다.

배경지식

Neanderthal(네안데르탈인)
네안데르탈인의 화석은 1856년 독일 뒤셀도르프 지역의 네안데르(Neander) 계곡에서 발견되어 네안데르탈인으로 명명되었다. 가장 오래된 화석은 약 43만 년 전 것이며 약 4만 2천 년 전에 멸종한 것으로 추정된다. 이들은 석기의 제작, 불의 사용, 매장 풍습 등을 갖고 있었으며, 현대인에 비해 짧은 다리와 긴 상체를 지닌 다부진 체격을 갖고 있었던 것으로 보인다.

구문 해설

❶ **It used to be thought [that Neanderthals were dim-witted, slouching cavemen {completely covered with hair}].**

It은 형식상의 주어이고, [ ]는 내용상의 주어이다. { }은 dim-witted, slouching cavemen을 수식하는 분사구이다.

❺ **Objects [found at Neanderthal sites] show [that Neanderthals could make complex tools].**

첫 번째 [ ]는 Objects를 수식하는 분사구이고, 두 번째 [ ]는 show의 목적어 역할을 하는 명사절이다.

Quick Check 빈칸 완성하기

1. The reputation of Neanderthals is based on just one f_____, which modern scholarship has proved happens to be that of an old, diseased, and injured man.

2. The characteristics of the s_____ of Neanderthals suggest that they probably could speak.

정답 1. (f)ossil 2. (s)kulls

제도적 차별과 개인적 차별

| Keywords | discrimination, institutional, individual, intentional, direct

❶Discrimination occurs on two levels: institutional and individual. // **❷**[On the
차별은 두 가지 차원, 즉 제도적 차원과 개인적 차원에서 발생한다 //   제도적 차원

institutional level], / discriminatory practices are embedded / [in the social structures of
에서는 /   차별적 관행이 묻혀 있다 /   한 사회의 사회 구조 안에 /
「take place: 발생하다」

a society], / [whereas {on the individual level}, / discrimination takes place / {during
반면 개인적 차원에서는 /   차별이 발생한다 /   직접적인 상호

direct interactions / among individuals or groups}]. // **❸**[Unlike individual discrimination, /
작용 중에 /   개인 또는 집단 간의 //   개인적 차별과 달리 /

{which tends to be overt, intentional, and direct}], / [institutional discrimination is often
공공연하고 의도적이며 직접적인 경향이 있는 /   제도적 차별은 은밀하고 의도적이지 않은 경우가 많으며 /
= institutional discrimination   형용사구(makes의 목적격 보어)

covert and unintentional], / and [this invisibility / makes it {much harder to detect}]. //
                            이러한 보이지 않는 특성은 /   그것을 감지하는 것을 훨씬 더 어렵게 한다 //

❹[Standardized testing in schools], / for example, / may exclude / [certain historically
학교에서의 표준화된 시험은 /   예를 들어 /   차단할 수도 있다 /   역사적으로 소외된 특정 집단을 /
「exclude ~ from -ing: …에서 ~을 차단하다」   명사구(exclude의 목적어)

marginalized groups] / from succeeding in academic settings. // **❺**[Although the
                        학업 환경에서 성공하는 것에서 //   정부가 의도적으로 정하
부사절(양보)   관계절

government may not have intentionally established / testing standards / {that are
지는 않았을지라도 /   시험 기준을 /   문화적으로나
「실제로」   「have an effect on: ~에 영향을 미치다」

culturally or class biased}], / in practice these standards tend to have a disproportionate
계층적으로 편향된 /   실제로 이러한 기준은 균형이 맞지 않는 부정적인 영향을 미치는 경향이 있다 /

negative effect / on ethnic minority students. // **❻**Furthermore, / institutional discrimination
                소수 민족 학생에게 //   게다가 /   제도적 차별은 흔히 세대 전체에 또는 순환적
「have an impact on: ~에 영향을 미치다」

often has a generational or cyclical impact / on certain ethnic minority groups / and
으로 영향을 미친다 /   특정 소수 민족 집단에 /   그러므로
「if not more so: 어쩌면 그보다 더」   분사구

therefore its consequences are as severe, / if not more so, / than for those / [suffering
그 결과는 그만큼 혹독할 수도 있다 /   어쩌면 그보다 더 /   사람들의 경우보다 /   개인적 차별을

individual discrimination]. //
겪는 //

* embed: 묻다, 끼워 넣다 ** overt: 공공연한 *** marginalize: (사회적으로) 소외시키다

어휘

- discrimination 차별
- discriminatory 차별적인
- detect 감지하다, 발견하다
- biased 편향된
- generational 세대의, 세대 간의
- if not more so 어쩌면 그보다 더

- occur 발생하다
- covert 은밀한
- exclude 차단하다, 배제하다
- disproportionate 균형이 맞지 않는
- cyclical 순환적인, 주기적인

- institutional 제도적인
- invisibility 보이지 않는 특성
- establish 정하다, 마련하다
- consequence 결과

글의 흐름 파악

제도적 차별		개인적 차별
• 차별적 관행이 한 사회의 사회 구조 안에 묻혀 있음(❷) • 은밀하고 의도적이지 않은 경우가 많아, 감지하기가 훨씬 어려움(❸) • 흔히 특정 소수 민족 집단에 세대 전체에 또는 순환적으로 영향을 미침(❻)	↔	• 개인 또는 집단 간의 직접적인 상호 작용 중에 차별이 발생함(❷) • 공공연하고 의도적이며 직접적인 경향이 있음(❸)

전문 해석

❶차별은 두 가지 차원, 즉 제도적 차원과 개인적 차원에서 발생한다. ❷제도적 차원에서는, 차별적 관행이 한 사회의 사회 구조 안에 묻혀 있는 반면, 개인적 차원에서는 차별이 개인 또는 집단 간의 직접적인 상호 작용 중에 발생한다. ❸공공연하고 의도적이며 직접적인 경향이 있는 개인적 차별과 달리 제도적 차별은 은밀하고 의도적이지 않은 경우가 많으며, 이러한 보이지 않는 특성 때문에 그것을 감지하기가 훨씬 더 어렵다. ❹예를 들어, 학교에서의 표준화된 시험은 학업 환경에서 성공하는 것에서 역사적으로 소외된 특정 집단을 차단할 수도 있다. ❺정부가 의도적으로 문화적으로나 계층적으로 편향된 시험 기준을 정하지는 않았을지라도, 실제로 이러한 기준은 소수 민족 학생에게 균형이 맞지 않는 부정적인 영향을 미치는 경향이 있다. ❻게다가 제도적 차별은 흔히 특정 소수 민족 집단에 세대 전체에 또는 순환적으로 영향을 미치기 때문에 그 결과는 개인적 차별을 겪는 사람들에게만큼이나, 어쩌면 그보다 더 혹독할 수도 있다.

구문 해설

❺ [Although the government may not have intentionally established testing standards {that are culturally or class biased}], in practice these standards tend to have a disproportionate negative effect on ethnic minority students.

[ ]는 양보를 나타내는 부사절이고, 그 안의 { }는 testing standards를 수식하는 관계절이다.

❻ Furthermore, [institutional discrimination often has a generational or cyclical impact on certain ethnic minority groups] and [therefore its consequences are as severe, if not more so, than for those {suffering individual discrimination}].

두 개의 [ ]는 and로 연결되어 문장을 이룬다. 두 번째 [ ] 안의 { }는 those를 수식하는 분사구이다.

Quick Check — 적절한 말 고르기

1. Standardized testing in schools may exclude / include certain historically marginalized groups from succeeding in academic settings.

2. Because / Although the government may not have intentionally established testing standards that are culturally or class biased, in practice these standards tend to have a disproportionate negative effect on ethnic minority students.

정답 1. exclude 2. Although

익숙함에 대한 선호

| Keywords | familiar, tendency, preference, social bonds

❶One should perhaps ask / [why even very simple animals would prefer / familiar
아마도 질문해 봐야 할 것이다 / 왜 매우 단순한 동물조차 선호하는지 / 익숙한 자극이나

→ 명사절(ask의 목적어)

stimuli or familiar other animals]. // ❷[A tendency to grow fond of the familiar] / would
익숙한 다른 동물들을 // 익숙한 것이 좋아지는 경향은 / 안정된 환경에

→ 명사구(주절의 주어)

help stamp in the preference for a stable environment / (so animals might learn to like
대한 선호를 새겨 넣는 것에 도움이 될 것이다 / (동물이 자신의 집을 좋아하는 것을 배울 수 있도록) //

their homes). // ❸It would certainly promote / stable social bonds. // ❹Imagine, for
그것은 틀림없이 촉진할 것이다 / 안정적인 사회적 유대를 // 상상해 보라 / 예를

→ 명사절(Imagine의 목적어)

example, / [that nature programmed animals / in the opposite way, / so that familiarity
들어 / 자연이 동물을 길들여서 / 정반대의 방식으로 / 익숙함이 낳도록 했다고

led / to contempt or some other form of disliking]. // ❺How would families stay
경멸이나 다른 형태의 혐오를 // 가족은 어떻게 함께 지낼 것인가

→ 명사구(주절의 주어)

together? // ❻How would [friendships, alliances, or other partnerships] / survive? //
우정, 동맹 또는 다른 동반자 관계는 어떻게 / 살아남을 수 있을 것인가 //

→ 부사절(조건)   ┌─ 관계절

❼[If you always preferred a stranger / to someone {you knew}], / social life would be /
여러분이 항상 낯선 사람을 선호한다면 / 아는 사람보다 / 사회생활은 놓일 것이다 /

→ 부사절(조건)

in constant turmoil and turnover. // ❽In contrast, / [if you automatically grew to like
끊임없는 혼란과 전복에 / 반대로 / 여러분이 사람들을 자연히 좋아하게 된다면

┌─ 관계절

the people / {you saw regularly}], / you would soon prefer them / over strangers, / and
정기적으로 만나는 / 여러분은 곧 그들을 선호하게 될 것이고 / 낯선 사람보다 / 집단이

→ '~을 고려해 볼 때'

groups would form and stabilize easily. // ❾Given the advantages of stable groups /
쉽게 형성되고 안정화될 것이다 // 안정된 집단의 장점을 고려해 볼 때 /

→ people의 술어 1   → people의 술어 2   → people의 술어 3

(e.g., people [know each other], / [know how to work together], / [know how to make
(예를 들면, 사람들은 서로를 알고 / 함께 일하는 방법을 알고 / 함께 의사를 결정하는 방법을 알고 /

→ people의 술어 4   형식상의 주어 ←   내용상의 주어 ←

decisions together], / [know how to adjust to each other]), / it is not surprising / [that
서로에게 적응하는 방법을 안다) / 놀라운 일이 아니다 / 자연이

┌─ 관계절   → '~을 기반으로'

nature favored animals / {that grew to like (rather than dislike) each other / on the basis
동물을 선호한 것은 / 서로를 (싫어하는 대신에) 좋아하게 된 / 익숙함을 기반으로

of familiarity}]. //

* contempt: 경멸 ** alliance: 동맹 *** turmoil: 혼란

어휘

□ **stimulus** 자극(*pl.* stimuli) □ **tendency** 경향 □ **stamp in** ~에 새겨 넣다
□ **promote** 촉진하다 □ **bond** 유대, 끈 □ **program** 길들이다, 조정하다
□ **opposite** 정반대의 □ **constant** 끊임없는 □ **turnover** 전복, 전환
□ **automatically** 자연히 □ **adjust** 적응하다

글의 흐름 파악

도입(❶~❸)		부연(❹~❼)		결론(❽~❾)
동물이 익숙한 자극이나 익숙한 다른 동물을 선호하는 이유	→	익숙함이 경멸이나 혐오를 낳도록 길들일 경우	→	익숙함으로 인한 집단의 안정화
익숙함을 선호하는 경향은 안정된 환경을 선호하는 성향을 강화해서 안정된 사회적 유대감을 촉진할 것임		가족, 친구, 동맹 등의 사회적 관계 유지에 어려움이 있을 것임		익숙함을 선호하는 경향은 집단을 안정시킬 것이며, 이러한 성향이 자연에 의해 선호되는 것은 당연한 결과임

전문 해석

❶왜 매우 단순한 동물조차 익숙한 자극이나 익숙한 다른 동물들을 선호하는지 아마도 질문해 봐야 할 것이다. ❷익숙한 것이 좋아지는 경향은 (동물이 자신의 집을 좋아하는 것을 배울 수 있도록) 안정된 환경에 대한 선호를 새겨 넣는 것에 도움이 될 것이다. ❸그것은 틀림없이 안정적인 사회적 유대를 촉진할 것이다. ❹예를 들어, 자연이 정반대의 방식으로 동물을 길들여서 익숙함이 경멸이나 다른 형태의 혐오를 낳도록 했다고 상상해 보라. ❺가족은 어떻게 함께 지낼 것인가? ❻우정, 동맹 또는 다른 동반자 관계는 어떻게 살아남을 수 있을 것인가? ❼여러분이 항상 아는 사람보다 낯선 사람을 선호한다면, 사회생활은 끊임없는 혼란과 전복에 놓일 것이다. ❽반대로 여러분이 정기적으로 만나는 사람들을 자연히 좋아하게 된다면, 여러분은 곧 낯선 사람보다 그들을 선호하게 될 것이고, 집단이 쉽게 형성되고 안정화될 것이다. ❾안정된 집단의 장점(예를 들면, 사람들은 서로를 알고, 함께 일하는 방법을 알고, 함께 의사를 결정하는 방법을 알고, 서로에게 적응하는 방법을 안다)을 고려해 볼 때, 자연이 익숙함을 기반으로 서로를 (싫어하는 대신에) 좋아하게 된 동물을 선호한 것은 놀라운 일이 아니다.

구문 해설

❹ Imagine, for example, [that nature programmed animals in the opposite way, so that familiarity led to contempt or some other form of disliking].

[ ]는 Imagine의 목적어 역할을 하는 명사절이다.

❼ [If you always preferred a stranger to someone {you knew}], social life would be in constant turmoil and turnover.

[ ]는 조건을 나타내는 부사절이고, 그 안의 { }는 someone을 수식하는 관계절이다.

Quick Check 적절한 말 고르기

1. A tendency to grow fond of the familiar would help stamp in the preference for a(n) stable / unstable environment.

2. Nature favored animals that grew to like each other on the basis of familiarity / unfamiliarity .

정답 1. stable 2. familiarity

집단 순응 사고

|Keywords| groupthink, team spirit, independent, obey, disagreement, conformity

❶Social psychologist Irving Janis / [recognized the problems of groupthink], / but [felt
사회 심리학자 Irving Janis는 / 집단 순응 사고의 문제점을 인식했지만 / 대등한 연결 / 그것을 피할 수
→수동태 →=groupthink

{that it could be avoided}]. // ❷It is most likely to develop / [when team spirit becomes
있다고 생각했다 // 그것은 생겨날 가능성이 매우 크다 / 부사절(시간) / 팀 정신이 더 중요해질 때 /

more important / than {the opinions of individual members}]. // ❸It's also likely to form /
비교 대상 / 개별 구성원의 의견보다 // =groupthink / 그것은 또한 형성될 가능성이 있다 /
부사절(조건) →「be made up of: ~으로 구성되다」 대등한 연결 →「be faced
[if the group is made up of like-minded people / to begin with], / and [if they are faced /
집단이 생각이 비슷한 사람들로 구성되어 있고 / 처음부터 / 그들이 직면했을 때 /
with: ~에 직면하다」
with a difficult decision]. // ❹[To prevent groupthink], / Janis proposed a system of
어려운 결정에 // to부정사구(목적) / 집단 순응 사고를 방지하기 위해 / Janis는 조직 체계를 제안했다 /
관계절 →주어
organization / [that encourages independent thinking]. // ❺[The leader of the group] /
독립적인 사고를 장려하는 // 집단의 지도자는 /
부사절(목적) to부정사구(any pressure를 구체적으로 설명)
should appear to be impartial, / [so that members do not feel any pressure {to obey}]. //
공정한 모습을 보여야 한다 / 구성원들이 어떤 압박감도 느끼지 않도록 / 복종해야 한다는 //
→get의 목적어 →to부정사구(get의 목적격 보어) 대등한 연결
❻Furthermore, / he or she should get [the group] / [{to examine all the options}, / and {to
그뿐만 아니라 / 그 지도자는 집단이 ~하도록 해야 한다 / 모든 선택 사항을 검토하고 / 집단 외부의

consult people outside the group, too}]. // ❼Disagreement, Janis argued, is actually a
사람들과 상의도 하도록 // Janis는 의견 불일치는 실제로 좋은 것이라고 주장하며 /
명사절(suggested의 목적어) →「be asked to do: ~하도록 요구받다」
good thing, / and he suggested / [that members should be asked to play "devil's
제안했다 / 구성원들은 '악마의 변호인' 역할을 하도록 요구받아야 한다고 /
분사구 →to부정사구(목적)
advocate" / — {introducing an alternative point of view / ⟨in order to provoke
대안의 관점을 소개하는 / 토론을 일으키기 위해 //
'~뿐만 아니라, ~ 이외에도' →동명사구(to의 목적어) →명사절(ensuring의 목적어)
discussion⟩}]. // ❽In addition to [ensuring / {that the group comes to more rational and
보장할 뿐만 아니라 / 집단이 더 합리적이고 공정한 결정을 내리게 /
→동명사구(주어) →to부정사구(allow의 목적격 보어) →술어동사
fair decisions}], / [allowing members {to retain their individuality}] / creates a healthier
구성원들이 자신의 개성을 유지할 수 있게 하는 것은 / 더 건강한 팀 정신을 만들어 낸다 /
→비교 대상 →「result from: ~에서 비롯되다」
team spirit / than [the state of groupthink, / {which results from conformity and
집단 순응 사고의 상태보다 / 순응과 복종에서 비롯되는 //
관계절(the state of groupthink를 부가적으로 설명)
obedience}]. //

* groupthink: 집단 순응 사고 ** provoke: 일으키다, 유발하다

어휘

- □ **recognize** 인식하다
- □ **opinion** 의견
- □ **prevent** 방지하다, 막다
- □ **independent** 독립적인
- □ **impartial** 공정한
- □ **obey** 복종하다
- □ **consult** 상의하다
- □ **devil's advocate** 악마의 변호인((열띤 논의가 이뤄지도록) 일부러 반대 입장을 취하는 사람)
- □ **alternative** 대안의
- □ **rational** 합리적인
- □ **retain** 유지하다
- □ **conformity** 순응
- □ **obedience** 복종

글의 흐름 파악

도입(❶~❸)		전개(❹~❼)		결론(❽)
화제+집단 순응 사고의 형성 조건		집단 순응 사고 방지를 위한 제안		집단 순응 사고 방지의 기대 효과
• Irving Janis의 생각: 집단 순응 사고는 피할 수 있음 • 집단 순응 사고의 형성 조건: 개인의 의견보다 팀 정신이 더 중요해질 때, 그리고 비슷한 생각을 가진 사람들로 이루어진 집단이 어려운 결정에 직면했을 때 발생함	→	독립적인 사고를 장려하는 조직 체계 제안 • 공정하고, 열린 마음을 지닌 지도자 • '악마의 변호인' 역할을 할 수 있는 구성원	→	집단 순응 사고의 상태보다 더 건강한 팀 정신을 만들어 냄

전문 해석

❶사회 심리학자 Irving Janis는 집단 순응 사고의 문제점을 인식했지만, 그것을 피할 수 있다고 생각했다. ❷그것은 개별 구성원의 의견보다 팀 정신이 더 중요해질 때 생겨날 가능성이 매우 크다. ❸또한 집단이 처음부터 생각이 비슷한 사람들로 구성되어 있고 그들이 어려운 결정에 직면했을 때 형성될 가능성이 있다. ❹집단 순응 사고를 방지하기 위해 Janis는 독립적인 사고를 장려하는 조직 체계를 제안했다. ❺집단의 지도자는 구성원들이 복종해야 한다는 어떤 압박감도 느끼지 않도록 공정한 모습을 보여야 한다. ❻그뿐만 아니라, 그 지도자는 집단이 모든 선택 사항을 검토하고 집단 외부의 사람들과 상의도 하도록 해야 한다. ❼Janis는 의견 불일치는 실제로 좋은 것이라고 주장하며, 구성원들은 토론을 일으키기 위해 대안의 관점을 소개하는 '악마의 변호인' 역할을 하도록 요구받아야 한다고 제안했다. ❽집단이 더 합리적이고 공정한 결정을 내리게 보장할 뿐만 아니라, 구성원들이 자신의 개성을 유지할 수 있게 하는 것은 순응과 복종에서 비롯되는 집단 순응 사고의 상태보다 더 건강한 팀 정신을 만들어 낸다.

배경지식

Irving Janis(어빙 제니스, 1948~1990)
미국의 사회 심리학자이다. 그는 응집력이 강한 집단이 내부 갈등을 최소화하기 위해 구성원의 의견 일치를 우선적으로 추구하여 발생하는, 개별 구성원들이 비판적인 생각을 하지 않는 현상을 집단 순응 사고라고 정의하였다.

구문 해설

❹ **To prevent groupthink, Janis proposed a system of organization [that encourages independent thinking].**

[ ]는 a system of organization을 수식하는 관계절이다.

❻ **Furthermore, he or she should get the group [to examine all the options], and [to consult people outside the group, too].**

두 개의 [ ]는 and로 연결되어 get의 목적격 보어 역할을 한다.

Quick Check **적절한 말 고르기**

1. Groupthink is most likely to develop when team spirit becomes | less / more | important than the opinions of individual members.

2. In addition to ensuring that the group comes to more rational and fair decisions, allowing members to | deny / retain | their individuality creates a healthier team spirit than the state of groupthink.

사이버공간에서의 프라이버시

| Keywords | cyberspace, openness, privacy

❶The alternative world [provided by cyberspace] / is essentially an ideal private world /
사이버공간에 의해 제공되는 새로운 세상은 /   본질적으로 이상적인 사적인 세상이다 /
분사구

[in which each person controls the information {that is revealed}]. // ❷In this world, / the
각자가 드러나는 정보를 통제하는 //   이 세상에서 /   사람의
관계절   관계절

full identity of the person is not revealed, / and the two people are physically remote
신분 전체가 드러나는 것은 아니고 /   두 사람은 물리적으로 서로 멀리 떨어져 있다 //

from each other. // ❸Hence, / it is much easier [to keep {private} / {whatever areas the
서로 //   따라서 /   사적으로 유지하는 것이 훨씬 쉽다 /   참가자가 원하는 어떤 영역이든 //
형식상의 주어   to부정사구(내용상의 주어)   명사구(keep의 목적어)
keep의 목적격 보어   lead의 목적격 보어

participants so wish}]. // ❹These circumstances do not lead the participants / [to remain
                        이러한 상황은 참가자들을 이끄는 것은 아니며 /   완전히 비밀스러운

completely mysterious] / — on the contrary, / in many cases it leads the participants /
존재로 남도록 /   반대로 /   많은 경우 그것은 참가자들을 이끈다 /
leads의 목적격 보어   = reveal about themselves

[to reveal much more about themselves / than they would usually do]. // ❺When we
자신에 대해 훨씬 더 드러내도록 //   보통 그러할 것보다   우리가 그것을

can keep private that / [which seems to threaten us], / we can be more open concerning
비공개로 유지할 수 있다면 /   자신을 위협할 것 같은 /   우리는 다른 일에 관해서는 더욱 개방적이 될 수 있다 //
관계절

other matters. // ❻The greater degree of openness generates / a greater degree of
                  더 높은 정도의 개방성은 만들어 낸다 /   또한 더 높은 수준의 감정적인

emotional closeness as well. // ❼Accordingly, / in online relationships we can find / both
친밀감도 //   따라서 /   온라인 관계에서 우리는 발견할 수 있으며 /   더 많은

greater privacy and greater closeness and openness / — this considerably reduces the
프라이버시와 더 큰 친밀감과 개방성 둘 다를 /   이것은 개방성과 프라이버시 사이의 흔한 갈등을

common conflict between openness and privacy. //
상당히 줄인다 //

어휘

- □ **alternative** 새로운, 대안적인
- □ **essentially** 본질적으로
- □ **ideal** 이상적인
- □ **circumstance** 상황
- □ **mysterious** 비밀스러운, 미지의
- □ **generate** 만들어 내다
- □ **closeness** 친밀한
- □ **considerably** 상당히
- □ **conflict** 갈등

도입(❶~❸)		전개(❹~❺)		발전(❻~❼)
사이버공간의 사적 특성		사이버공간의 개방성		사이버공간의 친밀감
• 각자가 드러내는 정보를 통제할 수 있음 • 어떤 영역이든 비공개로 유지하기를 원하면 쉽게 할 수 있음	➡	• 참가자들이 자신에 대해 더 드러내도록 이끎 • 위협적이지 않은 곳에서 개방적이 될 수 있음	➡	• 더 높은 정도의 개방성으로 더 높은 감정적 친밀감 형성 • 개방성과 프라이버시 사이의 갈등을 줄임

전문 해석

❶사이버공간에 의해 제공되는 새로운 세상은 본질적으로 각자가 드러내는 정보를 통제하는 이상적인 사적인 세상이다. ❷이 세상에서, 사람의 신분 전체가 드러나는 것은 아니고, 두 사람은 물리적으로 서로 멀리 떨어져 있다. ❸따라서 참가자가 사적으로 유지하고 싶은 어떤 영역이든 그렇게 하는 것이 훨씬 쉽다. ❹이러한 상황은 참가자들이 완전히 비밀스러운 존재로 남도록 이끄는 것은 아니며, 반대로 많은 경우 그것은 참가자들이 보통 그러할 것보다 자신에 대해 훨씬 더 드러내도록 이끈다. ❺우리가 자신을 위협할 것 같은 것을 비공개로 유지할 수 있다면, 우리는 다른 일에 관해서는 더욱 개방적이 될 수 있다. ❻더 높은 정도의 개방성은 또한 더 높은 수준의 감정적인 친밀감도 만들어 낸다. ❼따라서, 온라인 관계에서 우리는 더 많은 프라이버시와 더 큰 친밀감과 개방성 둘 다를 발견할 수 있으며, 이것은 개방성과 프라이버시 사이의 흔한 갈등을 상당히 줄인다.

구문 해설

❸ Hence, **it** is much easier [to keep **private** {whatever areas the participants so wish}].

it은 문장의 형식상의 주어이며, to부정사구인 [ ]가 내용상의 주어이다. { }는 keep의 목적어 역할을 하며, private는 keep의 목적격 보어 역할을 한다.

❺ When we can keep private that [which seems to threaten us], we can be more open concerning other matters.

[ ]은 that을 수식하는 관계절이다.

Quick Check 빈칸 완성하기

1. The alternative world provided by cyberspace is essentially an ideal private world in which each person c_____ the information that is revealed.

2. In online relationships we can f_____ greater closeness and openness as well as greater privacy.

은행식 교육 모델

| Keywords | education, retain, information, a test or paper, receptacle

❶People often have different definitions [of education], / [as the nature of education is
사람들은 흔히 교육에 대해 서로 다른 정의를 내리는데 /   그 이유는 교육의 본질이 다소 유동적이기 때문이다 //

somewhat fluid]. // ❷Nearly 600 years ago / the printing press changed / the way [much
거의 600년 전 /   인쇄기는 변화시켰다 /   방식을   교육의 많은

of education occurred]. // ❸Students began reading information, / [coupled with the
부분이 일어나는 //   학생들은 정보를 읽기 시작했는데 /   (여기에) 교사가 공유하려 하는

information {a teacher would share}]. // ❹To ensure / [that the student had retained the
정보가 더해졌다 //   확실히 하기 위해 /   학생이 정보를 기억했다는 것을 /

information], / a test or paper was often required / to make an assessment of that
흔히 시험이나 보고서가 필요했다 /   그 기억을 평가할 /

retention. // ❺This downloading of information / is known as the banking model, / and
이러한 정보의 내려받기는 /   은행식 모델이라고 알려져 있으며 /   은행식

[what the banking model does] / is [it reduces the student / from being a critical and
모델이 하는 것은 /   그것이 학생을 전락시키는 일이다 /   비판적이고 독립적으로 사고하는 사람에서 /

independent thinker / to being a receptacle for facts]. // ❻The process of the banking
                        사실을 담는 용기로 //   은행식 모델의 과정은 /

model / raises the power and control [of the teacher] / [while failing to recognize /
            교사의 권력과 통제력을 높이고 /   동시에 인식하지 못한다 /

{that students are more than simply unthinking blank slates}]. // ❼The concept, then, is
학생이 단순히 생각하지 않는 백지상태 이상의 존재라고 //   따라서 이 개념은 분명하게 자리 잡게

placed squarely / into the minds of students, / [who are taught / {that they are
되고 /   학생들의 생각 속에 /   학생들은 배운다 /   자신이 부차적인 역할을

subservient and beholden / to the keeper of information}]. // ❽As a result, / students have
하며 신세를 지고 있다고 /   정보 보유자에게 //   그 결과 /   학생들은 통제력을 거의

little control [over their own thinking and their own education].
갖지 못하게 된다 /   자기 자신의 사고와 자기 자신의 교육에 대한 //

* subservient: 부차적인 역할을 하는, 보조적인 ** beholden: 신세를 진

어휘
□ **definition** 정의   □ **fluid** 유동적인   □ **nearly** 거의
□ **retain** (정보를) 기억하다, 잊지 않고 있다   □ **assessment** 평가
□ **retention** (정보의) 기억   □ **critical** 비판적인
□ **receptacle** (내용물을 담는) 용기, 그릇   □ **blank slate** 백지상태
□ **squarely** 분명하게, 정면으로

글의 흐름 파악

도입(①)	전개 1(②~④)	전개 2(⑤~⑧)
교육에 대한 서로 다른 정의	인쇄기 등장	은행식 교육 모델
교육의 본질이 다소 유동적이기 때문임	교사가 지식 전달 → 학생들은 정보를 읽고 기억 → 이를 평가할 시험이나 보고서가 필요해짐 ⇨ 은행식 교육 모델	수동적 존재로서의 학생 • 비판적, 독립적 사고 X • 정보 보유자(교사)에게 부차적인 역할을 하고 신세를 짐 • 자기 자신의 사고와 교육에 대한 통제력 X

전문 해석

❶사람들은 흔히 교육에 대해 서로 다른 정의를 내리는데, 그 이유는 교육의 본질이 다소 유동적이기 때문이다. ❷거의 600년 전 인쇄기는 교육의 많은 부분이 일어나는 방식을 변화시켰다. ❸학생들은 정보를 읽기 시작했는데, (여기에) 교사가 공유하려 하는 정보가 더해졌다. ❹학생이 정보를 기억했다는 것을 확실히 하기 위해, 흔히 그 기억을 평가할 시험이나 보고서가 필요했다. ❺이러한 정보의 내려받기는 은행식 모델이라고 알려져 있으며, 은행식 모델이 하는 것은 그것이 학생을 비판적이고 독립적으로 사고하는 사람에서 사실을 담는 용기로 전락시키는 일이다. ❻은행식 모델의 과정은 교사의 권력과 통제력을 높이는 동시에 학생이 단순히 생각하지 않는 백지상태 이상의 존재라고 인식하지 못한다. ❼따라서 이 개념은 학생들의 생각 속에 분명하게 자리 잡게 되고, 학생들은 자신이 정보 보유자에게 부차적인 역할을 하며 신세를 지고 있다고 배운다. ❽그 결과, 학생들은 자기 자신의 사고와 자기 자신의 교육에 대한 통제력을 거의 갖지 못하게 된다.

배경지식

banking model(은행식 교육 모델)
교사로부터 학습자에게 일방적으로 지식이 전달되는 전통적인 교사 중심 수업 모델을 말한다. 브라질 출신의 교육자 Paulo Freire는 저서 *Pedagogy of the Oppressed*에서 은유를 사용하여 학습자를 동전 저금통처럼 지식으로 채워야 할 빈 그릇으로 취급하는 은행식 교육 모델을 비판했고 학습자를 지식의 공동 창조자로 대우해야 한다고 주장했다.

구문 해설

❷ Nearly 600 years ago the printing press changed the way [much of education occurred].

[ ]는 the way를 수식하는 관계절이다.

❻ The process of the banking model raises the power and control of the teacher while failing to recognize [that students are more than simply unthinking blank slates].

[ ]는 recognize의 목적어 역할을 하는 명사절이다.

Quick Check — 적절한 말 고르기

1. This downloading of information is | knowing / known | as the banking model, and what the banking model does is it reduces the student from being a critical and independent thinker to being a receptacle for facts.

2. The concept, then, is placed squarely into the minds of students, | who / whose | are taught that they are subservient and beholden to the keeper of information.

정답 1. known 2. who

부모의 문제 상황 대처가 자녀의 자존감 형성에 주는 영향

| Keywords | parents' behavior, child's self-esteem, modeling

❶In his 1967 book, / Coopersmith first noticed a positive relationship / [between self-
자신의 1967년 저서에서 /　　Coopersmith는 최초로 정적 상관관계가 있음을 언급했다 /　　　　전치사구
　　　　　　　　　　　　　　　　　　　　　　　　　　　　　　　　　　　　　　　어머니와 자녀의 자존감

esteem levels in mothers and their children]. // ❷But Bednar, Wells, and Peterson made
수준 사이에 //　　　　　　　　　　　　　　　그러나 Bednar, Wells 및 Peterson은 이 요소를 상당히 활용했다 /
　　　　　　　　　　　　　　　　　　　　　　　　　　　　　명사절(pointing out의 목적어)

considerable use of this factor / by pointing out / [that parents actually *show* {their
　　　　　　　　　　　　　　　　지적함으로써 /　　　　부모가 실제로 자녀에게 '보여 준다'는 점을 /
　　　　　　　　　　　　　　　　　　　　　　　　　　　　　　　　　　　　　　　*show*의 간접목적어

children} / {the route to self-esteem} / by {how they handle their own challenges,
　　　　*show*의 직접목적어 /　　　명사절(by의 목적어) /　　　　　주어의 핵(단수)
자존감에 이르는 길을 /　　　　자신의 어려운 과제, 갈등 및 쟁점을 처리하는 방식을 통해 //

conflicts, and issues}]. // ❸The impact of parents' behavior upon the child's self-esteem /
　　　　　　　　　　　　　부모의 행동이 자녀의 자존감에 미치는 영향은 /
　　　　　　　술어동사(단수)　　　　　'~을 감안할 때'　　　　　　　　　　　　　주어의 핵(단수)

is undeniable; / given the immaturity of children, / however, / parents' expression of
부인할 수 없다 /　　아이들의 미성숙함을 감안할 때 /　　　그러나 /　　　부모 자신의 해답을 표현하는 것은 /
　　　　　　　　　　　　　　　　　　　　　　　　술어동사(단수)　　　비교 표현(more ~ than ...)

their own resolution / of the self-esteem question / is far more influential / than what
　　　　　　　　　　자존감 문제에 대한 /　　　　　훨씬 더 영향력이 있다 /　　　그들이 말로 가르치는
　　주어의 핵(복수)　　　　　　　　관계절　　　　　　　비교 표현 강조(훨씬)

they teach verbally. // ❹Parents / [who face life's challenges honestly and openly] / and
것보다 //　　　　　부모들은 /　　　인생의 어려운 과제를 솔직하게 드러내 놓고 직시하는 /　　　　그리고
　　　　대등한 연결　　　부모들은 /　　　　　　　　　　　　　　　　　　　　　　　　술어동사(복수)

[who attempt to cope with difficulties / instead of avoiding them] / thereby expose their
어려움을 대처하려고 시도하는 /　　　　그것들을 피하는 대신에 /　　　　그렇게 함으로써 그들의 자녀가 일찍
　　　'~ 대신에'

children early / to a pro–self-esteem problem-solving strategy. // ❺Those [who avoid
접하게 한다 /　　　자존감 친화적인 문제 해결 전략을 //　　　　어려운 일을 처리하는 것을 피하는
　　　　　　　　　　　　　　　　　　　　　　　　　　　　　　　　　　　　　관계절

dealing with difficulties] / reveal a negative route / for handling the challenges and
사람들은 /　　　　　부정적인 길을 드러내 보인다 /　　삶의 어려운 과제와 문제를 다루는 데 //

problems of life. // ❻Either way, / it is important [to remember / {that modeling helps set
　　　　　　　　　어느 쪽이든 /　기억하는 것이 중요하다 /　　모델이 되는 것은 건강한 자존감 혹은
　　　　　　　　　　형식상의 주어　　내용상의 주어　　명사절(remember의 목적어)　　　「help+(to) *do*: ~하는 것을 돕다」

the stage for healthy self-esteem or problems with it}]. //
그것에 관한 문제를 위한 장을 마련하는 것을 돕는다는 것을 //

어휘

- □ **notice** 언급하다, 다루다, 알아차리다
- □ **factor** 요소, 요인
- □ **undeniable** 부인할 수 없는, 명백한
- □ **resolution** 해답, 결의
- □ **thereby** 그렇게 함으로써, 그것에 의하여
- □ **set the stage for** ~을 위한 장(場)을 마련하다
- □ **self-esteem** 자존감, 자부심
- □ **point out** 지적하다
- □ **given** ~을 감안할 때
- □ **verbally** 말로, 구두로
- □ **considerable** 상당한, 적지 않은
- □ **route** 길, 방법
- □ **immaturity** 미성숙(함), 미발달
- □ **pro-** ~에 친화적인, ~을 지지하는

도입(❶~❸)	전개(❹~❺)	마무리(❻)
부모와 자녀의 자존감 수준 사이의 정적 상관관계	부모의 문제 해결 방식이 자녀의 자존감에 주는 영향	모델이 되는 것의 중요성
문제 상황을 다루는 모습을 부모가 자녀에게 보여 줌으로써 자녀의 자존감 수준에 영향을 줌	• 부모가 자존감 문제를 회피하지 않는 경우 → 자녀가 자존감 친화적 문제 해결 전략을 습득 • 부모가 자존감 문제를 회피하는 경우 → 자녀에게 부정적인 영향을 줌	자녀의 자존감 형성에 있어 부모가 자녀의 모델이 될 수 있음

전문 해석

❶Coopersmith는 자신의 1967년 저서에서 최초로 어머니와 자녀의 자존감 수준 사이에 정적 상관관계가 있음을 언급했다. ❷그러나 Bednar, Wells 및 Peterson은 부모가 실제로 자신의 어려운 과제, 갈등 및 쟁점을 처리하는 방식을 통해 자녀에게 자존감에 이르는 길을 '보여 준다'는 점을 지적함으로써 이 요소를 상당히 활용했다. ❸부모의 행동이 자녀의 자존감에 미치는 영향은 부인할 수 없지만, 아이들의 미성숙함을 감안할 때, 자존감 문제에 대한 부모 자신의 해답을 표현하는 것은 그들이 말로 가르치는 것보다 훨씬 더 영향력이 있다. ❹인생의 어려운 과제를 솔직하게 드러내 놓고 직시하고, 어려움을 피하는 대신 대처하려고 시도하는 부모는 그렇게 함으로써 자녀가 자존감 친화적인 문제 해결 전략을 일찍 접하게 한다. ❺어려운 일을 처리하는 것을 피하는 사람들은 삶의 어려운 과제와 문제를 다루는 데 부정적인 길을 드러내 보인다. ❻어느 쪽이든, 모델이 되는 것은 건강한 자존감 혹은 그것에 관한 문제를 위한 장을 마련하는 것을 돕는다는 것을 기억하는 것이 중요하다.

배경지식

self-esteem(자존감)
자신의 존재 가치를 나타내는 핵심 자질이나 특성을 본인이 얼마나 갖추고 있는지에 대한 인식 정도를 나타내는 말로, 개인의 신체적 자아상, 성취와 능력에 대한 관점, 스스로 의미 있다고 생각하는 가치를 실현하고 있는지에 대한 자신과 타인의 인식 등이 복합적으로 작용하여 자존감을 형성한다.

구문 해설

❸ [The impact of parents' behavior upon the child's self-esteem] is undeniable; given the immaturity of children, however, [parents' expression of their own resolution of the self-esteem question] is far more influential than what they teach verbally.

첫 번째 [ ]는 세미콜론(;) 앞의 절의 주어 역할을 하는 명사구이고, 두 번째 [ ]는 세미콜론(;)에 이어지는 절의 주어 역할을 한다.

❺ Those [who avoid dealing with difficulties] reveal a negative route for handling [the challenges and problems of life].

첫 번째 [ ]는 Those를 수식하는 관계절이고, 두 번째 [ ]는 handling의 목적어 역할을 하는 명사구이다.

Quick Check   T, F 고르기 / 적절한 말 고르기

1. According to Bednar, Wells, and Peterson, parents can model for their children how to cope with problems related to self-esteem, by showing how they handle their own challenges, conflicts, and issues. **T / F**

2. Parents who face life's challenges honestly and openly and who attempt to cope with difficulties instead of avoiding them thereby **expose / exposing** their children early to a pro–self-esteem problem-solving strategy.

정답 1. T 2. expose

판매 촉진을 위한 새로운 용도 제공

| Keywords | strategies, marketer, new use, baking soda

❶Several different strategies will be used / [to get us to buy]. // ❷For new products, /
여러 다양한 전략이 사용될 것이다 / 우리가 구매하도록 하기 위해 // 신제품의 경우 /

marketers want to motivate us / to try their product, / so the job is to advertise it / as
마케터는 우리에게 유도하고 싶다 / 자기 제품을 사용해 보도록 / 그러므로 해야 할 일은 그것을 광고하여 / 가능한

much as possible / to get the word out. // ❸With an established product, / marketers
한 많이 / 입소문을 퍼뜨리는 것이다 // 자리를 잡은 제품의 경우 / 마케터는 우리가

will either want us [to try it again] / (reminder advertising), / or they may try to get us
그것을 다시 사용해 보길 원할 것이다 / (리마인더 광고) / 혹은 우리가 자기 제품을 더 많이 소비하게

[to consume more of their product]. // ❹A good way to do this / is [to provide new
하려고 애쓸 수 있다 // 이를 위한 좋은 방법은 / 새로운 용도를 제공하는 것이다

uses]. // ❺One brand of baking soda is a good example. // ❻After [women entered the
한 베이킹 소다 브랜드가 좋은 예이다 // 여성들이 취업 시장에 진출하면서 /

job market / en masse in the 1960s] / and [there was less time for baking], / the company
1960년대에 대거 / 그리고 빵 굽는 시간이 줄어들자 / 그 회사는 홍보했다

promoted / using the product / to keep the freezer and refrigerator smelling clean / —
그 제품을 사용하여 / 냉동고와 냉장고를 냄새 없는 청결한 상태로 유지하고

and to change the box every three months. // ❼Or when women started / [earning
3개월마다 베이킹 소다 상자를 바꾸라고 // 또는 여성들이 시작하자 / 상당한 액수의

significant salaries] / and [getting married later], / the diamond industry started /
급여를 받고 / 더 늦게 결혼하는 양상이 나타나기 / 다이아몬드 업계는 시작했다

[selling diamond rings to women], / [claiming / {that the left hand is for "we" / and the
여성들에게 다이아몬드 반지를 판매하기 / 주장하면서 / 왼손은 '우리'를 위한 것이고 / 오른손은 '나'를

right is for "me."}] //
위한 것이라고 //

* en masse: 대거, 집단으로

어휘

□ **strategy** 전략　　□ **get the word out** 입소문을 퍼뜨리다
□ **established** 자리를 잡은　　□ **promote** 홍보하다　　□ **freezer** 냉동고
□ **refrigerator** 냉장고　　□ **significant** 상당한　　□ **claim** 주장하다

도입(❶)	전개 1(❷~❹)	전개 2(❺~❼)
주제 소개	신제품과 자리를 잡은 제품 판매 전략	새로운 용도 제공
구매 촉진을 위한 다양한 전략이 사용됨	• 신제품: 가능한 한 많이 광고하여 입소문을 퍼뜨리기 • 자리를 잡은 제품: 소비자가 그것을 다시 사용해 보길 원하거나 더 많이 사용하도록 애쓰거나 새로운 용도를 제공함	• 베이킹 소다를 냉동고와 냉장고 청소에 사용 • 상당한 액수의 급여를 받고 더 늦게 결혼하는 여성에게 다이아몬드 반지 판매를 시작

전문 해석 　❶우리가 구매하도록 하기 위해 여러 다양한 전략이 사용될 것이다. ❷신제품의 경우 마케터는 우리에게 자기 제품을 사용해 보도록 유도하고 싶으므로, 해야 할 일은 그것을 가능한 한 많이 광고하여 입소문을 퍼뜨리는 것이다. ❸자리를 잡은 제품의 경우 마케터는 우리가 그것을 다시 사용해 보길 원하거나(리마인더 광고), 우리가 자기 제품을 더 많이 소비하게 하려고 애쓸 수 있다. ❹이를 위한 좋은 방법은 새로운 용도를 제공하는 것이다. ❺한 베이킹 소다 브랜드가 좋은 예이다. ❻1960년대에 여성들이 취업 시장에 대거 진출하면서 빵 굽는 시간이 줄어들자, 그 회사는 그 제품을 사용하여 냉동고와 냉장고를 냄새 없는 청결한 상태로 유지하고 3개월마다 베이킹 소다 상자를 바꾸라고 홍보했다. ❼또는 여성들이 상당한 액수의 급여를 받고 더 늦게 결혼하는 양상이 나타나기 시작하자 다이아몬드 업계는 왼손은 '우리'를 위한 것이고 오른손은 '나'를 위한 것이라고 주장하면서 여성들에게 다이아몬드 반지를 판매하기 시작했다.

구문 해설 　❷ For new products, marketers want to motivate us to try their product, so the job is [to advertise it as much as possible to get the word out].

[　]는 to부정사구로 is의 주격 보어이다.

❻ After [women entered the job market en masse in the 1960s] and [there was less time for baking], the company promoted using the product to keep the freezer and refrigerator smelling clean — and to change the box every three months.

두 개의 [　]는 and로 연결되어 After에 이어진다.

1. With an established product, marketers will either want us to try | it / them | again (reminder advertising), or they may try to get us to consume more of their product.

2. Or when women started earning significant salaries and getting married later, the diamond industry started selling diamond rings to women, claiming | that / what | the left hand is for "we" and the right is for "me."

정답 1. it 2. that

통제하는 부모를 둔 아기들의 성향

| Keywords | tightly regulated, less interested, instructions, controlling parents

❶When kids [feel forced to do things] / — or [are too tightly regulated in the *way* / {they
아이들이 어떤 일을 하도록 강요당한다고 느끼거나 /   '방식'이 너무 엄격하게 통제되면 /   그들이

do things}] / — they're likely to become [less interested in what they're doing] / and [less
어떤 일을 하는 /   그들은 자신이 하는 일에 흥미를 덜 느낄 가능성이 있다 /   도전적인 일을

likely to stick with something challenging]. // ❷In an intriguing experiment, / parents
계속할 가능성이 더 작아질 //   아주 흥미로운 한 실험에서 /   부모들이 요청을

were invited to sit on the floor / next to their very young children / — not even two
받아 바닥에 앉았다 /   아주 어린 자녀들 바로 옆 /   심지어 두 살도 안 된

years old — / [who were playing with toys]. // ❸Some of the parents / [immediately took
자녀들 —/   장난감을 가지고 놀고 있는 //   부모 중 일부는 /   즉시 과제를 인계받거나

over the task] / or [barked out instructions] / ("Put the block in. / No, not there. / *There!*") //
지시 사항을 큰 소리로 외쳤다 /   ("블록을 안에 넣어 / 아니, 거기가 아니고 / '저기'") //

❹Others / were content to let their kids explore, / [providing encouragement] / and
다른 부모들은 / 아이가 탐색하도록 그냥 놔두는 데 만족하며 /   격려하고 /   도움을

[offering help / only when it was needed]. // ❺Later, / the babies were given something
제공했다 /   필요할 때만 //   나중에 /   아기들에게 가지고 놀 수 있는 다른 것을 주었는데 /

else [to play with], / this time without their parents present. // ❻It turned out / that, once
이번에는 부모가 함께 있지 않았다 //   드러났다 /   일단 혼자 있게

they were on their own, / those [who had controlling parents] / were apt to give up
되자 /   통제하는 부모를 가진 아기들은 /   더 쉽게 포기하는 경향이 있음이 /

more easily / rather than trying to figure out [how the new toy worked]. //
새로운 장난감이 어떻게 움직이는지 알아내려고 노력하기보다 //

* intriguing: 아주 흥미로운

어휘

□ **tightly** 엄격하게   □ **regulate** 통제[규제]하다   □ **stick with** ~을 계속하다
□ **challenging** 도전적인, 힘든   □ **experiment** 실험   □ **take over** ~을 인계받다
□ **bark out** ~을 큰 소리로 외치다 □ **instruction** 지시 사항   □ **content** 만족한
□ **explore** 탐색하다   □ **encouragement** 격려   □ **present** 있는, 존재하는
□ **controlling** 통제하는   □ **be apt to** *do* ~하는 경향이 있다 □ **figure out** ~을 알아내다

글의 흐름 파악

도입(❶)	부연(❷~❻)
주제 제시	실험 제시
아이들이 어떤 일을 하도록 강요당한 다고 느끼거나 그들이 일하는 방식이 엄격하게 통제되면, 흥미를 잃을 가 능성이 있고 도전적인 일을 할 가능 성도 더 작아짐	· 장난감을 가지고 놀고 있는 아주 어린 자녀들 바로 옆 바닥에 부모들이 앉음 · 부모 중 일부는 과제를 인계받거나 지시 사항을 큰 소리로 외침 · 다른 부모는 아이가 탐색하도록 놔두고 격려하며 필요할 때만 도움을 제공함 · 나중에 부모 없이 아기들에게 가지고 놀 수 있는 다른 것을 줌 · 혼자 있게 되자, 통제하는 부모를 가진 아기들은 새로운 장난감을 탐색하기보다는 더 쉽게 포기하는 경향이 있었음

 전문 해석

❶아이들이 어떤 일을 하도록 강요당한다고 느끼거나 그들이 어떤 일을 하는 '방식'이 너무 엄격하게 통제되면, 그들은 자신이 하는 일에 흥미를 덜 느낄 가능성이 있고 도전적인 일을 계속할 가능성이 더 작아질 것이다. ❷아주 흥미로운 한 실험에서, 부모들이 요청을 받아 장난감을 가지고 놀고 있는, 심지어 두 살도 안 된 아주 어린 자녀들 바로 옆 바닥에 앉았다. ❸부모 중 일부는 즉시 과제를 인계받거나 지시 사항을 큰 소리로 외쳤다("블록을 안에 넣어. 아니, 거기가 아니고, '저기!'"). ❹다른 부모들은 아이가 탐색하도록 그냥 놔두는 데 만족하며, 격려하고 필요할 때만 도움을 제공했다. ❺나중에, 아기들에게 가지고 놀 수 있는 다른 것을 주었는데, 이번에는 부모가 함께 있지 않았다. ❻일단 혼자 있게 되자, 통제하는 부모를 가진 아기들은 새로운 장난감이 어떻게 움직이는지 알아내려고 노력하기보다 더 쉽게 포기하는 경향이 있음이 드러났다.

 구문 해설

❷ In an intriguing experiment, parents were invited to sit on the floor next to their very young children — not even two years old — [who were playing with toys].

[ ]는 their very young children — not even two years old —를 수식하는 관계절이다.

❺ Later, the babies were given something else [to play with], this time without their parents [present].

첫 번째 [ ]는 something else를 수식하는 to부정사구이고, 두 번째 [ ]는 their parents를 수식하는 형용사이다.

Quick Check 적절한 말 고르기

1. When kids feel forced to do things — or are too tightly regulated in the *way* they do things — they're likely to become less interested in that / what they're doing and less likely to stick with something challenging.

2. Others were content to let their kids explore / to explore , providing encouragement and offering help only when it was needed.

필요와 욕구 사이의 경계

| Keywords | mutual provision, sustainable, needs, wants, ethic

❶It is critical, / [as we recreate mutual provision / in a sustainable form], / [that we keep
형식상의 주어 부사절(시간) 내용상의 주어
중요하다 / 우리가 상호 공급을 재창조할 때 / 지속 가능한 형태로 / 경계를 파악하는 것이 /

track of the line / between needs and wants]. // ❷While [a permanent place for people
명사구(부사절의 주어)
필요와 욕구 사이의 // 지구가 사람들이 영구적으로 살 수 있는 곳이 되려면 /

on Earth] requires / [that our needs be met], / [people {gathering about themselves
명사절(requires의 목적어) 분사구
우리의 필요를 충족해야 하지만 / 불필요한 재화를 대량으로 욕심껏 모아 두는 사람들은 / 명사구(주절의 주어)

quantities of unnecessary goods}], / [while others lack food and shelter], / cannot be
부사절(양보)
다른 사람들은 음식과 거처가 부족한데도 / 영속성 있는 체제의

part of a durable order. // ❸A society / [that oppresses other people / to bloat itself] / will
관계절
일부가 될 수 없다 // 사회는 / 다른 사람을 억압하는 / 자신의 배를 불리려고 / 외국에

not stop at undermining foreign nations. // ❹The ethic will express itself / with
해를 끼치는 데 그치지 않을 것이다 // 그 윤리는 모습을 드러낼 것이다 / 국내에서의

exploitation at home. // ❺[While ingenuity and hard work / will still lead to improved
부사절(양보)
착취로 // 창의력과 노력을 통해 / 상황은 여전히 개선되겠지만 /

circumstances / {as communities increase their effective use of local resources}], /
부사절(as: ~함에 따라)
사회가 지역의 자원을 점점 더 효과적으로 사용함에 따라 /

when one's achieved wealth is at the expense of others, / [much goodwill, effort and
'~의 희생으로' 명사구(주절의 주어)
자신이 이룬 부유함이 다른 사람의 희생으로 이루어진다면 / 많은 선의와 노력, 자원이 사라지게 될 것이다 /

resources] will be lost / to resentment, rebellion and repression. // ❻A huge bonus is
분노와 반란, 억압으로 // 모두에게 큰 보너스가 주어진다 /

available for everyone / [when {the focus of development} / is securing and improving
부사절(시간) 명사구(부사절의 주어)
개발의 초점이 / 모두의 삶의 질을 확보하고 개선하는 것이

the quality of life for all]. //
될 때 //

* bloat oneself: 자신의 배를 불리다 ** exploitation: 착취 *** resentment: 분노

어휘

□ **critical** 중요한　　　　　□ **mutual** 상호의, 서로의　　　　□ **provision** 공급
□ **keep track of** ~을 파악하다　□ **permanent** 영구적인　　　　□ **shelter** 거처, 주거
□ **durable** 영속성 있는　　　　□ **oppress** 억압하다
□ **undermine** 해치다, 서서히 약화시키다　　　　　　　　　　　□ **ingenuity** 창의력
□ **at the expense of** ~을 희생하면서　　　　　　　　　　　　□ **rebellion** 반란
□ **repression** 억압

글의 흐름 파악

도입(❶~❷)	전개(❸~❺)	결론(❻)
필요와 욕구 사이의 경계	타인의 희생으로 이룬 부유함의 위험성	모두의 삶의 질 향상을 위한 노력
필요에 의해서가 아닌, 욕구 충족을 위해 재화를 모아 두는 것은 지속 가능성을 불가능하게 함	• 약탈적인 윤리는 국내에서도 악용될 수 있음 • 부를 얻기 위한 선의, 노력, 자원이 분노, 반란, 억압으로 이어질 수 있음	모두의 삶의 질 향상을 중심으로 개발하는 것이 모두에게 혜택으로 돌아감

전문 해석

❶우리가 지속 가능한 형태로 상호 공급을 재창조할 때, 필요와 욕구 사이의 경계를 파악하는 것이 중요하다. ❷지구가 사람들이 영구적으로 살 수 있는 곳이 되려면 우리의 필요를 충족해야 하지만, 다른 사람들은 음식과 거처가 부족한데도, 불필요한 재화를 대량으로 욕심껏 모아 두는 사람들은 영속성 있는 체제의 일부가 될 수 없다. ❸자신의 배를 불리려고 다른 사람을 억압하는 사회는 외국에 해를 끼치는 데 그치지 않을 것이다. ❹그 윤리는 국내에서의 착취로 모습을 드러낼 것이다. ❺사회가 지역의 자원을 점점 더 효과적으로 사용함에 따라, 창의력과 노력을 통해 상황은 여전히 개선되겠지만, 자신이 이룬 부유함이 다른 사람의 희생으로 이루어진다면 많은 선의와 노력, 자원이 분노와 반란, 억압으로 사라지게 될 것이다. ❻개발의 초점이 모두의 삶의 질을 확보하고 개선하는 것이 될 때 모두에게 큰 보너스가 주어진다.

구문 해설

❸A society [that oppresses other people to bloat itself] will not stop at undermining foreign nations.

[ ]는 A society를 수식하는 관계절이다.

❺[While ingenuity and hard work will still lead to improved circumstances as communities increase their effective use of local resources], when one's achieved wealth is at the expense of others, [much goodwill, effort and resources] will be lost to resentment, rebellion and repression.

첫 번째 [ ]는 양보를 나타내는 부사절이고, 두 번째 [ ]는 주절의 주어 역할을 하는 명사구이다.

Quick Check 적절한 말 고르기

1. People gathering about themselves quantities of | necessary / unnecessary | goods, while others lack food and shelter, cannot be part of a durable order.

2. A huge bonus is available for everyone when the focus of development is | securing / ignoring | the quality of life for all.

정답 1. unnecessary 2. securing

매체와 기술 자체에 대한 주목

| Keywords | medium, content, social media, neglect, shapes

❶ [As Marshall McLuhan suggested / so presciently / in 1964], / "the medium is the
message," / [which means / {that, beyond the content ⟨that is conveyed⟩, / the medium
itself has an impact ⟨by its very nature and unique characteristics⟩}]. // ❷ For example, /
[the use of social media] means / [that we have less need / {to interact with others
directly}]. // ❸ [This distancing of communication] / has real implications for children's
development. // ❹ [If {learning to communicate with others} / is a skill / {that develops
with practice}], / [children's constant use of social media] / reduces the experiences
they have / [with which to learn social skills]. // ❺ McLuhan asserts / [that we are
so focused / on the content of the technology / that we neglect to notice / {the influence
of the technology itself on people}]. // ❻ This observation is certainly true today: / we
focus / on [what the technology provides / (e.g., video, text messages, social media)], /
but we fail to consider / [how the very act of using these advances / shapes us]. //

* presciently: 예지력 있게

어휘

- ☐ **medium** 매체
- ☐ **content** 콘텐츠
- ☐ **convey** 전달하다
- ☐ **interact** 상호 작용하다
- ☐ **distancing** 거리 두기
- ☐ **implication** 영향
- ☐ **constant** 지속적인
- ☐ **assert** 주장하다
- ☐ **neglect** 게을리하다
- ☐ **observation** 소견, 의견, 관찰

도입(❶)		예시(❷~❹)		결론(❺~❻)
매체는 메시지		소셜 미디어 사용		매체와 기술에 대한 주목
매체 자체가 그것의 본질과 고유한 특성으로 영향력을 갖음	→	아이들이 소셜 미디어를 끊임없이 사용하면 사회적 기술을 배울 수 있는 그들이 가지는 경험은 줄어듦	→	기술이 전달하는 콘텐츠뿐만 아니라 기술 자체가 사람들에게 미치는 영향에 주목해야 함

전문 해석

❶1964년 Marshall McLuhan이 참으로 예지력 있게 말했듯이, "매체는 메시지인"데, 이는 전달되는 콘텐츠를 넘어 매체 자체가 그것의 본질과 고유한 특성으로 영향력을 갖는다는 것을 의미한다. ❷예를 들어, 소셜 미디어를 사용한다는 것은 다른 사람들과 직접 상호 작용을 할 필요성이 줄어든다는 것을 의미한다. ❸이러한 소통의 거리 두기는 아이들의 발달에 실질적인 영향을 미친다. ❹다른 사람과 소통하는 법을 배우는 것이 연습을 통해 발달하는 기술이라면, 아이들이 소셜 미디어를 끊임없이 사용하면 사회적 기술을 배울 수 있는 그들이 가지는 경험은 줄어든다. ❺McLuhan은 우리가 기술의 콘텐츠에 너무 집중한 나머지 기술 자체가 사람들에게 미치는 영향에 대한 주목을 게을리한다고 주장한다. ❻이러한 소견은 오늘날 분명 사실인데, 우리는 기술이 제공하는 것(예를 들어, 영상, 문자 메시지, 소셜 미디어)에는 집중하지만, 이러한 발전된 기술을 사용하는 행위 자체가 우리에게 어떻게 영향을 미치는지는 고려하지 않는다.

배경지식

Marshall McLuhan(마샬 맥루한, 1911~1980)
캐나다의 매체 이론가로서 기술이 우리 인간과 사회에 어떠한 영향을 미치는지를 통찰력 있게 보여 준 우리 시대의 대표 학자이다.

구문 해설

❶ **As Marshall McLuhan suggested so presciently in 1964, "the medium is the message," [which means {that, beyond the content that is conveyed, the medium itself has an impact by its very nature and unique characteristics}].**

[ ]는 주절의 내용을 부가적으로 설명하는 관계절이고, 그 안의 { }는 means의 목적어 역할을 하는 명사절이다.

❷ **For example, the use of social media means [that we have less need {to interact with others directly}].**

[ ]는 means의 목적어 역할을 하는 명사절이고, 그 안의 { }는 less need를 구체적으로 설명하는 to부정사구이다.

Quick Check 적절한 말 고르기

1. If learning to communicate with others is a skill that develops with practice, children's constant use of social media | enhances / reduces | the experiences they have with which to learn social skills.

2. McLuhan asserts that we are so focused on the content of the technology that we | desire / neglect | to notice the influence of the technology itself on people.

정답 1. reduces 2. neglect

도시의 지속적인 재창조

| Keywords | cities, reinvent, respond, changing circumstances, evolve

❶Cities continue to reinvent themselves. // ❷In the last few decades, / many have
도시는 계속해서 스스로를 재창조하고 있다 //   지난 수십 년 동안 /   많은 도시가 노력해

worked / to reduce pollution / and create appealing modern spaces / by [restricting
왔다 /   오염을 줄이고 /   매력적인 현대적 공간을 만들기 위해 /   공해 유발 차량을 제한
                                              「by -ing: ~하여, ~함으로써」

polluting vehicles], / [encouraging energy-efficient buildings], / and [planting trees]. //
하고 /   에너지 효율이 높은 건물을 장려하며 /   나무를 심어 //
                                                          관계절(주절의 내용을 부가적으로 설명)

❸In 2020, / another impetus for change / came in the form of COVID-19, / [which saw /
2020년에는 /   변화의 또 다른 원동력이 /   COVID-19라는 모습으로 나타났는데 /   이것은 목격했다 /
                                              「지각동사+목적어+목적격 보어(형용사 or 원형부정사)」

{retail centres empty}, / {businesses send workers home}, / and {some question /
소매점이 텅 비었고 /   기업은 직원을 집으로 돌려보냈으며 /   일부 사람들은 의문을 제기하는 것을 /
명사절(question의 목적어)

⟨whether crowded cities were a safe environment⟩}]. // ❹Yet / cities have responded / to
혼잡한 도시가 안전한 환경인지에 대해 //   그러나 / 도시는 적절히 대응해 왔다 /   변화
                                                          '~을 거치면서, ~을 통해'

changing circumstances / in the past. // ❺Through the first kingdoms of Mesopotamia,
하는 상황에 /   지금까지 //   메소포타미아 최초의 왕국, 전 세계적 팽창, 그리고 산업 혁명을 거치면서 /
                                                          = cities

global expansion, and the Industrial Revolution, / they have evolved / to remain / at the
                                              도시는 발전하여 /   여전히 남아 있다 / 정치, 경제,

heart of politics, economics, and culture. // ❻The history of the world / is very much a
문화의 중심지로 //   세계의 역사는 /   곧 위대한 도시의 역사이며 /
                                                          주어의 핵

history of great cities, / and whatever future we build, / [these sites of trade, creativity,
                    우리가 어떤 미래를 건설하든 /   이 교역, 창의성, 변혁의 장은 /
                    술어동사   = whatever future we build

and transformation] / are likely to be at the heart of it. //
                    그것의 중심부에 있을 것이다 //

* impetus: (일의 추진에 필요한) 원동력, 자극

어휘

□ **appealing** 매력적인   □ **restrict** 제한하다   □ **energy-efficient** 에너지 효율이 높은

□ **respond to** ~에 (적절히) 대응하다   □ **circumstance** 상황

□ **expansion** 팽창, 확장   □ **transformation** 변혁

글의 흐름 파악

주제(❶~❷)		전개(❸)		결론(❹~❻)
도시의 지속적인 재창조		도시에 대한 사람들의 의구심		변화에 대한 도시의 저력
도시는 오염을 줄이고 매력적인 공간을 만들기 위해 계속 노력해 옴 • 공해 유발 차량 제한 • 에너지 고효율 건물 장려 • 식목	→	2020년 COVID-19 창궐 → 도시의 모습 변화 → 혼잡한 도시가 안전한 환경인지에 관한 사람들의 의문	→	• 변화하는 상황에 늘 적절히 대응해 옴 • 정치, 경제, 문화의 중심지로 남아 있음 • 언제나 교역, 창의성, 변혁의 장이 될 것임

전문 해석

❶도시는 계속해서 스스로를 재창조하고 있다. ❷지난 수십 년 동안 많은 도시가 공해 유발 차량을 제한하고, 에너지 효율이 높은 건물을 장려하며, 나무를 심어 오염을 줄이고 매력적인 현대적 공간을 만들기 위해 노력해 왔다. ❸2020년에는, COVID-19라는 모습으로 변화의 또 다른 원동력이 나타났는데, 이것은 소매점이 텅 비었고 기업은 직원을 집으로 돌려보냈으며 일부 사람들은 혼잡한 도시가 안전한 환경인지에 대해 의문을 제기하는 것을 목격했다. ❹그러나 도시는 지금까지 변화하는 상황에 적절히 대응해 왔다. ❺메소포타미아 최초의 왕국, 전 세계적 팽창, 그리고 산업 혁명을 거치면서, 도시는 발전하여 여전히 정치, 경제, 문화의 중심지로 남아 있다. ❻세계의 역사는 곧 위대한 도시의 역사이며, 우리가 어떤 미래를 건설하든 이 교역, 창의성, 변혁의 장은 그것의 중심부에 있을 것이다.

구문 해설

❺ Through [the first kingdoms of Mesopotamia], [global expansion], and [the Industrial Revolution], they have evolved [to remain at the heart of politics, economics, and culture].

처음 세 개의 [ ]는 and로 연결되어 전치사 Through의 목적어 역할을 하는 명사구이고, 네 번째 [ ]는 결과를 나타내는 to부정사구이다.

❻ The history of the world is very much a history of great cities, and whatever future we build, [these sites of {trade}, {creativity}, and {transformation}] are likely to be at the heart of it.

[ ]는 주어 역할을 하는 명사구이며, 그 안의 세 개의 { }는 and로 연결되어 of에 이어진다.

Quick Check | **적절한 말 고르기**

1. In the last few decades, many have worked to reduce pollution and create appealing modern spaces by restricting / promoting polluting vehicles, encouraging energy-efficient buildings, and planting trees.

2. The history of the world is very much a history of great cities, and whatever future we build, these sites of trade, creativity, and transformation is / are likely to be at the heart of it.

정답 1. restricting 2. are

문화적 특수성과 보편성

| Keywords | variable, diverse, predisposition, specific, universal

❶Human cultures seem [to be infinitely variable], / but in fact that variability takes place /
→to부정사구(seem의 주격 보어
인간의 문화는 무한히 가변적인 것처럼 보이지만 / 사실 그 가변성은 발생한다 /

[within the boundaries / {produced by physical and mental capacities}]. // ❷Human
┌전치사구   분사구
한계 내에서 / 신체적, 정신적 능력에 의해 만들어진 // 인간의 언어는

languages, / for example, / are tremendously diverse, / [differing in sound, grammar,
예를 들어 / 엄청나게 다양하여 / 형용사구(주격 보어) 분사구문(Human languages를 부가적으로 설명)
음, 문법, 의미에 있어 차이가 있다 //

and semantics]. // ❸But all are dependent / upon [what appears {to be a uniquely human
「be dependent upon: ~에 달려 있다」← 명사절(upon의 목적어)← →to부정사구(appears의 주격 보어)
하지만 모든 것은 달려 있다 / 인간의 고유한 능력과 성향으로 보이는 것에 /

capacity and predisposition / for learning languages}]. // ❹[While the range of sounds
언어 학습을 위한 // 부사절(양보) 음의 범위는 /

{used in human languages} / extends from clicks and pops to guttural stops], / [the
분사구 「extend from ~ to …: ~에서부터 …까지 펼쳐지다」
인간의 언어에서 사용되는 / 흡착음과 파열음부터 후두 폐쇄음까지 펼쳐져 있지만 / 특유의

distinctive speech sounds / {that are meaningful / in all the languages of the world}] /
관계절
말소리는 / 의미 있는 / 전 세계 모든 언어에서 /

are but a fraction of the sounds / [it is possible {for humans to make}]. // ❺Another way /
┌술어동사 관계절 →내용상의 주어
음의 일부에 불과하다 / 형식상의 주어 ┌인간이 낼 수 있는 // 또 다른 방법은 /

[that we might observe the intricate relationship / {between the culturally specific and
┌관계절 전치사구
복잡한 관계를 알 수 있는 / 문화적 특수성과 보편성 사이의 /

the universal}] / is in the way / [an American boy and his Mixtec friends / might react
┌술어동사 관계절
방식인데 / 한 미국인 소년과 그의 Mixtec 족 친구들이 / 감정적으로, 심지어

emotionally, even instinctively, / to bee larvae and onion soup]: / [whether they feel
「react to: ~에 반응하다」 →명사절(주어)
본능적으로 반응하는 / 벌 애벌레와 양파 수프에 / 그들이 기쁨을 느끼는지 아니면

delight or disgust] / is determined by the way / [they learn to perceive food], / but
→수동태 관계절
혐오를 느끼는지 / 방식에 의해 결정되지만 / 그들이 음식을 인식하는 법을 배우는 / 기쁨과

delight and disgust / seem [to be basic and universal human reactions to food]. //
→to부정사구(seem의 주격 보어)
혐오감은 / 음식에 대한 인간의 기본적이고 보편적인 반응인 것처럼 보인다 //

* guttural stop: 후두 폐쇄음 ** intricate: 복잡한 *** larva: 애벌레(pl. larvae)

어휘

- □ **infinitely** 무한히
- □ **take place** 발생하다
- □ **tremendously** 엄청나게
- □ **predisposition** 성향, 기질
- □ **click** 흡착음, 딸깍 소리
- □ **fraction** 일부, 부분
- □ **perceive** 인식하다

- □ **variable** 가변적인
- □ **boundary** 한계, 경계
- □ **semantics** 의미, 의미론
- □ **range** 범위
- □ **pop** 파열음, 터지는 소리
- □ **disgust** 혐오
- □ **universal** 보편적인

- □ **variability** 가변성
- □ **capacity** 능력
- □ **uniquely** 고유하게
- □ **extend** 펼쳐지다, 확장하다
- □ **distinctive** 특유의, 특이한
- □ **determine** 결정하다

인간 문화의 가변성과 그 한계 – 문화적 특수성과 보편성 사이의 관계(❶)	
인간 언어의 말소리(❷~❹)	감정적 반응 방식(❺)
인간의 언어는 음, 문법, 의미에 있어 차이가 있지만, 모든 것은 언어 학습을 위한 인간의 고유한 능력과 성향으로 보이는 것에 달려 있음	한 미국인 소년과 그의 Mixtec 족 친구들의 벌 애벌레와 양파 수프에 대한 감정적 반응은 문화에 따라 다르지만, 다른 그 감정도 인간의 기본적이고 보편적인 반응임

 전문 해석

❶인간의 문화는 무한히 가변적인 것처럼 보이지만, 사실 그 가변성은 신체적, 정신적 능력에 의해 만들어진 한계 내에서 발생한다. ❷예를 들어, 인간의 언어는 엄청나게 다양하여, 음, 문법, 의미에 있어 차이가 있다. ❸하지만 모든 것은 언어 학습을 위한 인간의 고유한 능력과 성향으로 보이는 것에 달려 있다. ❹인간의 언어에서 사용되는 음의 범위는 흡착음과 파열음부터 후두 폐쇄음까지 펼쳐져 있지만, 전 세계 모든 언어에서 의미 있는 특유의 말소리는 인간이 낼 수 있는 음의 일부에 불과하다. ❺문화적 특수성과 보편성 사이의 복잡한 관계를 알 수 있는 또 다른 방법은 한 미국인 소년과 그의 Mixtec 족(멕시코의 아메리칸 인디언) 친구들이 벌 애벌레와 양파 수프에 감정적으로, 심지어 본능적으로 반응하는 방식인데, 그들이 기쁨을 느끼는지 아니면 혐오를 느끼는지는 그들이 음식을 인식하는 법을 배우는 방식에 의해 결정되지만, 기쁨과 혐오감은 음식에 대한 인간의 기본적이고 보편적인 반응인 것처럼 보인다.

배경지식

미스텍 문명
멕시코 오악사카주 북서부의 산간 지대에서 태평양 연안을 따라 펼쳐진 지역에서 번영한 후고전기(기원후 900~1522)의 문명이다. 이 문명의 후손인 미스텍족은 오늘날 멕시코에 약 47만 명이 남아 있다.

 구문 해설

❷ Human languages, for example, are tremendously diverse, [differing in sound, grammar, and semantics].

[ ]는 주어 Human languages를 부가적으로 설명하는 분사구문이다.

❺ Another way [that we might observe the intricate relationship between the culturally specific and the universal] is in the way [an American boy and his Mixtec friends might react emotionally, even instinctively, to bee larvae and onion soup]: [whether they feel delight or disgust] is determined by the way they learn to perceive food, but delight and disgust seem to be basic and universal human reactions to food.

첫 번째 [ ]는 Another way를 수식하는 관계절이고, 두 번째 [ ]는 the way를 수식하는 관계절이다. 세 번째 [ ]는 이어지는 술어(is determined ~ perceive food)의 주어 역할을 하는 명사절이다.

Quick Check 빈칸 완성하기

1. Human cultures seem to be infinitely variable, but in fact that variability takes place within the b_____ produced by physical and mental capacities.

2. Whether they feel delight or disgust is determined by the way they learn to perceive food, but delight and disgust seem to be basic and u_____ human reactions to food.

정답 1. (b)oundaries 2. (u)niversal

실험에서 중요 요인 분리하기

|Keywords| laundry detergent, bleach, crucial factors

❶Think about [what happens in a standard scientific experiment / to find out {how a
명사절(about의 목적어)
표준 과학 실험에서 일어나는 일에 대해 생각해 보라 /
명사절(find out의 목적어)
특정 세탁 세제가 표백하는 방식을

certain laundry detergent bleaches}]. // ❷In normal use, / there are several factors / [that
알아내기 위한 //   정상적인 사용 시 /   몇 가지 요인이 있다 /   세제가
관계절

may cause the detergent to act in a certain way]. // ❸These will include / its active
특정 방식으로 작용하게 할 수 있을 //   이것에는 포함될 것이다 /   세제의 유효 성분
=the detergent's

ingredients, / the type and temperature of the water / [in which the ingredients are
세제의 유효 성분   물의 유형과 온도 /   성분이 섞이는 /
관계절

mixed], / the materials [being cleaned] / and the machinery / — if any / — [used to do
세탁되고 있는 소재 /   그리고 기계가 /   만약 있다면 /   세탁하는 데 사용
분사구   분사구

the laundry]. // ❹Any experiment / [that could hope to discover {what caused
되는 //   어떤 실험이든 /   무엇이 표백이 '일어나게 했는지' 알아내기를 바랄 수 있는 /
관계절   명사절(discover의 목적어)

bleaching}] / would have to be devised / in such a way as to ensure / [that the crucial
고안되어야 할 것이다 /   확실히 하는 방식으로 /   중요한 요인이 다른 변수와
수동태   명사절(ensure의 목적어)

factors were properly isolated from the other variables]. // ❺So / if, for example, the
정확하게 분리되는 것을 //   따라서 / 예를 들어 가설이라면 /

hypothesis is / [that it is the chlorine that does the bleaching], / the experiment needs
가설은 /   표백 작용을 하는 것은 바로 염소라는 것이 /   그 실험은 보여 줄 필요가 있다 /
명사절(주격 보어)   the chlorine이 it is와 that 사이에 놓여 의미가 강조됨

to show / [that if all the other factors remain the same, / the presence or absence of the
보여 줄 /   '다른 모든 요인이 동일하게 유지될 경우에' /   염소의 존재나 부재가 /
명사절(show의 목적어)   명사절(determine의 목적어)

chlorine / will determine {whether the laundry detergent bleaches}]. //
염소의 /   세탁 세제가 표백하는지를 결정할 것임을 //

* detergent: 세제 ** bleach: 표백하다 *** chlorine: 염소

어휘

☐ **active ingredient** 유효 성분(어떤 제품에 함유되어 있는 주가 되는 성분 물질)
☐ **discover** 알아내다   ☐ **devise** 고안하다   ☐ **hypothesis** 가설
☐ **presence** 존재   ☐ **absence** 부재

글의 흐름 파악

도입(❶)		전개 1(❷~❸)		주제(❹)		사례(❺)
표준 과학 실험		작용의 여러 요인들		실험 고안 방식		가설 및 실험
특정 세탁 세제가 표백하는 방식을 알아내기 위한 실험	→	정상적인 사용 시, 세제가 특정 방식으로 작용하게 할 수 있을 요인들: 세제의 유효 성분, 세탁되고 있는 소재 등	→	무엇이 표백이 '일어나게 했는지' 알아내는 어떤 실험이든 중요한 요인이 다른 변수와 정확하게 분리되어야 함	→	• 표백의 주체는 염소라는 가설 → 다른 모든 요인이 동일하게 유지되어야 함 • 실험: 염소의 존재 유무가 세탁 세제가 표백을 결정하는지를 보여 줄 필요가 있음

 전문 해석

❶특정 세탁 세제가 표백하는 방식을 알아내기 위한 표준 과학 실험에서 일어나는 일에 대해 생각해 보라. ❷정상적인 사용 시, 세제가 특정 방식으로 작용하게 할 수 있을 몇 가지 요인이 있다. ❸이것에는 세제의 유효 성분, 성분이 섞이는 물의 유형과 온도, 세탁되고 있는 소재, 그리고 만약 있다면, 세탁하는 데 사용되는 기계가 포함될 것이다. ❹무엇이 표백이 '일어나게 했는지' 알아내기를 바랄 수 있는 어떤 실험이든 중요한 요인이 다른 변수와 정확하게 분리되는 것을 확실히 하는 방식으로 고안되어야 할 것이다. ❺따라서, 예를 들어, 표백 작용을 하는 것은 바로 염소라는 것이 가설이라면, 그 실험은 '다른 모든 요인이 동일하게 유지될 경우'에 염소의 존재나 부재가 세탁 세제가 표백하는지를 결정할 것임을 보여 줄 필요가 있다.

 배경지식

hypothesis(가설)
어떤 사실을 설명하거나 어떤 이론 체계를 연역하기 위하여 설정한 가정이다. 이로부터 이론적으로 도출된 결과가 관찰이나 실험에 의하여 검증되면 가설의 위치를 벗어나 일정한 한계 안에서 타당한 진리가 된다.

 구문 해설

❷ In normal use, there are several factors [that may cause the detergent to act in a certain way].

[ ]는 several factors를 수식하는 관계절이다.

❺ So if, for example, the hypothesis is [that **it is** {the chlorine} **that** does the bleaching], the experiment needs to show [that *if all the other factors remain the same*, the presence or absence of the chlorine will determine {whether the laundry detergent bleaches}].

첫 번째 [ ]는 is의 주격 보어 역할을 하는 명사절이고, 그 안의 { }는 it is와 that 사이에 놓여 그 의미가 강조되고 있다. 두 번째 [ ]는 show의 목적어 역할을 하는 명사절이고, 그 안의 { }는 determine의 목적어 역할을 하는 명사절이다.

Quick Check — 적절한 말 고르기

1. These will include its active ingredients, the type and temperature of the water in which the ingredients are mixed, the materials are / being cleaned and the machinery — if any — used to do the laundry.

2. Any experiment that could hope to discover that / what *caused* bleaching would have to be devised in such a way as to ensure that the crucial factors were properly isolated from the other variables.

정답 1. being 2. what

AI가 인간 지식에 미치는 영향

| Keywords | AI, manipulation, error, distort

❶AI's effects [on human knowledge] / are paradoxical. // ❷On the one hand, / AI
AI가 인간 지식에 미치는 영향은 /　　　　　　　　　　　역설적이다 //　　　　　한편으로는 /　　　　　AI

intermediaries can navigate and analyze / bodies of data vaster / than the unaided
중개자는 탐색하고 분석할 수 있다 /　　　　　　더 방대한 양의 데이터를 /　　　　　도움을 받지 않은 인간이 이전에

human mind could have previously imagined. // ❸On the other, / this power / — [the
상상할 수 있었던 것보다 //　　　　　　　　　　다른 한편으로는 /　이 힘 /　　　즉,

ability {to engage with vast bodies of data}] / — may also accentuate forms of
방대한 양의 데이터를 다룰 수 있는 능력은 /　　　　　　　또한 여러 형태의 조작과 오류를 두드러지게 할 수도

manipulation and error. // ❹AI is capable of exploiting human passions / more effectively /
있다 //　　　　　　　　　　AI는 인간의 열망을 이용할 수 있다 /　　　　　더 효과적으로 /

than traditional propaganda. // ❺Having tailored itself [to individual preferences and
전통적인 선전보다 //　　　　　　자신을 개인의 선호와 본능에 맞춰 가면서 /

instincts], / AI draws out responses / [its creator or user desires]. // ❻Similarly, / the
AI는 반응을 끌어낸다 /　　　제작자나 사용자가 원하는 //　　　　마찬가지로 /　AI

deployment of AI intermediaries / may also amplify inherent biases, / even if these AI
중개자를 배치하면 /　　　　　　　내재한 편견을 또한 증폭시킬 수도 있다 /　　이 AI 중개자가 기술적으로

intermediaries are technically under human control. // ❼The dynamics of market
인간의 통제하에 있더라도 //　　　　　　　　　　　　시장 경쟁의 역학 관계는 자극한다 /

competition prompt / social media platforms and search engines / [to present
소셜 미디어 플랫폼과 검색 엔진이 /　　　　　　　　　　정보를 제시하도록 /

information / {that users find most compelling}]. // ❽As a result, / information / [that
사용자가 가장 흥미롭다고 생각하는 //　　　　그 결과 /　　정보가 /　　　　사용자가

users are believed to want to see] / is prioritized, / [distorting a representative picture of
보고 싶어 하는 것으로 여겨지는 /　　　우선순위를 차지하게 되어 / 현실의 전형적인 모습을 왜곡한다 //

reality]. // ❾Much as technology accelerated / the speed of information production and
기술이 가속했지만 /　　　　　　　　　　정보 생산과 전파 속도를 /

dissemination / in the nineteenth and twentieth centuries, / in this era, / information
19세기와 20세기에는 /　　　　　　　　　　　　　　　이 시대에는 /　　정보가 바뀌고 있다

is being altered / by the mapping of AI onto dissemination processes. //
　　　　　　　AI를 전파 과정에 배치하면서 //

* propaganda: 선전 ** deployment: 배치 *** dissemination: 전파, 보급

어휘

□ **paradoxical** 역설적인　　□ **intermediary** 중개자　　□ **navigate** 탐색하다
□ **accentuate** 두드러지게 하다　□ **manipulation** 조작　　□ **exploit** 이용하다, 착취하다
□ **tailor** (특정한 목적·사람 등에) 맞추다[조정하다]　　　　□ **amplify** 증폭시키다
□ **inherent** 내재한, 고유의　　□ **prompt** 자극하다, 부추기다　□ **compelling** 흥미로운, 강력한
□ **prioritize** 우선순위를 차지하다　□ **distort** 왜곡하다　　□ **accelerate** 가속하다
□ **era** 시대　　　　　　　　　□ **alter** 바꾸다　　　　　□ **map** 배치하다

글의 흐름 파악

도입(❶)	전개 1(❷~❸)	전개 2(❹~❼)	결론(❽~❾)
AI의 특성	역설적임에 관한 설명	여러 형태의 조작과 오류를 두드러지게 하는 방법	결과 제시
인간 지식에 미치는 영향이 역설적임	• 이전에 상상할 수 있었던 것보다 더 방대한 양의 데이터를 탐색하고 분석할 수 있음 • 여러 형태의 조작과 오류를 두드러지게 할 수 있음	• 제작자나 사용자가 원하는 반응을 끌어냄 • 내재한 편견을 증폭시킬 수 있음 • 사용자가 가장 흥미롭다고 생각하는 정보를 제시함	• 현실의 전형적인 모습을 왜곡함 • AI로 인해 정보가 바뀜

전문 해석

❶AI가 인간 지식에 미치는 영향은 역설적이다. ❷한편으로는, AI 중개자는 도움을 받지 않은 인간이 이전에 상상할 수 있었던 것보다 더 방대한 양의 데이터를 탐색하고 분석할 수 있다. ❸다른 한편으로는 이 힘, 즉 방대한 양의 데이터를 다룰 수 있는 능력은 또한 여러 형태의 조작과 오류를 두드러지게 할 수도 있다. ❹AI는 전통적인 선전보다 인간의 열망을 더 효과적으로 이용할 수 있다. ❺AI는 자신을 개인의 선호와 본능에 맞춰 가면서 제작자나 사용자가 원하는 반응을 끌어낸다. ❻마찬가지로, AI 중개자를 배치하면 이 AI 중개자가 기술적으로 인간의 통제하에 있더라도 내재한 편견을 또한 증폭시킬 수도 있다. ❼시장 경쟁의 역학 관계는 소셜 미디어 플랫폼과 검색 엔진이 사용자가 가장 흥미롭다고 생각하는 정보를 제시하도록 자극한다. ❽그 결과, 사용자가 보고 싶어 하는 것으로 여겨지는 정보가 우선순위를 차지하게 되어 현실의 전형적인 모습을 왜곡한다. ❾19세기와 20세기에는 기술이 정보 생산과 전파 속도를 가속했지만, 이 시대에는 AI를 전파 과정에 배치하면서 정보가 바뀌고 있다.

구문 해설

❺ **Having tailored** itself to individual preferences and instincts, AI draws out responses [its creator or user desires].

Having tailored는 완료분사구문으로 주절보다 앞서 일어난 일을 나타낸다. [ ]는 responses를 수식하는 관계절이다.

❾ **Much as technology accelerated** [the speed of information production] and [dissemination] in the nineteenth and twentieth centuries, in this era, information is being altered by the mapping of AI onto dissemination processes.

두 개의 [ ]는 and로 연결되어 accelerated의 목적어 역할을 한다.

Quick Check 빈칸 완성하기

1. Similarly, the deployment of AI intermediaries may also a_____ inherent biases, even if these AI intermediaries are technically under human control.

2. As a result, information that users are believed to want to see is prioritized, d_____ a representative picture of reality.

정답 1. (a)mplify 2. (d)istorting

존경하는 사람을 모방하여 닮아 가는 경향

| Keywords | children, parents, role models, look up to, mentors

❶It is not a coincidence / [that children turn out like their parents]. // ❷From the moment /
→형식상의 주어   →내용상의 주어
우연이 아니다 /   자녀가 부모처럼 된다는 것은 //   순간부터 /

[you come into the world], / your mother and your father / are your role models. // ❸As
→관계절
세상에 태어나는 /   어머니와 아버지는 /   여러분의 역할 모델이다 //   여자

little girls grow, / they [try on their mother's clothes], / [put on her make-up], / and
                      →술어 1   →술어 2
아이들은 자라면서 /   엄마 옷을 입어 보고 /   엄마의 화장품을 바르고 /   엄마인

[pretend to be her]. // ❹When little boys come of age, / they [play with their father's
→술어 3
척한다 //   남자아이들은 성년이 되면 /   아버지의 도구를 가지고 놀며 /
                                                                         →명사절(is의 주격 보어)
tools] / and [try to build or fix something for real]. // ❺The truth of the matter / is [that
       진짜인 무언가를 만들거나 고치려고 한다 //   사실 /   아이들은

children look up to their parents as mentors]. // ❻They [praise them] and [hold them in
부모를 멘토로 존경한다 //   그들은 부모를 칭송하고 /   깊이 존경한다 //

high regard]. // ❼The greatest compliment / [they can give their parents / as they grow] /
                                              →관계절
high regard //   가장 큰 찬사는 /   그들이 부모에게 줄 수 있는 /   자라면서 /

is [to turn out just like them]. // ❽If you stop to take a personal inventory, / you may find /
→to부정사구(is의 주격 보어)
부모를 똑같이 닮아 가는 것이다 //   잠시 멈추고 자신을 성찰해 보면 /   발견할 수도 있을 것이다 /
→명사절(find의 목적어)
[that you are much like those / {that you emulate}]. // ❾A parent, a coach, a teacher, or a
                                →관계절
여러분은 사람들과 많이 닮아 있다는 것을 /   자신이 모방하는 //   부모, 코치, 교사 또는 지도자는 모두
                                                              =the final package   →부사절(시간)
leader all / leave their mark on the final package / with your name on it. // ❿[When you
최종 꾸러미에 자신들의 흔적을 남긴다 /   여러분의 이름이 적힌 //   거울을 보면 /
                              →=a parent, a coach, a teacher, or a leader
look in the mirror], / you may see one or all of them / in the reflection. //
                여러분은 그들 중 하나 또는 모두를 볼 수도 있을 것이다 / 거울에 비친 상에서 //

* take a personal inventory: 자신을 성찰하다 ** emulate: (흠모하는 대상을) 모방하다

어휘

□ coincidence 우연(의 일치)   □ role model 역할 모델   □ make-up 화장
□ come of age 성년이 되다   □ for real 진짜의   □ look up to ~을 존경하다
□ hold ~ in high regard ~을 깊이 존경하다   □ compliment 찬사, 칭찬(의 말)
□ package 포장물, 꾸러미   □ reflection 거울에 비친 상[모습]

글의 흐름 파악

도입 및 부연 1(❶~❼)	부연 2(❽~❿)
역할 모델로서의 부모	모방하는 사람을 닮음
• 태어난 순간부터 부모는 자녀의 역할 모델임 • 아이들은 부모를 멘토로 존경함	• 모방하는 사람들과 많이 닮아 있다는 것을 발견할 수도 있음 • 거울에 비친 상에서는 자신에게 흔적을 남긴 사람들 중 하나 또는 모두를 볼 수도 있을 것임

→

전문 해석

❶자녀가 부모처럼 된다는 것은 우연이 아니다. ❷세상에 태어나는 순간부터 어머니와 아버지는 여러분의 역할 모델이다. ❸여자아이들은 자라면서 엄마 옷을 입어 보고 엄마의 화장품을 바르고 엄마인 척한다. ❹남자아이들은 성년이 되면 아버지의 도구를 가지고 놀며 진짜인 무언가를 만들거나 고치려고 한다. ❺사실 아이들은 부모를 멘토로 존경한다. ❻그들은 부모를 칭송하고 깊이 존경한다. ❼자라면서 그들이 부모에게 줄 수 있는 가장 큰 찬사는 부모를 똑같이 닮아 가는 것이다. ❽잠시 멈추고 자신을 성찰해 보면, 여러분은 자신이 모방하는 사람들과 많이 닮아 있다는 것을 발견할 수도 있을 것이다. ❾부모, 코치, 교사 또는 지도자는 모두 여러분의 이름이 적힌 최종 꾸러미에 자신들의 흔적을 남긴다. ❿거울을 보면, 여러분은 거울에 비친 상에서 그들 중 하나 또는 모두를 볼 수도 있을 것이다.

구문 해설

❸ As little girls grow, they [try on their mother's clothes], [put on her make-up], and [pretend to be her].

세 개의 [ ]는 주절의 술어 역할을 한다.

❽ If you stop to take a personal inventory, you may find [that you are much like those {that you emulate}].

[ ]는 find의 목적어 역할을 하는 명사절이고, 그 안의 { }는 those를 수식하는 관계절이다.

Quick Check 적절한 말 고르기

1. It is not a coincidence that / what children turn out like their parents.

2. The greatest compliment they can give their parents as they grow is / are to turn out just like them.

정답 1. that 2. is

이성과 욕망 사이의 싸움

| Keywords | reason, desire, thirsty, paradoxical, soul

❶ We are all familiar with battles / between reason and desire. // **❷** Socrates asks /
우리는 모두 싸움을 잘 알고 있다 / 이성과 욕망 사이의 // 소크라테스는 묻는다 /

[whether there are thirsty people / {who don't wish to drink}]. // **❸** Indeed there are. //
목이 마른 사람이 있는지 / 마시고 싶어 하지 않는 // 실제로 있다 //

❹ ([A sign on a faucet / {that reads "nonpotable water, do not drink"}] / won't take away
(수도꼭지에 표지판이 / "마실 수 없는 물, 마시지 마시오."라고 적힌 / 누군가의 목마름을 없애지는

a person's thirst, / but she won't want to drink there.) // **❺** Yet / there is something
않겠지만 / 그 사람은 거기에서 물을 마시고 싶지 않을 것이다) // 그러나 / 여기에는 역설적인 것이 있는데 /

paradoxical about this: / the word "thirsty" means / "wishes to drink." // **❻** So / we are
즉 '목마른'이라는 단어는 의미이다 / '마시고 싶다'라는 // 그렇다면 / 우리는

imagining people / [who wish to drink and do not wish to drink]. // **❼** How could that be? //
사람을 상상하고 있다 / 마시고 싶지만 마시고 싶어 하지 않는 // 어떻게 그럴 수 있는가 //

"**❽** It is obvious / [that the same thing / will not be willing to do or undergo opposites /
"분명하다 / 동일한 것이 / 정반대의 일을 하려 하거나 겪지 않으려 할 것이라는 것은 /

in the same part of itself, / in relation to the same thing, / at the same time]. // **❾** So, /
그것 자체의 동일한 부분에서 / 동일한 것과 관련하여 / 동시에 // 따라서 /

if we ever find this happening / in the soul, / we'll know / [that we aren't dealing with
이런 일이 일어나는 것을 한 번이라도 발견하면 / 정신에 / 우리는 알게 될 것이다 / 우리가 한 가지가 아니라 여러 가지를 처리

one thing but many]." // **❿** In other words, / [since no one thing can both {wish to drink} /
하고 있다는 것을" // 다시 말해 / 어떠한 것도 마시고 싶어 하기도 하고 /

and {not wish to drink} / (in the same way / at the same time)], / no one thing can have /
마시고 싶어 하지 않기도 할 수 없으므로 / (같은 방식으로 / 동시에) / 어떠한 것도 가질 수는 없기에 /

both of those two characteristics; / we thus manage this / by being more than one:
그러한 두 가지 특성을 모두 / 우리는 이것을 감당한다 / 하나보다 더 많은 존재가 되는 것으로 /

one part of the soul / wishes to drink, / and another does not wish to drink. //
즉 정신의 한 부분은 / 마시고 싶어 하고 / 다른 부분은 마시고 싶어 하지 않음으로써 //

* faucet: 수도꼭지 ** nonpotable: 마실 수 없는

어휘	□ **reason** 이성	□ **desire** 욕망	□ **paradoxical** 역설적인
	□ **undergo** 겪다	□ **opposite** 반대(되는 사람·것)	□ **characteristic** 특성

글의 흐름 파악

도입(❶~❹)	전개(❺~❾)	결론(❿)
이성과 욕망 사이의 싸움	목마름과 관련한 역설적인 상황	정신이 여러 가지 일을 처리하는 방법
목이 마른데 마시고 싶지 않은 역설적인 상황이 있을 수 있음	동일한 것은 동시에 정반대의 일을 하지 않을 것이 분명하므로, 우리는 여러 가지 일을 처리하고 있다는 것을 알 수 있음	두 가지 특성을 동시에 가질 수 없으므로, 우리의 정신은 이것을 여러 부분으로 나누어 처리함

전문 해석

❶우리는 모두 이성과 욕망 사이의 싸움을 잘 알고 있다. ❷소크라테스는 목이 마른데 마시고 싶어 하지 않는 사람이 있는지 묻는다. ❸실제로 있다. ❹(수도꼭지에 "마실 수 없는 물, 마시지 마시오."라고 적힌 표지판이 누군가의 목마름을 없애지는 않겠지만, 그 사람은 거기에서 물을 마시고 싶지 않을 것이다.) ❺그러나 여기에는 역설적인 것이 있는데, 즉 '목마른'이라는 단어는 '마시고 싶다'라는 의미이다. ❻그렇다면 우리는 마시고 싶지만 마시고 싶어 하지 않는 사람을 상상하고 있다. ❼어떻게 그럴 수 있는가? "❽동일한 것이 그것 자체의 동일한 부분에서 동일한 것과 관련하여 동시에 정반대의 일을 하려 하거나 겪지 않으려 할 것이라는 것은 분명하다. ❾따라서 정신에 이런 일이 일어나는 것을 한 번이라도 발견하면, 우리는 우리가 한 가지가 아니라 여러 가지를 처리하고 있다는 것을 알게 될 것이다." ❿다시 말해, 어떠한 것도 (동시에 같은 방식으로) 마시고 싶어 하기도 하고 마시고 싶어 하지 않기도 할 수 없으므로, 어떠한 것도 그러한 두 가지 특성을 모두 가질 수는 없기에, 우리는 하나보다 더 많은 존재가 되는 것으로, 즉 정신의 한 부분은 마시고 싶어 하고, 다른 부분은 마시고 싶어 하지 않음으로써 이것을 감당한다.

구문 해설

❷ Socrates asks [whether there are thirsty people {who don't wish to drink}].

[ ]는 asks의 목적어 역할을 하는 명사절이고, 그 안의 { }는 thirsty people을 수식하는 관계절이다.

❽ It is obvious [that the same thing will not be willing to do or undergo opposites in the same part of itself, in relation to the same thing, at the same time].

It은 형식상의 주어이고, [ ]는 내용상의 주어이다.

Quick Check — T, F 고르기

1. According to the passage, a person can be thirsty and not wish to drink at the same time. ☐ T / F

2. The passage supports the idea that the soul is divided into multiple parts to handle opposing characteristics. ☐ T / F

정답 1. T 2. T

| Keywords | media executives, consumers, target market, aims, attract

❶Media executives understand / [that they must think of their audiences as consumers /
미디어 경영진은 알고 있다 /　　　명사절(understand의 목적어)　고객을 소비자로 생각해야 한다는 것을 /　　　　　think of ~ as ...: 「~을 ...이라고 생각하다」

《who buy their products》 / or 《whom they sell to advertisers》]. // ❷The complaining
　관계절　자신들의 제품을 구매하거나 /　대등한 연결　자신들이 광고주에게 판매하는 //　　　　　　　불만을 제기하는 사람은 /

individual / might be successful / [in getting {the content} {changed or even removed}]
성공할 수도 있다 /　　　전치사구　콘텐츠를 변경하게 하거나 심지어 삭제하게 하는 데 /
　　　　　　　　　　　　　　get의 목적어　　　분사구(get의 목적격 보어)

[if he or she convinces {the media executives} / {that they might otherwise lose a
　부사절(조건)　만약 그 사람이 미디어 경영진에게 설득하면 /　　그들이 그렇게 하지 않으면 상당 부분을 잃을 수도 있다고 /
명사구(convinces의 간접목적어)　　　　　명사절(convinces의 직접목적어)

substantial portion / 〈of their target market〉}]. // ❸But an individual's concern / will
　　　　　　　전치사구　그들의 목표 시장의 //　　　　그러나 한 개인의 우려는 /　　　관심을

garner little attention / [if it is clear / {that the person does not belong / in the target
거의 받지 못할 것이다 /　만약 분명하다면 /　그 사람이 속하지 않는 것이 /　　　　목표 고객층에
'거의 ~ 않는'　부사절(조건)　형식상의 주어　내용상의 주어

audience}]. // ❹[The editors {from Cosmopolitan magazine, / 〈which aims at 20-something
　　　　　　Cosmopolitan 잡지의 편집자들은 /　　　20대 미혼 여성을 대상으로 하는 /
　　주어　전치사구　　　　　　　　　　　관계절(Cosmopolitan magazine을 부가적으로 설명)

single women〉], / for example, / are not likely to follow [the advice / of an elderly-
예를 들어 /　　　조언을 따르지 않을 것이다 /　캐나다주 시골에 사는,
　　　　술어동사　　　　　명사구(follow의 목적어)

sounding woman from rural Kansas / {who phones to protest / 〈what she feels are
목소리로 보아 나이가 지긋한 듯한 여성의 /　항의하고자 전화한 /　여성을 비하하는 듯한 묘사라고
　　　　　　　관계절　　　　　　　명사절(protest의 목적어)

demeaning portrayals of women / on covers of the magazine / that she sees in the
느끼는 부분에 대해 /　　　잡지 표지에서 /　　슈퍼마켓에서 보는 //
　　　　　　　　　　　　　　　　　　　　　　　　　　　관계절

supermarket〉}]. // ❺Yet the magazine staff might well act favorably / [if a Cosmopolitan
　　　　　그러나 그 잡지사 직원들은 당연히 호의적으로 반응할 것이다 /　　한 Cosmopolitan 구독자가
　　　　　　　　　　　　　　　　　　　　　　　　　　　　　　　　　부사절(조건)

subscriber writes / with a suggestion for a new column / [that would attract more of the
글을 쓰면 /　　새로운 칼럼을 제안하는 /　　　고소득 미혼 여성들을 더 많이 끌어들일 /
　　　　　　　　　　　　　　　　　　　　　　　　　관계절

upscale single women / {they want as readers}]. //
자신들이 독자로 원하는 //
　　　관계절

* garner: 받다, 얻다　** demeaning: 비하하는　*** subscriber: 구독자

글의 흐름 파악

도입(❶~❷)		요지(❸)		예시(❹~❺)
미디어 경영진의 인식		미디어 경영진의 관심		목표 고객층 여부
고객을 소비자로 인식하고 있으므로, 고객은 미디어 경영진을 설득할 수 있는 여지가 생김	→	미디어 경영진이 관심을 두는 것은 목표 고객층임	→	• 시골에 사는 노년 여성의 항의는 20대 미혼 여성을 대상으로 하는 잡지사의 관심을 얻지 못함 • 고소득 미혼 여성들을 끌어들일 칼럼 제안은 잡지사의 관심을 얻음

 전문 해석

❶미디어 경영진은 고객을 자신들의 제품을 구매하거나 자신들이 광고주에게 판매하는 소비자로 생각해야 한다는 것을 알고 있다. ❷불만을 제기하는 사람이 미디어 경영진에게 그들이 콘텐츠를 변경하거나 심지어 삭제하지 않으면 목표 시장의 상당 부분을 잃을 수도 있다고 설득하면, 그 사람은 그렇게 하게 하는 데 성공할 수도 있다. ❸그러나 한 개인이 목표 고객층에 속하지 않는 것이 분명하다면, 그 사람의 우려는 관심을 거의 받지 못할 것이다. ❹예를 들어, 20대 미혼 여성을 대상으로 하는 *Cosmopolitan* 잡지의 편집자들은 슈퍼마켓에서 보는 잡지 표지에서 여성을 비하하는 듯한 묘사라고 느끼는 부분에 대해 항의하고자 전화한 캔자스주 시골에 사는, 목소리로 보아 나이가 지긋한 듯한 여성의 조언을 따르지 않을 것이다. ❺그러나 그 잡지사 직원들은 한 *Cosmopolitan* 구독자가 자신들이 독자로 원하는 고소득 미혼 여성들을 더 많이 끌어들일 새로운 칼럼을 제안하는 글을 쓰면 당연히 호의적으로 반응할 것이다.

 배경지식

Cosmopolitan(코즈모폴리턴)
젊은 여성을 대상으로 한 패션 잡지이다. 전 세계 66개 판, 35개의 언어로 110개 이상의 국가에 발행된다.

 구문 해설

❶ Media executives understand [that they must think of their audiences as consumers {who buy their products} or {whom they sell to advertisers}].

[ ]는 understand의 목적어 역할을 하는 명사절이다. 그 안의 두 개의 { }는 or로 연결되어 consumers를 수식한다.

❺ Yet the magazine staff might well act favorably if a *Cosmopolitan* subscriber writes with a suggestion for a new column [that would attract more of the upscale single women {they want as readers}].

[ ]는 a new column을 수식하는 관계절이고, 그 안의 { }는 the upscale single women을 수식하는 관계절이다.

Quick Check   적절한 말 고르기

1. The complaining / satisfied individual might be successful in getting the content changed or even removed if he or she convinces the media executives that they might otherwise lose a substantial portion of their target market.

2. An individual's concern will garner little / much attention if it is clear that the person does not belong in the target audience.

정답 1. complaining 2. little

인상주의 미술

| Keywords | Impressionists, academic art, sensations

❶ [Rejecting any academic training they had experienced], / Monet and the other
분사구문(주절을 부가적으로 설명)
자신들이 경험한 그 어떤 아카데미 훈련도 거부하고
모네와 다른 인상파 화가들은 믿었다 /
목적어(명사절)

Impressionists believed / [that their art, / with its objective methods of painting {what
자신들의 예술이 /
눈앞에 보이는 것을 그리는 객관적인 방법을 갖춘 /

they saw before them}, / was more sincere / than any academic art]. // ❷They all agreed /
더 진실하다고 /
그 어떤 아카데미 예술보다 //
이들은 모두 동의했다 /

that they aimed to capture their "sensations" / or [what they could see as they painted]. //
의미상 동격
자신의 '감각'을 포착하는 것을 목표로 삼는 것을 /
즉 그림을 그리면서 그들이 볼 수 있는 것을 //

❸ These sensations included / the flickering effects of light / [that our eyes capture as
이러한 감각에는 포함되었다 /
빛의 깜빡거리는 효과가 /
관계절
사물을 응시할 때 눈이 포착하는 //

we regard things]. // ❹In complete contrast to the Academie, / the Impressionists
아카데미(프랑스의 미술 교육 기관)와는 완전히 대조적으로 /
인상파 화가들은 평범한 현대인을
분사구문(주절을 부가적으로 설명)

painted ordinary, modern people / in everyday and up-to-date settings, / [making no
그렸으며 /
일상적이고 현대적인 배경의 /
자신들의 그림 기법을

attempt to hide their painting techniques]. // ❺They avoided symbols or any narrative
숨기려 하지 않았다 //
그들은 상징이나 그 어떤 서사적인 내용도 피했고
분사구문(주절을 부가적으로 설명)

content, / [preventing viewers from "reading" a picture], / but [making them {experience
분사구문(주절을 부가적으로 설명)
보는 사람들이 그림을 '읽지' 못하게 했지만 /
자신들의 그림을 경험하게 했다 /
원형부정사구(making의 목적격 보어)

their paintings / as an isolated moment in time}]. //
시간상의 한 고립된 순간으로 //

* flickering: 깜빡거리는

어휘
□ **reject** 거부하다
□ **objective** 객관적인
□ **sensation** 감각
□ **narrative** 서사적인
□ **Impressionist** 인상파 화가[예술가]
□ **sincere** 진실한
□ **regard** 응시하다, 눈여겨보다
□ **content** 내용
□ **aim to** *do* ~하는 것을 목표로 삼다
□ **up-to-date** 현대적인
□ **isolated** 고립된

글의 흐름 파악

소재(❶)		전개(❷~❸)		결론(❹~❺)
인상파 화가의 믿음		**감각의 포착**		**인상파 화가들의 시도**
자신들의 예술이 아카데미 예술보다 더 진실하다고 믿음	→	• 볼 수 있는 것을 포착하는 것을 목표로 삼음 • 빛의 깜빡거리는 효과 표현	→	• 평범한 현대인을 그리고, 그림 기법을 드러냄 • 상징이나 서사적인 내용을 피하고 그림을 시간상의 한 고립된 순간으로 경험하게 함

 전문 해석

❶모네와 다른 인상파 화가들은 자신들이 경험한 그 어떤 아카데미 훈련도 거부하고 눈앞에 보이는 것을 그리는 객관적인 방법을 갖춘 자신들의 예술이 그 어떤 아카데미 예술보다 더 진실하다고 믿었다. ❷이들은 모두 자신의 '감각', 즉 그림을 그리면서 그들이 볼 수 있는 것을 포착하는 것을 목표로 삼는 데 동의했다. ❸이러한 감각에는 사물을 응시할 때 눈이 포착하는 빛의 깜빡거리는 효과가 포함되었다. ❹아카데미(프랑스의 미술 교육 기관)와는 완전히 대조적으로 인상파 화가들은 일상적이고 현대적인 배경의 평범한 현대인을 그렸으며, 자신들의 그림 기법을 숨기려 하지 않았다. ❺그들은 상징이나 그 어떤 서사적인 내용도 피했고, 보는 사람들이 그림을 '읽지' 못하게 했지만 자신들의 그림을 시간상의 한 고립된 순간으로 경험하게 했다.

 배경지식

Academie(아카데미)
왕립 회화 조각 아카데미(Academie Royale de Peinture et de Sculpture)라는 이름으로 1648년 설립된 프랑스의 미술 교육 기관으로, 고전주의 미술을 옹호하고 원근법, 기하학, 해부학 등의 과목을 가르쳤으며, 살롱전을 열어 예술의 중심축 역할을 하였다.

 구문 해설

❷They all agreed [that they aimed to capture {their "sensations"} or {what they could see as they painted}].

[ ]는 agreed의 목적어 역할을 하며, 그 안의 두 개의 { }는 or로 연결되어 capture의 목적어 역할을 한다.

❹In complete contrast to the Academie, the Impressionists painted ordinary, modern people in everyday and up-to-date settings, [making no attempt {to hide their painting techniques}].

[ ]는 주어인 the Impressionists의 부수적인 상황을 설명하는 분사구문이며, { }는 no attempt를 수식하는 to부정사구이다.

Quick Check
T, F 고르기

1. Monet and the other Impressionists believed that their art was more sincere than any academic art. T / F

2. Impressionists often used symbols and narrative content to encourage viewers to read a picture. T / F

정답 1. T 2. F

생존을 위한 식물의 경쟁

|Keywords| plants, competitive, collaborative, growth, reproduction, success

❶Plants assess / [when they need to be competitive] / and [when it is more prudent
명사절(assess의 목적어 1)   명사절(assess의 목적어 2)   형식상의 주어
식물은 가늠한다 /   언제 경쟁이 필요한지 /   언제 협력하는 것이 더 현명한지 //

{to be collaborative}]. // ❷[To make this kind of decision], / they weigh the energy cost /
내용상의 주어   to부정사구(목적)
{협력하는 것이} //   이러한 종류의 결정을 내리기 위해 /   그것은 에너지 비용을 따져 본다 /

relative to the benefit for improved growth and persistence. // ❸For example, / [although
성장 및 지속성 향상에 따른 이익과 비교하여 //   예를 들어 /   부사절(양보)
일반적으로 식물은

a plant would generally attempt to grow taller / than a closely situated neighbor / for
더 크게 자라려 하지만 /   가까운 곳에 있는 이웃의 식물보다 /   햇빛을

preferential access to sunlight], / [if the neighbor is already significantly taller / and the
우선적으로 이용하기 위해 /   부사절(조건)
이웃 식물이 이미 키가 상당히 더 커서 /   경쟁에서 질

race is likely to be lost], / the plant will temper its competitive instinct. // ❹That is, /
것 같으면 /   그 식물은 자신의 경쟁 본능을 누그러뜨릴 것이다 //   즉 /

plants compete / only when competition [is needed to improve their ability / {to support
식물은 경쟁한다 /   능력을 향상하기 위해 경쟁이 필요할 경우에만   부사절 내 술어 1   동격 관계
자신의 성장과 번식을

their own growth and reproduction}] / and [has some likelihood of success]. // ❺Once
유지할 /   부사절 내 술어 2   '일단 ~하면'
성공 가능성이 어느 정도 있을 경우에만 //   일단 경쟁이

competition yields the needed results, / they [cease competing] / and [shift their energy
대등한 연결
필요한 결과를 산출하면 /   식물은 경쟁을 중단하고 /   에너지를 생존하는 데로 돌린다 //

to living]. // ❻For plants, / competition is about survival, / not the thrill of victory. //
식물에게 /   경쟁은 생존에 관한 것이다 /   승리의 짜릿함이 아니라 //

* prudent: 현명한 ** temper: 누그러뜨리다

어휘

□ **assess** 가늠[판단]하다
□ **relative to** ~과 비교하여
□ **preferential** 우선적인
□ **reproduction** 번식, 생식
□ **cease** 중단하다

□ **collaborative** 협력하는
□ **persistence** 지속성
□ **access** 이용, 접근
□ **likelihood** 가능성
□ **survival** 생존

□ **weigh** 따져 보다, 저울질하다
□ **situated** 위치한
□ **instinct** 본능
□ **yield** 산출[생산]하다
□ **thrill** 짜릿함, 전율

글의 흐름 파악

도입(❶~❷)		예시(❸~❹)		결론(❺~❻)
경쟁이나 협력의 결정		식물이 경쟁하는 경우		식물에게 경쟁의 의미
식물은 경쟁이나 협력이 언제 필요한지 가늠하는데, 그러한 결정을 위해 성장 및 지속성 향상에 따른 이익과 비교하여 에너지 비용을 따져 봄	➡	식물은 자신의 성장과 번식을 유지할 능력을 향상하기 위해 경쟁이 필요하고 성공 가능성이 어느 정도 있을 경우에만 경쟁함	➡	식물에게 경쟁은 생존에 관한 것임

 전문 해석

❶식물은 언제 경쟁이 필요한지, 언제 협력하는 것이 더 현명한지 가늠한다. ❷이러한 종류의 결정을 내리기 위해 그것은 성장 및 지속성 향상에 따른 이익과 비교하여 에너지 비용을 따져 본다. ❸예를 들어 일반적으로 식물은 햇빛을 우선적으로 이용하기 위해 가까운 곳에 있는 이웃의 식물보다 더 크게 자라려 하지만, 이웃 식물이 이미 키가 상당히 더 커서 경쟁에서 질 것 같으면, 그 식물은 자신의 경쟁 본능을 누그러뜨릴 것이다. ❹즉, 식물은 자신의 성장과 번식을 유지할 능력을 향상하기 위해 경쟁이 필요하고 성공 가능성이 어느 정도 있을 경우에만 경쟁한다. ❺일단 경쟁이 필요한 결과를 산출하면, 식물은 경쟁을 중단하고 에너지를 생존하는 데로 돌린다. ❻식물에게 경쟁은 승리의 짜릿함이 아니라 생존에 관한 것이다.

 구문 해설

❷ [To make this kind of decision], they weigh the energy cost relative to the benefit for improved growth and persistence.

[　]는 목적의 의미를 나타내는 to부정사구이다.

❺ [Once competition yields the needed results], they [cease competing] and [shift their energy to living].

첫 번째 [　]는 '일단 ~하면'이라는 의미의 접속사 Once가 이끄는 부사절이다. 두 번째와 세 번째 [　]는 and로 연결되어 주절의 술어 역할을 한다.

Quick Check

적절한 말 고르기

1. Plants assess when they need to be competitive and when it / that is more prudent to be collaborative.

2. That is, plants compete only when competition is needed to improve their ability to support their own growth and reproduction and has / have some likelihood of success.

정답 1. it 2. has

3번

14강 수직 이동의 속도를 높인 기계화

| Keywords | mechanisation, vertical movement, taller buildings, elevators and escalators, high rise buildings

❶Mechanisation speeded up vertical movement. // ❷Stairs and ramps / were traditionally
기계화는 수직 이동의 속도를 높였다 //　　　　　　　　　　　　　계단과 램프가 /　　　　전통적으로 오르내리는 방식이
→ 명사절(were의 주격 보어)　　　　　　　　　　　　　　　　→ 전치사구
[how you went up and down], / so few buildings [in frequent use] exceeded five
었기 때문에 /　　　　　　　　　　　　흔히 사용되는 건물은 5층을 넘는 것이 거의 없었다 //
　　　　　　　　　　　　　　분사구
storeys. // ❸The Otis Company, / [founded in 1853 in New York], / changed all that /
　　　　　　Otis Company는 /　　　　1853년에 뉴욕에서 설립된 /　　　그 모든 것을 바꾸어 놓았다 /

with the invention of the safety elevator / (safe / because it locked the car in place /
안전 엘리베이터를 발명하면서 /　　　　　　　　　　　(안전한 / 그것이 타는 칸을 제자리에 고정시키기 때문에 /
　→ = if the cables should fail　　　　관계절
should the cables fail) / [that made taller buildings possible]. // ❹Escalators came later /
케이블이 고장 나면) /　　　　더 높은 건물을 가능하게 한 //　　　　에스컬레이터가 이후에 등장해 /
　　　　　　　　　　　　　　→ to부정사구
bringing greater capacity [to move more people / over shorter vertical distance]; /
더 많은 사람을 이동시킬 수 있는 더 큰 능력을 제공해 주었는데 /　　　　더 짧은 수직 거리로 /

they made their debut, / and were a sensation, / at the 1900 Paris Exposition. //
그것은 첫선을 보여 /　　　　돌풍을 일으켰다 /　　　　1900년 파리 박람회에서 //

❺With elevators and escalators / cities could now spread underground, / with deep
엘리베이터와 에스컬레이터로 인해 /　　도시는 이제 지하로 뻗어 나갈 수 있게 되었다 /　　깊은 지하층, 지하철,
　　　　　　　　　　　　　　　　　　　　　　　　　　　　　　　→ '~뿐만 아니라'
basements, subways and tunnels, / and upwards, / with high rise buildings, / as well as
터널과 함께 /　　　　　　그리고 위로도 또한 /　고층 건물과 함께 /　　　외곽으로뿐만
　　　　　　　　　　　　　관계절
outwards. // ❻The modern cityscape / — [of which Manhattan is still the iconic exemplar] — /
아니라 //　　현대 도시 경관이 /　　　　맨해튼이 여전히 상징적인 전형으로 꼽히는 /

was created. //
생겨났다 //

* ramp: 램프(높이가 다른 두 도로나 건물 등의 사이를 연결하는 경사로)　** cityscape: 도시 경관　*** exemplar: 전형, 모범

어휘

- ☐ **mechanisation** 기계화
- ☐ **storey** 층
- ☐ **capacity** 능력, 용량
- ☐ **exposition** 박람회
- ☐ **vertical** 수직의
- ☐ **lock** 고정시키다, 잠그다
- ☐ **debut** 첫선, 데뷔
- ☐ **basement** 지하층
- ☐ **exceed** 넘다, 초과하다
- ☐ **in place** 제자리에 (있는)
- ☐ **sensation** 돌풍(을 일으키는 것)
- ☐ **iconic** 상징적인

글의 흐름 파악

주제(①~②)		전개(③~⑤)		부연(⑥)
수직 이동의 속도를 높인 기계화		엘리베이터와 에스컬레이터의 등장		현대 도시 경관
• 기계화로 인해 수직 이동의 속도가 높아짐 • 전통적으로 계단과 램프가 오르내리는 방식이었음	➡	고층 건물의 건설이 가능해짐 → 외곽으로뿐만 아니라 지하로, 위로도 뻗어 나가는 도시의 모습이 나타남	➡	상징적인 현대 도시 경관: 맨해튼

전문 해석

❶기계화는 수직 이동의 속도를 높였다. ❷계단과 램프가 전통적으로 오르내리는 방식이었기 때문에, 흔히 사용되는 건물은 5층을 넘는 것이 거의 없었다. ❸1853년에 뉴욕에서 설립된 Otis Company는 더 높은 건물을 가능하게 한 (케이블이 고장 나면 그것이 (엘리베이터의) 타는 칸을 제자리에 고정시키기 때문에 안전한) 안전 엘리베이터를 발명하면서 그 모든 것을 바꾸어 놓았다. ❹에스컬레이터가 이후에 등장해 더 많은 사람을 더 짧은 수직 거리로 이동시킬 수 있는 더 큰 능력을 제공해 주었는데, 그것은 1900년 파리 박람회에서 첫선을 보여 돌풍을 일으켰다. ❺엘리베이터와 에스컬레이터로 인해 도시는 이제 외곽으로뿐만 아니라 깊은 지하층, 지하철, 터널과 함께 지하로, 그리고 고층 건물과 함께 위로도 또한 뻗어 나갈 수 있게 되었다. ❻맨해튼이 여전히 상징적인 전형으로 꼽히는 현대 도시 경관이 생겨났다.

구문 해설

❷ Stairs and ramps were traditionally [how you went up and down], so few buildings in frequent use exceeded five storeys.

[ ]는 주격 보어 역할을 하는 명사절이다.

❻ [The modern cityscape — {of which Manhattan is still the iconic exemplar} —] was created.

[ ]는 문장의 주어 역할을 하는 명사구이고, 그 안의 { }는 The modern cityscape를 수식하는 관계절이다.

Quick Check · T, F 고르기

1. Few regularly used buildings were taller than five stories since stairs and ramps were the traditional means of vertical movement. ☐ T / F

2. Elevators were invented after escalators which debuted and caused a sensation at the 1900 Paris Exposition. ☐ T / F

정답 1. T 2. F

19세기 이전의 극장 관객

| Keywords | theater, audience, passive, silence

❶If you wanted to be entertained / in a theater / before the nineteenth century, / you
만약 여러분이 (공연을) 즐기고 싶었다면 / 극장에서 / 19세기 이전에 / 사실을

└─ 동격 관계 ─┘   └→ '어느 정도'
could not avoid the fact / [that you were at some level participating in a dialog, a
피할 수 없었을 것이다 / 어느 정도 다이얼로그, 즉 대화에 참여하게 된다는 /

┌─「either ~ or …: ~ 혹은 …」─┐
conversation, / either with your fellow members of the audience, / or with the actors]. //
동료 관객이나 / 배우와 //

└→ 두 개의 [ ]의 의미상의 주어   ┌──── 대등한 연결 ────┐   술어동사 ←┐
❷The idea / of the audience [sitting in the dark] and [watching the stage in silence] / is a
개념은 / 관객이 어둠 속에 앉아 조용히 무대를 지켜본다는 / 새로운

┌→ '~ 이전에'
new thing. // ❸Prior to the nineteenth century / the audience were lit / and often
것이다 // 19세기 이전의 / 관객은 조명 빛을 받았고 / 흔히 매우 말이 많고

┌→ 분사구문(주어의 동작을 부가적으로 설명)
extremely vocal and active, / [even leaping on stage to fight with the cast]. // ❹It was
활동적이었으며 / 심지어 무대 위로 뛰어올라 출연진과 싸우기도 했다 // 18세기 배우

┌「강조 구문: It is ~ that[who] …」┐ └→ 동격 관계 ─┐
the actor David Garrick in the eighteenth century / who pioneered the idea / [that an
David Garrick이었다 / 개념을 주창한 것은 / 관객이 입을

└→ 관계절
audience should shut up and listen]. // ❺The passive and reverential silence / [in which
다물고 경청해야 한다는 // 수동적이고 경건한 침묵은 / 오늘날의 배우

└→ 술어동사   └→ '~과 마찬가지로'
today's actors can indulge themselves] / is a new phenomenon, / as, of course, is the
들이 만끽할 수 있는 / 새로운 현상이며 / 물론 영화관도 마찬가지인데 /

┌→ 관계절(the cinema를 부가적으로 설명)   분사구문(being이 생략됨) ←┐
cinema, / [where our surrogates on the screen / can unfold their stories / {unaware of
그곳에서는 스크린 속 우리의 대리인들이 / 자신의 이야기를 펼칠 수 있다 / 우리의 반응을

our responses}]. //
의식하지 않고 //

* reverential: 경건한 ** indulge oneself: 만끽하다 *** surrogate: 대리인

어휘
□ **dialog** 다이얼로그(연극이나 영화에서, 인물들 사이에 이루어지는 대화) □ **prior to** ~ 이전에
□ **vocal** 말이 많은   □ **leap** 뛰어오르다   □ **cast** 출연진
□ **pioneer** 주창하다, 개척하다   □ **phenomenon** 현상   □ **unfold** 펼치다
□ **unaware of** ~을 의식하지 않는

글의 흐름 파악

도입(❶)		전개(❷~❹)		결론(❺)
19세기 이전 극장		새로운 개념 등장		새로운 개념의 도입 결과
관객이 동료 관객이나 배우와 다이얼로그, 즉 대화에 참여함	→	• 19세기 이전의 관객은 말이 많고 활동적이었고, 심지어 무대 위로 뛰어오르기도 함 • David Garrick이 관객이 입을 다물고 경청해야 한다는 개념을 주창함	→	수동적이고 경건한 침묵을 배우들이 만끽함

 전문 해석

❶만약 여러분이 19세기 이전에 극장에서 (공연을) 즐기고 싶었다면 동료 관객이나 배우와 어느 정도 다이얼로그, 즉 대화에 참여하게 된다는 사실을 피할 수 없었을 것이다. ❷관객이 어둠 속에 앉아 조용히 무대를 지켜본다는 개념은 새로운 것이다. ❸19세기 이전의 관객은 조명 빛을 받았고 흔히 매우 말이 많고 활동적이었으며, 심지어 무대 위로 뛰어올라 출연진과 싸우기도 했다. ❹관객이 입을 다물고 경청해야 한다는 개념을 주창한 것은 18세기 배우 David Garrick이었다. ❺오늘날의 배우들이 만끽할 수 있는 수동적이고 경건한 침묵은 새로운 현상이며, 물론 영화관도 마찬가지인데, 그곳에서는 스크린 속 우리의 대리인들이 우리의 반응을 의식하지 않고 자신의 이야기를 펼칠 수 있다.

 배경지식

David Garrick(데이비드 개릭, 1717~1779)
영국의 배우 겸 극단장으로 셰익스피어의 작품을 전문적으로 연출하고 연기한 것으로 유명하였으며, 18세기 영국 연극을 부흥시키는 데 힘을 쏟았다.

 구문 해설

❷ [The idea of the audience {sitting in the dark} and {watching the stage in silence}] is a new thing.

[ ]는 명사구로 문장의 주어이고, 술어동사는 is이다. 그 안의 두 개의 { }는 의미상의 주어인 the audience를 설명해 준다.

❹ **It was** the actor David Garrick in the eighteenth century **who** pioneered the idea [that an audience should shut up and listen].

「It is ~ that[who] ...」 강조 구문이 쓰였다. [ ]는 the idea와 동격 관계이다.

Quick Check 적절한 말 고르기

1. If you wanted to entertain / be entertained in a theater before the nineteenth century, you could not avoid the fact that you were at some level participating in a dialog, a conversation, either with your fellow members of the audience, or with the actors.

2. The passive and reverential silence in which today's actors can indulge themselves is / are a new phenomenon, as, of course, is the cinema, where our surrogates on the screen can unfold their stories unaware of our responses.

정답 1. be entertained 2. is

세계화에 대한 대안적 개념의 필요성

| Keywords | globalization, alternative concepts, cosmopolitanism, global citizenship, identity

❶Globalization / has often been studied / as a macro phenomenon. // ❷However, / as
세계화는 / 흔히 연구되었다 / 거시적인 현상으로 // 그러나 / 세계화

the globalization process obviously affects individuals' lives, / a need for alternative
과정이 개인의 삶에 확실히 영향을 미치면서 / 대안적인 개념의 필요성이 대두했다 //

concepts has emerged. // ❸[Concepts / such as *cosmopolitanism* and *global citizenship*] /
개념은 / '세계주의' 및 '세계 시민권' 같은 /

have therefore frequently been used / [to capture how globalization is experienced
따라서 빈번하게 사용되었다 / 세계화가 어떻게 '아래로부터' 경험되는지를 포착하는 데 /

"from below", / with individuals as the object of analysis]. // ❹Here, / cosmopolitanism
개인을 분석 대상으로 삼아 // 여기서 / 세계주의는 해석된다 /

is interpreted / as having many similarities to global citizenship. // ❺For instance, /
세계 시민권과 많은 유사성을 갖는 것으로 // 예를 들어 /

cultural sociologist John Tomlinson claims / [that {being a cosmopolitan} means / {that
문화사회학자 John Tomlinson은 주장한다 / 세계주의자가 된다는 것은 의미한다고 / 능동적인

one has an active experience / of "belonging to the wider world"}]. // ❻As such, /
경험을 가진다는 것을 / '더 넓은 세계에 속해 있다'는 // 따라서 /

cosmopolitanism is closely connected to identity; / a cosmopolitan obtains [a reflexive
세계주의는 정체성과 밀접하게 연결되어 있으며 / 세계주의자는 특징에 대한 성찰적 인식을 얻게 된다 /

awareness of the features / {that unite us as human beings}]. // ❼This requires the
우리를 인간으로 결속시키는 // 여기에는 능력이 필요하다 /

ability / [to question one's own assumptions and prejudices]. // ❽Identity / is in this
자기 자신의 가정과 편견에 의문을 제기할 수 있는 // 정체성은 / 이러한 맥락에서

context not essentialist or stable; / rather, / it is fragmented and constructed and
본질주의적이거나 안정된 것이 아니며 / 오히려 / 그것은 분해되고 구성되고 재구성된다 /

reconstructed / across the different practices and positions / [in which one participates]. //
각기 다른 관행과 입장 전반에서 / 개인이 참여하는 //

* cosmopolitan: 세계주의자 ** reflexive: 성찰의 *** fragment: 분해하다

어휘

□ **macro** 거시적인
□ **emerge** 대두하다, 출현하다
□ **analysis** 분석
□ **as such** 따라서
□ **unite** 결속[통합]시키다
□ **prejudice** 편견
□ **reconstruct** 재구성하다

□ **phenomenon** 현상
□ **capture** 포착하다
□ **similarity** 유사성
□ **awareness** 인식
□ **question** 의문을 제기하다
□ **essentialist** 본질주의적인
□ **practice** 관행

□ **alternative** 대안의
□ **object** 대상
□ **sociologist** 사회학자
□ **feature** 특징
□ **assumption** 가정
□ **stable** 안정된
□ **position** 입장

글의 흐름 파악

주제(❶~❷)	부연 1(❸~❺)	부연 2(❻~❽)
세계화의 대안 개념 필요성	대안 개념 제시와 그 의미	정체성과 밀접하게 연결된 세계주의
세계화에 대한 대안적인 개념의 필요성이 대두함	• '세계주의' 및 '세계 시민권' 같은 개념이 사용됨 • 문화사회학자 John Tomlinson에 따르면, 세계주의자가 된다는 것은 '더 넓은 세계에 속해 있다'는 능동적인 경험을 가진다는 것을 의미함	• 세계주의는 정체성과 밀접하게 연결되어 있고, 세계주의자는 우리를 인간으로 결속시키는 특징에 대한 성찰적 인식을 얻게 됨 • 정체성은 개인이 참여하는 각기 다른 관행과 입장 전반에서 분해되고 구성되고 재구성됨

 전문 해석

❶세계화는 흔히 거시적인 현상으로 연구되었다. ❷그러나 세계화 과정이 개인의 삶에 확실히 영향을 미치면서, 대안적인 개념의 필요성이 대두했다. ❸따라서 '세계주의' 및 '세계 시민권' 같은 개념은 개인을 분석 대상으로 삼아, 세계화가 어떻게 '아래로부터' 경험되는지를 포착하는 데 빈번하게 사용되었다. ❹여기서 세계주의는 세계 시민권과 많은 유사성을 갖는 것으로 해석된다. ❺예를 들어, 문화사회학자 John Tomlinson은 세계주의자가 된다는 것은 '더 넓은 세계에 속해 있다'는 능동적인 경험을 가진다는 것을 의미한다고 주장한다. ❻따라서 세계주의는 정체성과 밀접하게 연결되어 있으며, 세계주의자는 우리를 인간으로 결속시키는 특징에 대한 성찰적 인식을 얻게 된다. ❼여기에는 자기 자신의 가정과 편견에 의문을 제기할 수 있는 능력이 필요하다. ❽정체성은 이러한 맥락에서 본질주의적이거나 안정된 것이 아니며, 오히려 그것은 개인이 참여하는 각기 다른 관행과 입장 전반에서 분해되고 구성되고 재구성된다.

 구문 해설

❸ [Concepts such as *cosmopolitanism* and *global citizenship*] have therefore frequently been used to capture [how globalization is experienced "from below"], with individuals as the object of analysis.

첫 번째 [ ]는 문장 전체의 주어 역할을 하는 명사구이고, 두 번째 [ ]는 capture의 목적어 역할을 하는 명사절이다.

❼ This requires the ability [to question one's own assumptions and prejudices].

[ ]는 the ability와 동격 관계의 to부정사구이다.

Quick Check 적절한 말 고르기

1. For instance, cultural sociologist John Tomlinson claims that is / being a cosmopolitan means that one has an active experience of "belonging to the wider world".

2. Identity is in this context not essentialist or stable; rather, it is fragmented and constructed and reconstructed across the different practices and positions which / in which one participates.

정답 1. being 2. in which

| Keywords | nuclear attacks, disfigure, encounter, goodwill

❶On June 17, 1953, / Mrs. Roosevelt traveled to Hiroshima, / [where she visited the
관계절(Hiroshima를 부가적으로 설명)
1953년 6월 17일 / Roosevelt 여사는 히로시마에 가서 / 그곳에서 원폭 피해자 위원회를 방문

Atomic Bomb Casualty Commission], / [an American research group / {that studied / the
했다 / 동격 관계 미국 연구 단체인 / 관계절 연구하는 / 피폭 과거완료 수동태

effects of the nuclear attacks on bomb survivors}]. // ❷Many people had been injured
생존자에 끼친 핵 공격의 영향을 // 많은 사람이 다쳤다 /

by the fires / [that the bomb had caused]. // ❸After her official meetings, / some girls
화재로 / 관계절 원자 폭탄으로 인한 // 공식 모임이 끝난 후 / 몇 명의 소녀가

were waiting to see her. // ❹The girls explained / [that they did not blame her for the
그녀를 만나기 위해 기다리고 있었다 // 소녀들은 분명히 하였는데 / 명사절(explained의 목적어) 원자 폭탄에 대해 그녀를 비난하는 것이 아님을 / to부정사구(the need의 내용을 구체적으로 설명) 명사절(ensure의

atomic bomb]; / they only wanted to impress on her / the need / [to ensure / {that these
그들은 그녀에게 이해시키기를 원했을 뿐이었다 / 필요를 / 분명히 할 / 다시는 인간에게 목적어)

weapons were never used again on human beings, / given their effects}]. // ❺[Although
이러한 무기가 사용되지 않도록 해야 한다는 것을 / 원자 폭탄의 영향을 고려할 때 // 부사절(양보) 그녀가 직접적으로

she did not say so directly], / the girls may have been among those / [whose faces
그렇게 말하지는 않았지만 / 소녀들은 사람 중에 속했을 것이었다 / 관계절 그 공격으로 인해 얼굴이

were permanently disfigured by the attack]. // ❻This must have been a powerful
영구적으로 흉하게 된 // 이것은 강렬한 만남이었음이 분명하다 /

encounter / because Mrs. Roosevelt called it a "tragic moment." // ❼It led her to urge
Roosevelt 여사가 그것을 '비극적인 순간'이라고 불렀기 때문에 // 그것으로 인해 그녀는 미국인

Americans / [to do more to help]. // ❽Though she maintained / [that they were not
들에게 촉구했다 / (피폭 희생자들에게) 도움을 주기 위해 더 많은 것을 하도록 // 그녀는 주장했지만 / 그들이 미국이 직접 책임져야 할

America's direct responsibility], / "[as a gesture of goodwill / for the victims of this last
대상은 아니라고 / 전치사구 '선의의 제스처로서' / 이 지난 전쟁의 희생자들에 대한 /

war], / such help would be invaluable."//
그러한 도움은 매우 귀중할 것이었다' //

* casualty: 피해자, 희생자 ** disfigure: (외양을) 흉하게 만들다

□ **atomic bomb** 원자 폭탄　　□ **commission** 위원회　　□ **survivor** 생존자
□ **blame** 비난하다　　□ **impress** (중요성·심각성 등을 강조하여) 이해시키다
□ **permanently** 영구적으로　　□ **encounter** 만남, 조우　　□ **urge** 촉구하다
□ **maintain** 주장하다　　□ **goodwill** 선의　　□ **invaluable** 매우 귀중한

글의 흐름 파악

도입(❶~❷)	전개(❸~❻)	결말(❼~❽)
히로시마 방문	소녀들과의 만남	도움 촉구
Roosevelt 여사가 원폭 피해자 위원회를 방문함	• 소녀들이 Roosevelt 여사를 기다림 • 소녀들의 얼굴이 원자 폭탄 공격으로 흉하게 되었음 • Roosevelt 여사에게 강렬한 만남이었음	• 미국인들에게 도움을 주기 위해 더 많은 것을 하도록 촉구함 • 전쟁 희생자들에 대한 선의의 제스처임

전문 해석

❶1953년 6월 17일, Roosevelt 여사는 히로시마에 가서 그곳에서 피폭 생존자에 끼친 핵 공격의 영향을 연구하는 미국 연구 단체인 원폭 피해자 위원회를 방문했다. ❷많은 사람이 원자 폭탄으로 인한 화재로 다쳤다. ❸공식 모임이 끝난 후, 몇 명의 소녀가 그녀를 만나기 위해 기다리고 있었다. ❹소녀들은 원자 폭탄에 대해 그녀를 비난하는 것이 아님을 분명히 하였는데, 그들은 원자 폭탄의 영향을 고려할 때 다시는 인간에게 이러한 무기가 사용되지 않도록 해야 한다는 것을 분명히 할 필요를 그녀에게 이해시키기를 원했을 뿐이었다. ❺그녀가 직접적으로 그렇게 말하지는 않았지만, 소녀들은 그 공격으로 인해 얼굴이 영구적으로 흉하게 된 사람 중에 속했을 것이다. ❻Roosevelt 여사가 그것을 '비극적인 순간'이라고 불렀기 때문에 이것은 강렬한 만남이었음이 분명하다. ❼그것으로 인해 그녀는 (피폭 희생자들에게) 도움을 주기 위해 더 많은 것을 하도록 미국인들에게 촉구했다. ❽그녀는 그들이 미국이 직접 책임져야 할 대상은 아니라고 주장했지만, '이 지난 전쟁의 희생자들에 대한 선의의 제스처로서 그러한 도움은 매우 귀중할 것이었다.'

구문 해설

❺ Although she did not say so directly, the girls may have been among those [whose faces were permanently disfigured by the attack].

[ ]는 those를 수식하는 관계절이다.

❽ Though she maintained [that they were not America's direct responsibility], "as a gesture of goodwill for the victims of this last war, such help would be invaluable."

[ ]는 maintained의 목적어 역할을 하는 명사절이다.

Quick Check 빈칸 완성하기

1. Many people had been i_____ by the fires that the bomb had caused.
2. They only wanted to i_____ on her the need to ensure that these weapons were never used again on human beings, given their effects.

정답 1. (i)njured 2. (i)mpress

Gettier 문제

| Keywords | definition, knowledge, justified, explanation, Gettier problems, criterion

❶Most philosophers accepted / [Plato's definition of knowledge] / as justified true belief /
대부분의 철학자는 받아들였다 / 플라톤의 지식에 관한 정의를 / 정당화된 참인 믿음으로 /
「accept ~ as …: ~을 …으로 받아들이다」 '~으로(서)'

until the 1960s, / [when Edmund Gettier showed / {that it didn't always provide a
1960년대 전까지는 / Edmund Gettier가 보여 주었던 / 그것이 항상 만족스러운 설명을 제공하지는 않는다는
관계절(the 1960s를 부가적으로 설명) 명사절(showed의 목적어)

satisfactory explanation}]. // ❷He came up with several instances / [where we instinctively
것을 // 그는 몇 가지 사례를 제시했다 / 우리가 본능적으로 깨닫는 /
「come up with: ~을 제시하다」 부사절

realize / {that someone doesn't really know something, / ⟨even though that person's
깨닫는 / 어떤 사람이 무언가를 정말로 알지는 못한다는 것을 / 그 사람의 믿음이 /
명사절(realize의 목적어) 부사절(양보)

belief / is both true and justified⟩}]. // ❸For example, / I have arranged to meet my friend
참이고 정당화된다고 해도 // 예를 들어 / 나는 내 친구 Sue를 만나기로 약속했는데 /
「arrange to do: ~하기로 약속하다」

Sue / at her house, / and [when I arrive] / I see [her] / through the window / [sitting in
그녀의 집에서 / 도착해서 / 나는 그녀를 본다 / 창문을 통해 / 부엌에 앉아 있는
부사절(시간) 지각동사 see의 목적어 분사구(see의 목적격 보어)

the kitchen]. // ❹In fact, / it is not Sue that I see, / but her identical twin sister / — Sue is
것을 // 사실 / 내가 보는 것은 Sue가 아니라 / 그녀의 일란성 쌍둥이 자매이고 / Sue는 실제
「it is ~ that …: 강조틀」 「not ~ but …: ~이 아니라 …인」

actually in another room. // ❺My belief [that Sue is home] is true, / and I have good
로 다른 방에 있다 // Sue가 집에 있다는 나의 믿음은 참이고 / 내게는 타당한 이유가 있지만 /
동격 관계 형식상의 주어

reason / [to believe it] / [because I am sure I have seen her], / but it is wrong / [to say
그것을 믿을 만한 / 내가 그녀를 본 것을 확신하기 때문에 / 잘못된 것인데 / 내가 그녀가
to부정사구 부사절(이유) 형식상의 주어 to부정사구(내용상의 주어)

{that I knew she was at home}] / — I didn't know. // ❻Examples such as this / [became
집에 있다는 것을 알았다고 말하는 것은 / 왜냐하면 나는 알지 못했기 때문이다 // 이러한 사례는 / 'Gettier 문제'로
명사절(say의 목적어) 명사절(ask의 목적어)

known as "Gettier problems,"] / and [have prompted philosophers to ask / {if, in
알려지게 되었고 / 철학자들이 묻도록 유도했다 / 믿음,
대등한 연결

addition to belief, truth, and justification, / there is a fourth criterion for knowledge}]. //
참, 정당화 외에 / 지식에 대한 네 번째 기준이 있는지를 //
명사구의 핵

❼Gettier had cast doubt not only on Plato's definition / but also on [whether or not it is
Gettier는 플라톤의 정의뿐만 아니라 / 여부에 대해서도 의문을 제기했다 /
「not only ~ but also …: ~뿐만 아니라 …도」 명사절(on의 목적어) 형식상의 주어

possible / {to define completely ⟨what knowledge is⟩}]. //
지식이 무엇인지 완벽하게 정의할 수 있는지 //
to부정사구(내용상의 주어) 명사절(define의 목적어)

* criterion: 기준

어휘

- □ accept 받아들이다
- □ definition 정의
- □ justified 정당화된, 정당한 이유가 있는
- □ satisfactory 만족스러운
- □ explanation 설명
- □ come up with ~을 제시하다
- □ instinctively 본능적으로
- □ arrange 약속하다
- □ identical twin 일란성 쌍둥이
- □ prompt 유도하다, 촉발하다
- □ cast doubt on ~에 의문을 제기하다, ~을 의심하다

글의 흐름 파악

도입(❶)		요지(❷)		예시(❸~❺)		결론(❻~❼)
Edmund Gettier 이전		Edmund Gettier의 통찰		Gettier 문제		과제
플라톤의 지식에 관한 정의를 정당화된 참인 믿음으로 수용함	→	믿음이 참이고 정당화됨에도 무언가를 알지 못할 수 있음	→	Sue가 집에 있다는 나의 믿음은 참이고, 그것을 믿을 만한 타당한 이유가 있지만, 나는 그녀가 집에 있다는 것을 알지 못했음	→	• 믿음, 참, 정당화 외에 지식의 네 번째 기준의 존재 여부 • 지식의 완벽한 정의 가능 여부

전문 해석 ✓

❶대부분의 철학자는 1960년대 Edmund Gettier가 플라톤의 지식에 관한 정의가 항상 만족스러운 설명을 제공하지는 않는다는 것을 보여 주기 전까지는 그것을 정당화된 참인 믿음으로 받아들였다. ❷그는 어떤 사람의 믿음이 참이고 정당화된다고 해도 그 사람이 무언가를 정말로 알지는 못한다는 것을 우리가 본능적으로 깨닫는 몇 가지 사례를 제시했다. ❸예를 들어, 나는 내 친구 Sue를 그녀의 집에서 만나기로 약속했는데, 나는 도착해서 창문을 통해 그녀가 부엌에 앉아 있는 것을 본다. ❹사실 내가 보는 것은 Sue가 아니라 그녀의 일란성 쌍둥이 자매이고, Sue는 실제로 다른 방에 있다. ❺Sue가 집에 있다는 나의 믿음은 참이고, 내가 그녀를 본 것을 확신하기 때문에 그것을 믿을 만한 타당한 이유가 있지만, 내가 그녀가 집에 있다는 것을 알았다고 말하는 것은 잘못된 것인데, 왜냐하면 나는 알지 못했기 때문이다. ❻이러한 사례는 'Gettier 문제'로 알려지게 되었고, 철학자들이 믿음, 참, 정당화 외에 지식에 대한 네 번째 기준이 있는지를 묻도록 유도했다. ❼Gettier는 플라톤의 정의뿐만 아니라 지식이 무엇인지 완벽하게 정의할 수 있는지 여부에 대해서도 의문을 제기했다.

배경지식 ✓

Edmund Gettier(에드먼드 게티어, 1927~2021)
미국의 철학자이다. 그는 1963년 자신의 논문 'Is Justified True Belief Knowledge?'로 널리 알려져 있다. 이 논문은 게티어 문제로 알려진 문제에 대응하기 위한 광범위한 철학적 논쟁과 후속 문헌을 야기했다.

구문 해설 ✓

❹ In fact, **it is** not Sue **that** I see, but her identical twin sister — Sue is actually in another room.

「it is ~ that ...」의 강조틀이 사용되었다.

❻ Examples such as this became known as "Gettier problems," and have prompted philosophers [to ask {if, in addition to belief, truth, and justification, there is a fourth criterion for knowledge}].

[ ]는 prompted의 목적격 보어 역할을 하는 to부정사구이고, 그 안의 { }는 ask의 목적어 역할을 하는 명사절이다.

Quick Check 적절한 말 고르기

1. Most philosophers accepted Plato's definition of knowledge as justified true belief until the 1960s, when / where Edmund Gettier showed that it didn't always provide a satisfactory explanation.

2. Edmund Gettier came up with several instances where / which we instinctively realize that someone doesn't really know something, even though that person's belief is both true and justified.

정답 1. when 2. where

이마누엘 칸트의 도덕관

| Keywords | ethical, Kant, Categorical Imperative

❶On one level, / it is helpful for individuals [to identify / {which kind of ethical system
형식상의 주어 ←　　　　　to부정사구(내용상의 주어) ←　　　　　　　　명사절(identify의 목적어 1)
어떤 면에서는 /　　　파악하는 것이 개인에게 도움이 된다 /　　　　자신이 어떤 종류의 윤리 체계를 가졌는지와 /

they have} / and {which kind they admire}]. // **❷**Immanuel Kant takes it one step further, /
　　　　　명사절(identify의 목적어 2)
　　　　어떤 종류를 자신이 높이 평가하는지를 //　　이마누엘 칸트는 이것을 한 단계 더 발전시켜 /

[adding an unusual rule for a deontologist]. // **❸**He [believed / {that you can and should
분사구문(주어의 상황을 부가적으로 설명)　　　　　　　　　서술어 1　　　　명사절(believed의 목적어)
의무론자에게는 흔치 않는 규칙을 추가한다 //　　그는 믿었으며 /　　사람들이 자신의 결정을 검증할 수 있고

test your decisions / for moral and ethical soundness}] / and [outlined a thought
　　　　　　　　　　　　　　　　　　　　　　　　　　　　　서술어 2
검증해야 한다고 /　　도덕적 윤리적 건전성을 위해 /　　　　사고 실험의 개요를 설명했다 /

experiment / {he called the Categorical Imperative} / {to help you do just that}]. //
　　　　　관계절　　　　　　　　　　　　　　　　　　　to부정사구(목적)
　　　　자신이 '정언 명령'이라 부른 /　　　　　사람들이 바로 그것을 하도록 돕기 위해 //

❹When considering any course of action, / ask yourself, / "Would I want / everyone else, /
어떤 행동 방침을 고려할 때 /　　　　　　　～이라고 자문해 보라 / '바라겠는가 /　　　다른 모든 사람이 /

if placed in my position, / to do the same thing?" // **❺**If the answer is yes, / you're on the
내 입장에 놓인다면 /　　　　같은 행동을 하기를" //　　만일 대답이 '그렇다'라면 /　　여러분은 올바른 길을

right path. // **❻**If the answer is no, / then don't do it yourself. // **❼**For example, / while
가고 있는 것이다 //　만일 대답이 '아니다'라면 /　　여러분 자신은 그것을 하지 말라 //　　예를 들어 /　　상황을 쉽게

you can easily imagine a situation / [in which it might be to your advantage {to lie}], /
　　　　　　　　　　　　　　　관계절　　　형식상의 주어　　　to부정사구(내용상의 주어) ←
상상할 수 있지만 /　　　　　　거짓말을 하는 것이 자신에게 유리할 수도 있는 /

you would not want everyone to lie, / so you should not lie yourself. //
여러분은 모든 사람이 거짓말하는 것을 원하지는 않을 것이므로 / 여러분 자신도 거짓말을 해서는 안 된다 //

* deontologist: 의무론자 ** Categorical Imperative: 정언 명령(양심의 절대 무조건적 도덕률)

어휘

□ **ethical** 윤리적인　　　　　□ **soundness** 건전성, 견실성

□ **outline** 개요를 설명하다, 윤곽을 그리다　　　　　　　　□ **thought experiment** 사고 실험

□ **path** 길, 경로　　　　　□ **situation** 상황

글의 흐름 파악

도입(❶∼❷)	주제(❸∼❹)	적용(❺∼❼)
윤리 체계와 칸트	정언 명령	정언 명령의 적용
• 자신의 윤리 체계를 파악하는 것이 개인에게 도움이 됨 • 칸트는 규칙을 추가함	• 사람들이 자신의 결정을 검증하도록 함 • 다른 사람이 같은 행동을 하기를 바라겠는지 자문하라	• 그렇다면 올바른 길을 가고 있음 • 그렇지 않다면 그것을 해서는 안 됨 • 거짓말의 사례

 전문 해석

❶어떤 면에서는, 자신이 어떤 종류의 윤리 체계를 가졌는지와 어떤 종류를 자신이 높이 평가하는지를 파악하는 것이 개인에게 도움이 된다. ❷이마누엘 칸트는 이것을 한 단계 더 발전시켜, 의무론자에게는 흔치 않는 규칙을 추가한다. ❸그는 도덕적 윤리적 건전성을 위해 사람들이 자신의 결정을 검증할 수 있고 검증해야 한다고 믿었으며, 사람들이 바로 그것을 하도록 돕기 위해 자신이 '정언 명령'이라 부른 사고 실험의 개요를 설명했다. ❹어떤 행동 방침을 고려할 때, "다른 모든 사람이 내 입장에 놓인다면 같은 행동을 하기를 바라겠는가?"라고 자문해 보라. ❺만일 대답이 '그렇다'라면 여러분은 올바른 길을 가고 있는 것이다. ❻만일 대답이 '아니다'라면 여러분 자신은 그것을 하지 말라. ❼예를 들어, 거짓말을 하는 것이 자신에게 유리할 수도 있는 상황을 쉽게 상상할 수 있지만, 여러분은 모든 사람이 거짓말하는 것을 원하지는 않을 것이므로, 여러분 자신도 거짓말을 해서는 안 된다.

 배경지식

Immanuel Kant(이마누엘 칸트) (1724∼1804)
쾨니히스베르크에서 태어나 쾨니히스베르크 대학에서 수학과 자연 과학 및 철학을 공부하였고 쾨니히스베르크 대학 교수로 평생을 보냈다. '순수이성비판', '실천이성비판', '판단력비판' 등을 썼으며, 근대의 가장 위대한 철학자 중 한 명으로 평가받는다.

 구문 해설

❷ Immanuel Kant takes it one step further, [adding an unusual rule for a deontologist].

　[ ]는 주어인 Immanuel Kant의 상황을 부가적으로 설명하는 분사구문이다.

❼ For example, while you can easily imagine a situation [in which **it** might be to your advantage {to lie}], you would not want everyone to lie, so you should not lie yourself.

　[ ]는 a situation을 수식하는 관계절이며, it은 관계절의 형식상의 주어이고 { }는 관계절의 내용상의 주어이다.

Quick Check　빈칸 완성하기

1. On one level, it is h_____ for individuals to identify which kind of ethical system they have and which kind they admire.

2. Kant believed that you can and should test your decisions for moral and ethical s_____.

정답 **정답** 1. (h)elpful 2. (s)oundness

컴퓨터의 생존 전략

| Keywords | survival strategies, consciousness, organism, computer life-forms

❶ Life-forms work / [to evolve survival strategies] / but without necessarily being aware
→ to부정사구(목적)
생명체는 노력한다 / 생존 전략을 진화시키기 위해 / 하지만 그 과정을 반드시 의식하지는 않는다 //

of the process. // **❷** Consciousness is not a necessary condition of life / — though it says
의식이 생명의 필수 조건은 아니다 / 유기체에 대해 많은 것을

much about the organism / [that happens to possess it]. // **❸** Most biological species /
관계절
말해 주기는 하지만 / 어쩌다가 그것을 가지게 된 // 대부분의 생물 종은 /

have evolved techniques and mechanisms for survival / without reflecting on the fact, /
생존을 위한 기술과 기제를 진화시켜 왔으며 / 그러한 사실을 숙고하지 않고 /

and this is [what has happened so far / with computer life-forms]. // **❹** We can speculate
명사절(is의 주격 보어)
이것이 지금까지 일어났던 일이다 / 컴퓨터 생명체에 // 우리는 짐작해 볼 수 있다 /

on / [how computers might ponder / on their own survival] / but this is essentially a
명사절(on의 목적어)
컴퓨터가 어떻게 숙고할지 / 자신의 생존에 대해 / 하지만 이것은 본질적으로 미래의 문제

matter for the future. // **❺** At present / we see a host of rudimentary survival mechanisms /
이다 // 현재 / 우리는 다수의 원시적인 생존 기제를 보는데 /

in computers: / we may expect / these [to develop] / and new ones [to emerge]. // **❻** It is
to부정사(expect의 목적격 보어 1)   to부정사(expect의 목적격 보어 2)   형식상의 주어
컴퓨터에서 / 우리는 예상할 수 있을 것이다 / 이것이 발전하고 / 새로운 것이 등장할 것으로 // 불가피한

inevitable, / at the present stage of their development, / [that computer survival
내용상의 주어
것이다 / 발전의 현재 단계에서는 / 컴퓨터의 생존 전략이 거의 모든 것을 신세

strategies owe virtually everything / to human involvement / in computer design]. //
「owe ~ to ...: ~에 대하여 ...의 신세를 지다」
진다는 것은 / 인간 개입에 / 컴퓨터 설계에서의 //

❼ However, / [as machine autonomy develops] / there will be a progressive reduction /
부사절(as: ~함에 따라)
그러나 / 기계의 자율성이 발전함에 따라 / 점차 줄어들 것이다 /

in the extent of human influence / on computer evolution. // **❽** Computers will [come to
원형부정사구 1
인간의 영향력 범위는 / 컴퓨터 진화에 대한 // 컴퓨터는 생각하게 되고 /

think / about their own position in the world], / and [take steps to enhance their own
원형부정사구 2
세상에서 자기 자신의 위치에 대해 / 자신의 안전을 강화하는 조치를 취할 것이다 //

security]. //

* ponder: 숙고하다 ** rudimentary: 원시적인

어휘

□ **evolve** 진화시키다
□ **consciousness** 의식, 인식
□ **reflect on** ~을 숙고하다
□ **a host of** 다수의
□ **involvement** 개입

□ **strategy** 전략
□ **organism** 유기체
□ **speculate** 짐작하다, 추측하다
□ **inevitable** 불가피한, 필연적인
□ **autonomy** 자율성

□ **be aware of** ~을 의식하다
□ **mechanism** 기제, 방법
□ **essentially** 본질적으로
□ **virtually** 거의, 사실상
□ **progressive** 점차적인, 점진적인

도입(❶~❷)	전개(❸~❻)	반론(❼~❽)
생명체 생존 전략의 진화	현재의 컴퓨터 생명체	미래의 컴퓨터 생명체
생명체는 생존 전략의 진화 과정을 의식하지 않음	현재의 컴퓨터 생명체는 자신의 생존에 대해 숙고하지 않으며, 생존 전략을 인간의 개입에 신세지고 있음	기계의 자율성이 발전함에 따라 컴퓨터 진화에 대한 인간의 영향력은 감소할 것임

전문 해석

❶생명체는 생존 전략을 진화시키기 위해 노력하지만, 그 과정을 반드시 의식하지는 않는다. ❷의식이 어쩌다가 그것을 가지게 된 유기체에 대해 많은 것을 말해 주기는 하지만, 생명의 필수 조건은 아니다. ❸대부분의 생물 종은 생존을 위한 기술과 기제를 진화시킨다는 사실을 숙고하지 않고 그렇게 해 왔으며, 이것이 지금까지 컴퓨터 생명체에 일어났던 일이다. ❹우리는 컴퓨터가 자신의 생존에 대해 어떻게 숙고할지 짐작해 볼 수 있지만, 이것은 본질적으로 미래의 문제이다. ❺현재 우리는 컴퓨터에서 다수의 원시적인 생존 기제를 보는데, 우리는 이것이 발전하고 새로운 것이 등장할 것으로 예상할 수 있을 것이다. ❻발전의 현재 단계에서는 컴퓨터의 생존 전략이 컴퓨터 설계에서의 인간 개입에 거의 모든 것을 신세진다는 것은 불가피한 것이다. ❼그러나, 기계의 자율성이 발전함에 따라, 컴퓨터 진화에 대한 인간의 영향력 범위는 점차 줄어들 것이다. ❽컴퓨터는 세상에서 자기 자신의 위치에 대해 생각하게 되고 자신의 안전을 강화하는 조치를 취할 것이다.

구문 해설

❹We can speculate on [how computers might ponder on their own survival] but this is essentially a matter for the future.

[ ]는 전치사 on의 목적어 역할을 하는 명사절이다.

❻It is inevitable, at the present stage of their development, [that computer survival strategies owe virtually everything to human involvement in computer design].

It은 형식상의 주어이고, [ ]는 내용상의 주어이다.

Quick Check | T, F 고르기

1. Life-forms are always aware of the process of striving to evolve survival strategies.
   T / F

2. According to the passage, machine autonomy will lead to a reduction in human influence on computer evolution. T / F

정답 1. F 2. T

도시화와 도시 계획

| Keywords | urbanism, urban planning, complex, experts

❶ Since at least the late nineteenth century and the rise of industrial cities, / the history
→ '~ 이후로' → '적어도'
적어도 19세기 후반 산업 도시가 부상한 이후로 /
도시화와 도시 계획의

of urbanism and urban planning / has been a history of expertise / — political,
→ 현재완료
역사는 /
전문 지식의 역사였다 /
정치적, 행정적,

administrative, and technocratic. // ❷ Cities came to be seen / as solutions to demands /
→ 「see ~ as …: ~을 …으로 여기다」
기술 관료적 //
도시는 여겨지게 되었다 /
수요의 해결책으로 /

for wealth, health, safety, opportunity, and personal development, / as society grew
→ '~함에 따라'
부, 건강, 안전, 기회, 개인 발전에 대한 /
사회가 경제적, 사회적,

more economically, socially, and politically complex. // ❸ Cities also came to be seen /
정치적으로 더 복잡해짐에 따라 /
도시는 또한 여겨지게 되었는데 /

as posing new problems, / [often caused / by their successes in meeting earlier social
→ 분사구문(new problems를 부가적으로 설명)
새로운 문제들을 제기하는 것으로도 /
(그것들은) 흔히 야기된 것들이었다 / 더 이전의 사회적 수요를 충족시키는 데 성공하면서 //

demands]. // ❹ [Both fueled by and fueling {that problem/solution framework}], / the
→ 분사구문(주절의 주어를 부가적으로 설명)   → fueled by와 fueling의 공통 목적어
그러한 문제/해결 구조에 의해 자극받기도 하고 그것을 자극하기도 하면서 /
20세기

Progressive political movement of the early twentieth century / relied heavily on /
→ 술어동사
초의 진보주의 정치 운동은 /
크게 의존했다 /

trained and trusted experts, / especially economists and other social scientists. //
훈련되고 신뢰할 수 있는 전문가 /
특히 경제학자 및 기타 사회과학자에게 //

❺ Those experts were often educated / [in newly formed occupational disciplines and
→ 전치사구
그러한 전문가는 교육받은 경우가 많았다 /
새로 형성된 직업 분야와 전문학교에서 //

professional schools]. // ❻ Degrees in hand, / they were primed / to lead both governments
→ 수동태
학위를 손에 쥐고 /
그들은 준비가 되어 있었다 /
정부와 기업 둘 다를 이끌

and businesses / away from the era of laissez-faire / and toward better outcomes / for
자유방임주의의 시대에서 벗어나 /
더 나은 결과를 향하도록 /
자기

themselves and for workers and citizens. // ❼ That meant / [safer food]; / [safer water]; /
자신, 노동자, 시민을 위한 //
그것은 의미했다 /
더 안전한 식품 /
더 안전한 물 /
───────── 명사구(meant의 목적어) ─────────

[better working conditions]; / [safer and less expensive automobiles]; / [expanded
더 나은 근무 여건 /
더 안전하고 덜 비싼 자동차 /
그리고 교육, 여가,

opportunities / for education, leisure, and personal fulfillment]; / [and so on]. //
개인적 성취를 위한 기회 확대 /
등을 //

* technocratic: 기술 관료적 ** prime: (사용할 수 있게) 준비시키다 *** laissez-faire: 자유방임주의

어휘

□ **urbanism** 도시화, 도시 계획
□ **pose** (문제를) 제기하다
□ **solution** 해결, 해결책
□ **degree** 학위

□ **expertise** 전문 지식
□ **meet** 충족시키다
□ **occupational** 직업의
□ **expand** 확대하다

□ **administrative** 행정의, 관리상의
□ **fuel** 자극하다
□ **discipline** 분야, 학문
□ **fulfillment** 성취, 달성

글의 흐름 파악

도입(❶)	전개 1(❷~❸)	전개 2(❹~❺)	결론(❻~❼)
산업 도시의 부상	도시를 보는 시각	20세기 초의 진보주의 정치 운동의 영향	결과 제시
도시화와 도시 계획의 역사는 전문 지식의 역사였음	• 부, 건강, 안전, 기회, 개인 발전에 대한 수요의 해결책 • 새로운 문제를 제기하는 것	• 훈련되고 신뢰할 수 있는 전문가에게 의존함 • 전문가는 새로 형성된 직업 분야와 전문학교에서 교육받음	전문가들이 자기 자신, 노동자, 시민을 위한 더 나은 결과를 향하도록 이끌 준비가 되어 있었음

전문 해석 ❶적어도 19세기 후반 산업 도시가 부상한 이후로, 도시화와 도시 계획의 역사는 정치적, 행정적, 기술 관료적 전문 지식의 역사였다. ❷도시는 사회가 경제적, 사회적, 정치적으로 더 복잡해짐에 따라 부, 건강, 안전, 기회, 개인 발전에 대한 수요의 해결책으로 여겨지게 되었다. ❸도시는 또한 새로운 문제들을 제기하는 것으로도 여겨지게 되었는데, 그것들은 흔히 더 이전의 사회적 수요를 충족시키는 데 성공하면서 야기된 것이었다. ❹그러한 문제/해결 구조에 의해 자극받기도 하고 그것을 자극하기도 하면서 20세기 초의 진보주의 정치 운동은 훈련되고 신뢰할 수 있는 전문가, 특히 경제학자 및 기타 사회과학자에게 크게 의존했다. ❺그러한 전문가는 새로 형성된 직업 분야와 전문학교에서 교육받은 경우가 많았다. ❻학위를 손에 쥐고, 그들은 정부와 기업 둘 다를 자유방임주의의 시대에서 벗어나 자기 자신, 노동자, 시민을 위한 더 나은 결과를 향하도록 이끌 준비가 되어 있었다. ❼그것은 더 안전한 식품, 더 안전한 물, 더 나은 근무 여건, 더 안전하고 덜 비싼 자동차, 그리고 교육, 여가, 개인적 성취를 위한 기회 확대 등을 의미했다.

구문 해설 ❷ Cities came to **be seen as** solutions to demands for wealth, health, safety, opportunity, and personal development, [as society grew more economically, socially, and politically complex].

「be seen as ~」는 '~으로 여겨지다'의 의미이다. [ ]는 부사절로 as는 '~함에 따라'의 의미로 쓰였다.

❺ Those experts were often educated in [newly formed occupational disciplines] and [professional schools].

두 개의 [ ]는 and로 연결되어 전치사 in에 이어진다.

Quick Check | 적절한 말 고르기

1. Since at least the late nineteenth century and the rise of industrial cities, the history of urbanism and urban planning ⏢has / have⏢ been a history of expertise — political, administrative, and technocratic.

2. Cities also came to ⏢see / be seen⏢ as posing new problems, often caused by their successes in meeting earlier social demands.

정답 1. has 2. be seen

기자의 정보 습득

|Keywords| reporter, read, reference, numbers

❶[As soon as a reporter is assigned to a specialized beat], / he or she should read
→ 부사절(시간)
기자는 한 전문 구역에 배정되는 즉시 /   그 주제에 관한 기본 서적을 여러 권

several basic books on that subject / [to become familiar in a general way with how the
→ to부정사구(목적)
읽어야 한다 /   그 구역이 어떻게 작동하는지에 대해 전반적으로 친숙해지기 위해 //

beat works]. // ❷If a governmental area is involved / — for example, / a state legislature
정부 영역이 관련된 경우 /   예를 들어 /   주의회나 법원 시스템과 같은

or a court system / — a reporter should not go on a first assignment / without knowing
기자는 첫 임무[취재]를 나가서는 안 된다 /   그 특정 기관이 어떻게 운영

how that particular unit operates. // ❸Libraries contain such books, / although it is better
되는지 알지 못한 채 //   도서관에는 그러한 책이 비치되어 있는데 /   기자가 더 좋기는 하지만 /   → 형식상의 주어

for reporters / [to buy their own copies for future reference]. // ❹No medical reporter
→ to부정사구(내용상의 주어)
나중에 참조할 수 있도록 자기 소유의 책을 구매하는 것이 //   어떤 의학 기자도 성공적으로 일할

can work successfully / without a good medical dictionary, / for example. // ❺Nor
수 없다 /   좋은 의학 사전 없이는 /   예를 들어 //   또한
→ 부정어로 문장 시작: 「조동사+주어+본동사」의 어순   → 명사구(주어)

should a business reporter be / without a basic economics text. // ❻[City directories and
비즈니스 담당 기자가 안 된다 /   기본적인 경제서가 없어서도 //   도시 명부와 전화번호부는 /

telephone books / from all cities in a reporter's area of coverage] / are valuable tools, /
기자의 취재 구역 내 모든 도시의 /   귀중한 도구이며 /

as are [internal directories of the organizations / {he or she will encounter on the beat}]. //
→ 명사구(as절의 주어)   │   관계절
기관의 내부 명부 또한 그렇다 /   기자가 그 구역에서 마주치게 될 //

❼[Having such numbers / — {which are often impossible to obtain officially} —] / will
→ 동명사구(주어)   │   관계절
이런 번호를 가지고 있으면 /   흔히 공식적으로 얻을 수 없는 /   기자는

enable a reporter to bypass obstacles / and reach potential sources quickly.
장애물을 우회하여 /   잠재적인 취재원에 빠르게 도달할 수 있게 된다 //

* beat: (관할) 구역 ** bypass: 우회하다

어휘

- □ **assign** 배정하다
- □ **court** 법원, 법정
- □ **encounter** 마주치다
- □ **source** 취재원, 정보원, 출처
- □ **specialized** 전문의, 특화된
- □ **reference** 참조, 참고
- □ **obtain** 얻다
- □ **legislature** 의회, 입법부
- □ **directory** 명부
- □ **obstacle** 장애물

주제(❶~❷)	전개(❸~❺)	발전(❻~❼)
특정 전문 구역에 배정되는 기자	도서 읽기	명부와 전화번호 습득
• 그 구역의 작동 방식에 친숙해지기 위해 기본 서적을 읽어야 함 • 정부 영역에 배정되면 해당 기관 운영에 관해 알아야 함	• 책을 대여하거나 구매할 것 • 의학 서적과 경제서의 사례	• 도시 명부, 전화번호부, 나아가 기관의 내부 명부 확보 • 잠재적인 취재원에 빠르게 도달 가능

전문 해석

❶기자는 한 전문 구역에 배정되는 즉시 그 구역이 어떻게 작동하는지에 대해 전반적으로 친숙해지기 위해 그 주제에 관한 기본 서적을 여러 권 읽어야 한다. ❷예를 들어, 주의회나 법원 시스템과 같은 정부 영역이 관련된 경우, 기자는 그 특정 기관이 어떻게 운영되는지 알지 못한 채 첫 임무[취재]를 나가서는 안 된다. ❸도서관에 그런 책이 비치되어 있는데, 나중에 참조할 수 있도록 기자가 자기 소유의 책을 구매하는 것이 더 좋기는 하다. ❹예를 들어 어떤 의학 기자도 좋은 의학 사전 없이는 성공적으로 일할 수 없다. ❺또한 비즈니스 담당 기자가 기본적인 경제서가 없어서도 안 된다. ❻기자의 취재 구역 내 모든 도시의 도시 명부와 전화번호부는 귀중한 도구이며, 기자가 그 구역에서 마주치게 될 기관의 내부 명부 또한 그렇다. ❼흔히 공식적으로 얻을 수 없는 이런 번호를 가지고 있으면 기자는 장애물을 우회하여 잠재적인 취재원에 빠르게 도달할 수 있게 된다.

구문 해설

❸ **Libraries contain such books, although it is better for reporters [to buy their own copies for future reference].**

it은 although로 시작되는 절의 형식상의 주어이고, [ ]는 내용상의 주어이다.

❼ **[Having such numbers — {which are often impossible to obtain officially} —] will enable a reporter [to bypass obstacles and reach potential sources quickly].**

첫 번째 [ ]는 문장의 주어이며, { }는 such numbers를 수식하는 관계절이다. 두 번째 [ ]는 enable의 목적격 보어이다.

Quick Check 빈칸 완성하기

1. If a governmental area is involved, a reporter should not go on a first assignment without knowing how that particular unit o_____.

2. City directories and telephone books from all cities in a reporter's area of coverage are valuable t_____.

정답 1. [o]perates 2. (t)ools

문화적 다양성과 인간의 선천적 능력

| Keywords | innate, flexibly, respond, variation, commonality

❶Cultural and behavioral diversity / can result from humans' innate ability / [to flexibly
문화적 다양성과 행동의 다양성은 / 인간의 타고난 능력에서 비롯될 수 있다 / 환경에 유연하게
└─ to부정사구(humans' innate ability의 구체적 내용 설명)

respond to their environments], / [to engage in social learning], / and [to make culture] /
대응하고 / 사회적 학습에 참여하며 / 문화를 만드는 /

(an ability / [which is itself a part of the social suite]). // ❷The diversity might conceal /
(능력 / 그 자체가 사회성 모듈의 일부인) // 그 다양성은 숨기고 있을 수도 있다 /
└─ 관계절

an underlying universality / [that, paradoxically, might relate more to our genes / than
근본적인 보편성을 / 역설적으로 우리의 유전자와 더 관련이 있을 수 있는 / 문화적
└─「relate to: ~과 관련이 있다」 └─「more ~ than ..: ...보다 더 ~」

to cultural exigencies]. // ❸Evolutionary psychologists John Tooby and Leda Cosmides /
필요성보다는 // 진화 심리학자 John Tooby와 Leda Cosmides는 /
└─ 술어동사 └─ = John Tooby and Leda Cosmides

provide a fanciful illustration of this idea. // ❹They suggest a thought experiment /
이 생각에 대한 기발한 예를 제공한다 // 그들은 사고 실험을 제안한다 /
└─ 관계절 └─「replace ~ with ...: ~을 ...으로 대체하다」

[in which aliens replace humans with jukeboxes, / ⟨each of which has / ⟨a repertoire of
외계인이 인간을 주크박스로 대체하는데 / 각각의 주크박스가 가지고 있고 / 수천 곡의 레퍼토리를 /
└─ 대등한 연결 └─ 관계절(jukeboxes를 부가적으로 설명) └─ '~에 따라'

thousands of songs⟩ / and ⟨the ability to play a particular song / according to where
특정 곡을 재생할 수 있는 능력을 (가지고 있다) / 그것이 있는 장소와 시간에 따라 //
└─ 명사절(observe의 목적어) └─ 전치사구

and when it is⟩]]. // ❺We would then observe / [that jukeboxes ⟨in different parts of the
그렇게 되면 우리는 알게 될 것인데 / 세계 각지의 주크박스가 /
└─ 관계절 └─ = songs

world⟩ / played different songs at different times, / songs / ⟨that were similar to those /
서로 다른 시간에 서로 다른 노래를 재생하는 것을 / 노래는 / 노래와 비슷한 노래일 것이다 /
└─ = jukeboxes

on the jukeboxes near them⟩]. // ❻But none of this intergroup variation and intragroup
근처 주크박스에 있는 // 그러나 이러한 집단 간 차이와 집단 내 공통성 어느 것도 ~ 없을 것이다 /
└─「have to do with: ~과 관계가 있다」

commonality / would have anything to do / with the workings of culture. // ❼This is a
아무런 관련이 / 문화의 작용과 // 이것은 보여 주는
└─ 명사절(illustrating의 목적어)

way of illustrating / [that humans might have an inborn ability / ⟨to respond flexibly —
하나의 방식이다 / 인간이 선천적 능력을 가지고 있을 수 있다는 것을 / 환경에 유연하면서도 예측 가능하게
└─ to부정사구(an inborn ability의
구체적 내용 설명)

but also predictably — to their environment⟩]. //
반응할 수 있는 //

* innate: 타고난 ** exigency: 필요성, 본질적 요구

어휘

□ **diversity** 다양성　　　　□ **flexibly** 유연하게　　　　□ **social suite** 사회성 모듈
□ **underlying** 근본적인　　□ **universality** 보편성　　　□ **evolutionary** 진화의
□ **fanciful** 기발한　　　　　□ **illustration** 예, 예시　　□ **alien** 외계인
□ **jukebox** 주크박스(동전을 넣고 곡을 지정하면 저절로 음악이 나오는 장치)　□ **repertoire** 레퍼토리, 연주 목록
□ **variation** 차이, 변화　　□ **intragroup** 집단 내의　　□ **commonality** 공통성
□ **illustrate** 보여 주다, 실증하다

도입(❶~❷)		전개(❸~❺)		결론(❻~❼)
문화적 다양성과 행동의 다양성		John Tooby와 Leda Cosmides의 실험		실험의 시사점
• 인간의 타고난 능력에서 비롯될 수 있음 • 유전자와 더 관련이 있을 수 있는 근본적인 보편성을 숨기고 있을 수 있음	→	• 외계인이 인간을 주크박스로 대체하는 사고 실험을 제안함 • 주크박스가 서로 다른 시간에 서로 다른 노래를 재생하는데, 노래는 근처 주크박스에 있는 노래와 비슷함	→	• 집단 간 차이, 집단 내 공통성 어느 것도 문화의 작용과 관련이 없음 • 인간이 환경에 유연하면서도 예측 가능하게 반응하는 선천적 능력을 가지고 있을 수 있음을 보여 줌

전문 해석

❶문화적 다양성과 행동의 다양성은 환경에 유연하게 대응하고, 사회적 학습에 참여하며, 문화를 만드는 인간의 타고난 능력(그 자체가 사회성 모듬의 일부인 능력)에서 비롯될 수 있다. ❷그 다양성은 역설적으로 문화적 필요성보다는 우리의 유전자와 더 관련이 있을 수 있는 근본적인 보편성을 숨기고 있을 수도 있다. ❸진화 심리학자 John Tooby와 Leda Cosmides는 이 생각에 대한 기발한 예를 제공한다. ❹그들은 외계인이 인간을 주크박스로 대체하는데, 각각의 주크박스가 수천 곡의 레퍼토리를 가지고 있고 그것이 있는 장소와 시간에 따라 특정 곡을 재생할 수 있는 능력을 가지고 있다는 사고 실험을 제안한다. ❺그렇게 되면 우리는 세계 각지의 주크박스가 서로 다른 시간에 서로 다른 노래를 재생하는 것을 알게 될 것인데, 노래는 근처 주크박스에 있는 노래와 비슷한 노래일 것이다. ❻그러나 이러한 집단 간 차이와 집단 내 공통성 어느 것도 문화의 작용과 아무런 관련이 없을 것이다. ❼이것은 인간이 환경에 유연하면서도 예측 가능하게 반응할 수 있는 선천적 능력을 가지고 있을 수 있다는 것을 보여 주는 하나의 방식이다.

구문 해설

❷ The diversity might conceal an underlying universality [that, paradoxically, might relate **more** to our genes **than** to cultural exigencies].

[ ]는 an underlying universality를 수식하는 관계절이다. 「more ~ than …」은 '…보다 더 ~'라는 의미이다.

❹ They suggest a thought experiment [in which aliens replace humans with jukeboxes, {each of which has a repertoire of thousands of songs and the ability to play a particular song according to where and when it is}].

[ ]는 a thought experiment를 수식하는 관계절이고, { }는 jukeboxes를 부가적으로 설명하는 관계절이다.

Quick Check 적절한 말 고르기

1. Cultural and behavioral diversity can result from humans' innate ability to | flexible / flexibly | respond to their environments, to engage in social learning, and to make culture (an ability which is itself a part of the social suite).

2. We would then observe that jukeboxes in different parts of the world played different songs at different times, songs that were similar to | that / those | on the jukeboxes near them.

정답 1. flexibly 2. those

오늘날 리더의 자질

| Keywords | leaders, experience, future success, handicap, discipline, fresh eye

❶When companies select leaders, / two of the first questions [they ask] / are, "Has he
기업이 리더를 선발할 때 /　　　그들이 묻는 첫 질문 두 가지는 /　　　　　　　　"그가 전에 이런 일을
　　　　　　　　　　　　　　　　　　　　　　　　　　　　　관계절　　　　　　명사절(assume의 목적어)

done anything like this before?" / "What is his track record?" // ❷We assume / [that
해 본 적이 있는가?" /　　　　"그의 실적은 어떤가?"이다 //　　　우리는 가정한다 /　　만약 그

{if that person has done it before (and done it well)}, / he can do it again]. // ❸Experience
사람이 전에 그 일을 해 본 적이 있다면(그리고 그것을 잘 해냈다면) /　　그는 다시 그 일을 할 수 있다고 //　리더에게 경험은
　　부사절(조건)

is still important for leaders, / and there are times / [when it is the most effective
여전히 중요하며 /　　　　때가 있다 /　　　　그것이 미래의 성공을 가장 효과적으로 예측하는
　　　　　　　　　　　　　　　　　　　　　　　관계절

predictor of future success]. // ❹The problem, / however, / is [that because of constantly
변수일 //　　　　　문제는 /　　그러나 /　세상에서 끊임없이 개선되는 기술, 과정, 모범
　　　　　　　　　　　　　　명사절(is의 주격 보어)　　「because of+명사구: ~으로 인해」

improving technology, processes, and best practices in a world / {that is constantly
사례로 인해 /　　　　　　　　　　　　　　　　　　　　　끊임없이 변화하고 /
　　　　　　　　　　　　　　　　　　　　　　　　관계절 1

changing} / and {where success is being continually redefined}, / experience can be a
끊임없이 변화하고 /　　　성공의 기준이 계속 재정의되고 있는 /　　경험이 불리한 조건이 될 수 있다는
　　　　　　　관계절 2

handicap]. // ❺Today, / leaders must discipline themselves / [to look at problems and
것이다 //　　오늘날 /　리더는 스스로를 단련해야 한다 /　　문제와 기회를 바라볼 수 있도록
　　　　　　　　　　　　　　　　　　재귀대명사　　　to부정사구(목적)

opportunities / with a fresh eye]. // ❻This is difficult / [because people naturally want to
새로운 시각으로 //　　이것은 어려운 일인데 /　사람들은 접근 방식을 반복하기를 당연히 원하기 때문이다
　　　　　　　　　　　　　　　　　　　　　　　부사절(이유)　　　　　　　　형식상의 주어

repeat an approach / {that worked in a similar situation}]. // ❼It is a challenge /
　　　　　　　　　비슷한 상황에서 효과적이었던 //　　힘든 일이다 /
　　　　　　　　　　관계절

[to consider an alternative / {to what brought you success in the past} / or {to your
대안을 고려하는 것은 /　　과거에 성공을 가져다준 것이나 /　　현재 여러분의 현
내용상의 주어　　　　　　　　　　　　　　대등한 연결

current position in the present}]. //
위치에 대한 //

어휘

□ **track record** 실적　　　　□ **predictor** 예측 변수　　　□ **constantly** 끊임없이
□ **redefine** 재정의하다　　　□ **handicap** 불리한 조건　　□ **discipline** 단련[훈련]시키다
□ **approach** 접근 방식　　　　□ **challenge** 힘든 일　　　　□ **alternative** 대안
□ **current** 현재의

글의 흐름 파악

도입(❶~❸)		주제(❹~❺)		부연(❻~❼)
리더에게 중요한 경험		리더에 대한 새로운 정의		리더에 대한 새로운 정의가 어려운 이유
리더에게 경험은 여전히 중요하며, 미래의 성공을 가장 효과적으로 예측하는 변수일 때가 있음	➡	• 세상에서 끊임없이 개선되는 기술, 과정, 모범 사례로 인해 경험이 불리한 조건이 될 수 있음 • 리더는 새로운 시각으로 문제와 기회를 바라볼 수 있도록 스스로를 단련해야 함	➡	• 사람들은 비슷한 상황에서 효과적이었던 접근 방식을 반복하기를 원함 • 과거에 성공을 가져다준 것이나 현재 여러분의 현 위치에 대한 대안을 고려하는 것은 힘든 일임

전문 해석

❶기업이 리더를 선발할 때, 그들이 묻는 첫 질문 두 가지는 "그가 전에 이런 일을 해 본 적이 있는가?" "그의 실적은 어떤가?"이다. ❷우리는 만약 그 사람이 전에 그 일을 해 본 적이 있다면(그리고 그것을 잘 해냈다면), 그는 다시 그 일을 할 수 있다고 가정한다. ❸리더에게 경험은 여전히 중요하며, 그것이 미래의 성공을 가장 효과적으로 예측하는 변수일 때가 있다. ❹그러나 문제는 끊임없이 변화하고 성공의 기준이 계속 재정의되고 있는 세상에서 끊임없이 개선되는 기술, 과정, 모범 사례로 인해 경험이 불리한 조건이 될 수 있다는 것이다. ❺오늘날, 리더는 새로운 시각으로 문제와 기회를 바라볼 수 있도록 스스로를 단련해야 한다. ❻이것은 어려운 일인데, 사람들은 비슷한 상황에서 효과적이었던 접근 방식을 반복하기를 당연히 원하기 때문이다. ❼과거에 성공을 가져다준 것이나 현재 여러분의 현 위치에 대한 대안을 고려하는 것은 힘든 일이다.

구문 해설

❸ Experience is still important for leaders, and there are times [when it is the most effective predictor of future success].

[ ]는 times를 수식하는 관계절이다.

❻ This is difficult [because people naturally want to repeat an approach {that worked in a similar situation}].

[ ]는 이유의 부사절이고, 그 안의 { }는 an approach를 수식하는 관계절이다.

Quick Check 적절한 말 고르기

1. The problem, however, is that |because / because of| constantly improving technology, processes, and best practices in a world that is constantly changing and where success is being continually redefined, experience can be a handicap.

2. |It / What| is a challenge to consider an alternative to what brought you success in the past or to your current position in the present.

정답 1. because of 2. It

| Keywords | smell, sense, aromatherapy, consumers, edible, inedible, medicine

❶Smell is not just a sense / [that determines taste]; / it is also a powerful force / [that
후각은 감각일 뿐만 아니라 / 맛을 판단하는 / 강력한 힘이기도 하다 / 욕구를

{stimulates desire} / and {may even overwhelm the other senses}]. // ❷In the past decade, /
자극하고 / 다른 감각을 압도할 수도 있는 // 지난 10년 동안 /

aromatherapy has emerged / as an alternative healing practice, / as well as a new
방향 요법은 부상했다 / 대체 치유법으로 / 그리고 또한 새로운 상품으로

product / [to be advertised to consumers]. // ❸Some stores spread / scents of freshly
소비자에게 광고할 수 있는 // 일부 매장은 퍼뜨려 / 갓 구운 빵이나 사과파이의

baked bread or apple pie / to encourage shoppers [to stay longer and buy more]. //
향을 / 고객이 더 오래 머무르고 더 많이 구매하도록 유도한다 //

❹Smells are also important / for distinguishing between edible and inedible foods. //
냄새는 또한 중요하다 / 먹을 수 있는 음식과 먹기에 적합하지 않은 음식을 구분하는 데 //

❺Herbal medicine stores / frequently have a wide variety of pungent odors. // ❻The
한약재 매장에는 / 흔히 다양한 자극적인 냄새가 있다 // 한약

preparation of herbal medicines may include / [cooking plants into liquid form] /
제조에는 포함될 수도 있는데 / 식물을 액체 형태로 조리하거나 /

or [distilling essences with alcohol], / which often creates an odor. // ❼Yet / biomedical
알코올로 진액을 증류하는 것이 / 이 과정에서 흔히 냄새가 유발된다 // 그러나 / 생의학 알약 및

pills and tablets / are prepared in ways / [that deemphasize smells / {considered to be
정제는 / 방식으로 준비된다 / 냄새를 강조하지 않는 / 더 맛있다고 여겨지는 //

more palatable}]. // ❽The absence of smells / further distances medicine from food. //
냄새가 없으면 / 약과 음식의 거리가 더 멀어진다 //

* pungent: 자극적인 ** distill: 증류하다 *** palatable: 맛이 좋은

어휘

- [ ] **stimulate** 자극하다
- [ ] **emerge** 부상하다
- [ ] **consumer** 소비자
- [ ] **herbal medicine** 한약, 한방약
- [ ] **biomedical** 생물 의학의
- [ ] **deemphasize** 강조하지 않다, 경시하다
- [ ] **overwhelm** 압도하다, 제압하다
- [ ] **alternative** 대체의
- [ ] **distinguish** 구분하다
- [ ] **odor** 냄새, 향기
- [ ] **pill** 알약
- [ ] **aromatherapy** 방향 요법
- [ ] **advertise** 광고하다, 선전하다
- [ ] **edible** 먹을 수 있는
- [ ] **essence** 진액, 에센스
- [ ] **tablet** 정제

도입(❶)		부연 1(❷~❸)		부연 2(❹~❽)
후각의 역할		방향 요법과 상업적으로 활용되는 후각		식품을 구분하는 후각의 역할
후각은 욕구를 자극하고 다른 감각을 압도할 수 있는 강력한 힘임	→	• 방향 요법은 대체 치유법으로 부상했음 • 음식의 향은 고객의 구매를 유도하기도 함	→	• 냄새는 먹을 수 있는 음식과 먹기에 적합하지 않은 음식을 구분하는 데 중요한 역할을 함 • 냄새는 약과 음식을 구분할 수 있게 함

전문 해석

❶후각은 맛을 판단하는 감각일 뿐만 아니라, 욕구를 자극하고 다른 감각을 압도할 수도 있는 강력한 힘이기도 하다. ❷지난 10년 동안 방향 요법은 대체 치유법으로, 그리고 또한 소비자에게 광고할 수 있는 새로운 상품으로 부상했다. ❸일부 매장은 갓 구운 빵이나 사과파이의 향을 퍼뜨려 고객이 더 오래 머무르고 더 많이 구매하도록 유도한다. ❹냄새는 또한 먹을 수 있는 음식과 먹기에 적합하지 않은 음식을 구분하는 데 중요하다. ❺한약재 매장에는 흔히 다양한 자극적인 냄새가 있다. ❻한약 제조에는 식물을 액체 형태로 조리하거나 알코올로 진액을 증류하는 것이 포함될 수도 있는데, 이 과정에서 흔히 냄새가 유발된다. ❼그러나 생의학 알약 및 정제는 더 맛있다고 여겨지는 냄새를 강조하지 않는 방식으로 준비된다. ❽냄새가 없으면 약과 음식의 거리가 더 멀어진다.

구문 해설

❶ Smell is not just a sense [that determines taste]; it is also a powerful force [that stimulates desire and may even overwhelm the other senses].

두 개의 [ ]는 각각 바로 앞의 a sense와 a powerful force를 수식하는 관계절이다.

❼ Yet biomedical pills and tablets are prepared in ways [that deemphasize smells {considered to be more palatable}].

[ ]는 ways를 수식하는 관계절이고, 그 안의 { }는 smells를 수식하는 분사구이다.

Quick Check T, F 고르기

1. Stores use scents of freshly baked bread or apple pie to encourage shoppers to leave quickly. T / F

2. The absence of smells in biomedical pills and tablets brings medicine closer to food. T / F

부모와 또래 집단의 차이

| Keywords | peer, different, advice, discuss, approval, conformity

❶ ┌→명사구(주어) ┌─────── 전치사구
[The divergence / {between parental and peer values}] / ┌→단수 '~으로 이어지다'
does not necessarily lead to /
차이가 / 부모와 또래의 가치 사이의 / 반드시 이어지는 것은 아니다 /

┌────── 전치사구
a hostile confrontation / [between parents and teenagers]. // ❷In fact, / most youngsters
적대적으로 대립하는 것으로 / 부모와 십 대가 // 사실 / 대부분의 청소년은 부모와도

┌─"as ~ as ...: … 만큼 ~한"
are just as friendly with parents / as with peers. // ❸They simply engage in [different
친근하게 지낸다 / 또래만큼이나 // 그들은 단지 서로 다른 유형의 활동을 할 뿐이다 /

┌── 동격 관계 ──┐
types of activities] / — [work and task activities with parents, / play and recreation with
즉 부모와는 일과 과제 활동을 / 또래와는 놀이와 여가 활동을 //

┌→전치사구 ┌──────── 전치사구
peers]. // ❹[Concerning financial, educational, career, and other serious matters, / {such
재정, 교육, 진로 및 기타 진지한 문제와 관련하여 / 돈을

┌── 대등한 연결 ──┐ 「be inclined to do: ~하는 경향이 있다」←┐
as ⟨what to spend money on⟩ / and ⟨what occupation to choose⟩}], / youths are inclined
어디에 쓸지 / 어떤 직업을 선택할지 등 / 청소년은 조언을 구하는 경향이

┌"when it comes to: ~과 관련하여" ┌──── 전치사구
to seek advice / from parents. // ❺[When it comes to social activities, / {such as ⟨whom
있다 / 부모에게 // 사교 활동과 관련해서는 / 누구와 데이트할지 /

┌── 대등한 연결 ──┐ ┌→= social activities ~ join
to date⟩ / and ⟨what clubs to join⟩}], / they are more likely to discuss them / with peers. //
어떤 동아리에 가입할지 등 / 그들은 그것을 상의할 가능성이 더 크다 / 또래와 //

┌분사구
❻This reflects the great importance / [placed by the peer group / on {other-directed
이는 대단한 중요성을 반영한다 / 또래 집단이 두는 / '타인 지향형 행동'에 /

┌── 동격 관계 ──┐ ┌"look to ~ for ...: …을 ~에게 기대하다" ┌→'~이 아니라'
behavior}, / {looking to others / for approval and support / as opposed to reliance / on
즉 타인에게 기대하는 것에 / 승인과 지지를 / 의존이 아닌 / 개인적

┌→'사실'
personal beliefs and traditional values}]. // ❼Peer groups, in effect, demand conformity /
신념과 전통적 가치에의 // 사실 또래 집단은 순응을 요구한다 /

┌'~을 희생하면서'
at the expense of independence and individuality. //
독립성과 개성을 희생하면서 //

* divergence: 차이 ** hostile: 적대적인 *** confrontation: 대립, 대면

어휘
- □ peer 또래
- □ concerning ~과 관련하여
- □ be inclined to *do* ~하는 경향이 있다
- □ reflect 반영하다
- □ look to ~ for ... …을 ~에게 기대하다
- □ as opposed to ~이 아니라
- □ at the expense of ~을 희생하면서
- □ engage in ~을 하다, ~에 참여하다
- □ financial 재정적인
- □ place importance on ~을 중요시하다
- □ reliance 의존
- □ occupation 직업
- □ when it comes to ~과 관련하여
- □ approval 승인
- □ conformity 순응
- □ individuality 개성

글의 흐름 파악

도입(❶~❷)	요지(❸)	부연(❹~❼)
십 대와 부모	부모와 또래 집단의 차이	구체적인 활동
십 대는 또래만큼이나 부모와도 친근하게 지냄	십 대는 부모 및 또래 집단과 서로 다른 유형의 활동을 함께 함	• 재정, 교육, 진로 및 기타 진지한 문제와 관련하여 부모에게 조언을 구함 • 사교 활동과 관련해서는 또래와 상의하는데, 이는 십 대가 '타인 지향형 행동'을 중요시하기 때문임

전문 해석

❶부모와 또래의 가치 사이의 차이가 부모와 십 대가 반드시 적대적으로 대립하는 것으로 이어지는 것은 아니다. ❷사실 대부분의 청소년은 또래만큼이나 부모와도 친근하게 지낸다. ❸그들은 단지 서로 다른 유형의 활동, 즉 부모와는 일과 과제 활동을, 또래와는 놀이와 여가 활동을 함께 할 뿐이다. ❹돈을 어디에 쓸지, 어떤 직업을 선택할지 등 재정, 교육, 진로 및 기타 진지한 문제와 관련하여 청소년은 부모에게 조언을 구하는 경향이 있다. ❺누구와 데이트할지, 어떤 동아리에 가입할지 등 사교 활동과 관련해서는 그들은 그것을 또래와 상의할 가능성이 더 크다. ❻이는 또래 집단이 '타인 지향형 행동', 즉 개인적 신념과 전통적 가치에의 의존이 아닌 승인과 지지를 타인에게 기대하는 것을 매우 중요시함을 반영한다. ❼사실 또래 집단은 독립성과 개성을 희생하면서 순응을 요구한다.

구문 해설

❶ The divergence [between parental and peer values] does not necessarily lead to a hostile confrontation [between parents and teenagers].

첫 번째 [ ]는 The divergence를 수식하는 전치사구이고, 두 번째 [ ]는 a hostile confrontation을 수식하는 전치사구이다.

❺ When it comes to social activities, [such as whom to date and what clubs to join], they are more likely to discuss **them** with peers.

[ ]는 social activities를 수식하는 전치사구이다. them은 social activities, such as ~ to join을 대신한다.

Quick Check 적절한 말 고르기

1. Most youngsters simply engage in different / identical types of activities — work and task activities with parents, play and recreation with peers.

2. Concerning financial, educational, career, and other serious matters, such as what to spend money on and what occupation to choose, youths are inclined to seek advice from parents / peers .

정답 1. different 2. parents

6번 / 16강 고통스러운 자극의 재현

| Keywords | virtual, painful stimulation, comes in handy

❶[One important point {related to the possibility / of reproducing believable tactile
가능성과 관련된 한 가지 중요한 점은 / 믿을 만한 촉감을 재현할 수 있는 /

sensations / in virtual or machine-mediated environments}] / lies in the role of "pain." //
가상이나 기계로 매개되는 환경에서 / '고통'의 역할에 있다 //

❷Certainly, / a number of real interactions / can never be entirely believable / without the
확실히 / 수많은 실제 상호 작용은 / 완전히 믿을 만하지는 않을 것이다 / 고통스러운 자극이

presence of painful stimulation. // ❸However, / one might wonder / [whether reproducing
없다면 // 그러나 / 의문이 들 수도 있다 / 그러한 종류의 자극을 재현하는 것이

such kinds of stimulation would ever be of any use / within virtual or mediated
과연 유용할지 / 가상 또는 매개되는 상호 작용 내에 //

interactions]. // ❹Shouldn't a "virtual" world be, / in some sense, / "better" without
'가상의' 세계는 아닐까 / 어떤 의미에서 / 고통이 없는 것이 '더 나은'

pain? // ❺[Even if not immediately intuitive], / there are a (admittedly small) number of
것이 // 즉각적으로 직관적이지는 않더라도 / 상황은 (물론 소수이기는 하지만) 꽤 있다 /

situations / [in which {the ability to deliver painful stimulation} / comes in handy within
고통스러운 자극을 전달하는 능력이 / 매개되는 환경 내에서 유용할 수 있는 //

mediated environments]. // ❻In fact, / numerous attempts have been made / over the
사실 / 수많은 시도가 있어 왔다 / 지난 몇 년 동안

course of the last few years / [to reproduce these aspects of our perception as well]. //
또한 우리 지각의 이러한 측면을 재현하기 위한 //

❼This may occur / [in video games {to increase the realism of the simulation}] / or even
이것(이러한 시도)은 있을 수 있다 / 시뮬레이션의 사실감을 높이기 위해 비디오 게임에서 / 혹은 훨씬 더

more importantly / [in training programs for soldiers / {where pain is an occupational
중요하게는 / 군인을 위한 훈련 프로그램에서 / 고통이 직업적 위험 요소이며 이를(고통을) 처리해야

hazard and will need to be dealt with}]. //
하는 //

* tactile: 촉각의 ** intuitive: 직관적인 *** hazard: 위험

어휘

□ **reproduce** 재현하다, 재생산하다 □ **virtual** 가상의
□ **machine-mediated** 기계로 매개되는   □ **presence** 존재
□ **stimulation** 자극   □ **immediately** 즉각적으로   □ **admittedly** 물론, 틀림없이
□ **come in handy** 유용하다, 쓸모가 있다   □ **numerous** 수많은
□ **attempt** 시도   □ **perception** 지각   □ **occupational** 직업상의

글의 흐름 파악

도입(❶)	전개(❷~❹)	발전(❺~❻)	부연(❼)
촉감과 고통	가상 세계에서의 고통	고통의 유용성	사례
믿을 만한 촉감의 재현과 고통의 관계	• 고통스러운 자극 재현의 유용성 • 의문이 들 수 있음	• 고통스러운 자극 전달이 유용한 상황이 있음 • 재현을 위한 많은 시도가 있어 옴	비디오 게임과 군인을 위한 훈련 프로그램

전문 해석

❶가상이나 기계로 매개되는 환경에서 믿을 만한 촉감을 재현할 수 있는 가능성과 관련된 한 가지 중요한 점은 '고통'의 역할에 있다. ❷확실히, 고통스러운 자극이 없다면 수많은 실제 상호 작용은 완전히 믿을 만하지는 않을 것이다. ❸그러나 가상 또는 매개되는 상호 작용 내에 그러한 종류의 자극을 재현하는 것이 과연 유용할지 의문이 들 수도 있다. ❹'가상의' 세계는 어떤 의미에서 고통이 없는 것이 '더 나은' 것이 아닐까? ❺즉각적으로 직관적이지는 않더라도, 고통스러운 자극을 전달하는 능력이 매개되는 환경 내에서 유용할 수 있는 상황은 (물론 소수이기는 하지만) 꽤 있다. ❻사실, 지난 몇 년 동안 우리 지각의 이러한 측면을 재현하기 위한 수많은 시도 또한 있어 왔다. ❼이것(이러한 시도)은 시뮬레이션의 사실감을 높이기 위해 비디오 게임에서 혹은 훨씬 더 중요하게는 고통이 직업적 위험 요소이며 이를(고통을) 처리해야 하는 군인을 위한 훈련 프로그램에서 있을 수 있다.

구문 해설

❶ [One important point {related to the possibility of reproducing believable tactile sensations in virtual or machine-mediated environments}] lies in the role of "pain."

[ ]은 문장의 주어이고 lies는 술어동사이다. { }는 One important point를 수식하는 분사구이다.

❻ In fact, numerous attempts have been made over the course of the last few years [to reproduce these aspects of our perception as well].

[ ]는 numerous attempts의 구체적 내용을 설명하는 to부정사구이다.

Quick Check 빈칸 완성하기

1. A number of real interactions can never be entirely believable without the p_____ of painful stimulation.

2. This may occur in training programs for soldiers where pain is an o_____ hazard and will need to be dealt with.

정답 1. (p)resence 2. (o)ccupational

1번

17강

일상 제품도 가질 수 있는 상징적 의미

| Keywords | soap, symbols, brand

❶Consider a bar of soap, / the kind [you keep by the bathroom sink / to wash your
비누 한 개를 생각해 보라 / 욕실 세면대 옆에 두는 물건인 / 손과 얼굴을 씻기 위해 //

hands and face]. // ❷How much meaning / could such an innocuous object contain? //
얼마나 많은 의미를 / 이런 눈에 띄지 않는 물건이 담을 수 있을까 //

❸While it may be tempting [to answer / "not much," or even "none,"] / in fact, / even
대답하고 싶은 마음이 들 수도 있지만 / '큰 의미 없어' 또는 심지어 '아무 의미 없어'라고 / 사실 / 비누조차도

soap can embody a rich set of symbols. // ❹Think about a particular brand of soap. //
일련의 다양한 상징을 담을 수 있다 // 특정 브랜드의 비누를 생각해 보라 //

❺By itself, / that soap cleans like any other soap. // ❻But / [through some clever
그 자체로 / 그 비누는 다른 어떤 비누와 마찬가지로 깨끗하게 씻어 준다 // 하지만 / 어떤 영리한 마케팅, 포장, 광고를 통해 /

marketing, packaging, and advertising], / the brand immerses its soap [in a complex
그 브랜드는 자기네 비누를 일련의 복합적인 메시지 속에 담근다 /

set of messages] / [about the environment, personal empowerment, and progressive
환경, 개인의 자율권, 진보 정치에 대한 //

politics]. // ❼The brand's website even says, / "We are committed / to [animal protection],
그 브랜드 웹사이트에는 심지어 말도 있다 / "우리는 매진합니다 / 동물 보호, 환경 보호 및 인권 존중에" //

[environmental protection] and [respect for human rights]." // ❽These meanings allow
이러한 의미로 인해 그 브랜드의 고객은

the brand's customers to do more with the soap / than just clean their faces: / By using
그 비누로 (~) 이상의 일을 할 수 있는데 / 단지 자신의 얼굴을 씻는 것 / 이러한 제품을

these products, / they can make a statement / about [what kind of person they are]
사용함으로써 / 고객은 자신의 생각을 표현할 수 있는 것이다 / 자신이 어떤 종류의 사람인지에 대해 /

and [what kind of politics they embrace]. //
자신이 어떤 종류의 정치적 견해를 수용하는지에 대해 //

* innocuous: 눈에 띄지 않는, 재미없는 ** immerse: 담그다

어휘

□ **tempting** 하고 싶은 마음이 드는, 유혹하는
□ **empowerment** 자율권, 권한 부여
□ **be committed to** ~에 매진하다
□ **make a statement** 자신의 생각을 표현하다
□ **embody** 담다, 구현하다
□ **progressive** 진보적인
□ **embrace** 수용하다, 받아들이다

글의 흐름 파악

도입(❶)	주제(❷~❸)	예시(❹~❼)	결과(❽)
일상 제품	제품의 상징	특정 브랜드의 비누	고객의 정체성 표현
손과 얼굴을 씻는 물건인 비누	비누조차도 일련의 다양한 상징을 담을 수 있음	영리한 마케팅, 포장, 광고를 통해 자기네 비누를 일련의 복합적인 메시지 속에 담금	그 브랜드의 고객은 자신의 개인적, 정치적 정체성을 표현할 수 있음

 전문 해석

❶손과 얼굴을 씻기 위해 욕실 세면대 옆에 두는 물건인, 비누 한 개를 생각해 보라. ❷이런 눈에 띄지 않는 물건이 얼마나 많은 의미를 담을 수 있을까? ❸'큰 의미 없어' 또는 심지어 '아무 의미 없어'라고 대답하고 싶은 마음이 들 수도 있지만, 사실 비누조차도 일련의 다양한 상징을 담을 수 있다. ❹특정 브랜드의 비누를 생각해 보라. ❺그 자체로 그 비누는 다른 어떤 비누와 마찬가지로 깨끗하게 씻어 준다. ❻하지만 그 브랜드는 어떤 영리한 마케팅, 포장, 광고를 통해 자기네 비누를 환경, 개인의 자율권, 진보 정치에 대한 일련의 복합적인 메시지 속에 담근다. ❼그 브랜드 웹사이트에는 심지어 "우리는 동물 보호, 환경 보호 및 인권 존중에 매진합니다."라는 말도 있다. ❽이러한 의미로 인해 그 브랜드의 고객은 그 비누로 단지 자신의 얼굴을 씻는 것 이상의 일을 할 수 있는데, 이러한 제품을 사용함으로써 고객은 자신이 어떤 종류의 사람인지, 자신이 어떤 종류의 정치적 견해를 수용하는지에 대해 자신의 생각을 표현할 수 있는 것이다.

 배경지식

marketing(마케팅)
제품을 생산자로부터 소비자에게 원활하게 이전하기 위한 기획 활동이다. 시장 조사, 상품화 계획, 선전, 판매 촉진 따위가 있다.

 구문 해설

❶ Consider a bar of soap, [the kind {you keep by the bathroom sink to wash your hands and face}].

[ ]는 a bar of soap와 동격 관계의 명사구이고, 그 안의 { }는 the kind를 수식하는 관계절이다.

❽ ~: By using these products, they can make a statement about [what kind of person they are] and [what kind of politics they embrace].

두 개의 [ ]는 and로 연결되어 about의 목적어 역할을 하는 명사절이다.

Quick Check 적절한 말 고르기

1. While it may be ⬚ tempting / tempted ⬚ to answer "not much," or even "none," in fact, even soap can embody a rich set of symbols.

2. These meanings allow the brand's customers ⬚ do / to do ⬚ more with the soap than just clean their faces.

정답 1. tempting 2. to do

인간에게 유일한 가리키기

| Keywords | pointing, prosocial, motivation, language, master

❶Comparative psychology finds / [that pointing (in its full-blown form) is unique to our
비교 심리학에 따르면 / 　　　　　　　　　　　　(완전한 형태의) 가리키기는 우리 종에 유일하다 //
　　　　　　　　　　　　　　名사절(finds의 목적어)

species]. // ❷Few nonhuman species seem able to comprehend pointing / (notably, /
　　　　　　가리키기를 이해할 수 있는 것처럼 보이는 비인간 종은 거의 없으며 / 　　　(특히 /
'거의 없는'

domestic dogs can follow pointing, / while our closest relatives among the great apes
집에서 기르는 개는 가리키는 곳으로 갈 수 있지만 / 　대형 유인원 중 우리와 가장 가까운 동류는 할 수 없다) /
　　　　　　　　(follow pointing) 　　　　　　　'반면'

cannot), / and there is little evidence / of pointing occurring spontaneously / between
　　　　증거는 거의 없다 / 　　　가리키기가 자발적으로 발생한다는 / 　　　어떠한 종의
　　　　　　　　　　　　　　　occurring의 의미상의 주어

members of any species / other than our own. // ❸Apparently / only humans have the
구성원 간에 / 　　　　인간 이외의 다른 // 　　분명한 것 같다 / 　사회 인지적 토대가 인간에게만 있음이 /
　　　　　　'~ 외에'　　　　　　　　　　　(species)

social-cognitive infrastructure / [needed to support / the kind of cooperative and
　　　　　　　　　　　　　지원하는 데 필요한 / 　　협동적이고 친사회적인 종류의 동기를 /
　　　　　　　　　　分사구

prosocial motivations / {that pointing gestures presuppose}]. // ❹This suggests a new
　　　　　　　가리키는 제스처가 전제로 하는 // 　　　　이는 새로운 기회를 제시한다 /
　　　　　　　　관계절

place / [to look for / the foundations of human language]. // ❺While research [on language
찾을 수 있는 / 　인간 언어의 출발점을 // 　　　인지 과학에서 언어에 관한 연구는 오랫동안
　to부정사구(a new place를 구체적으로 설명) 　　　　　　　　'~이긴 하지만' 　　전치사구

in cognitive science] has long focused / on its logical structure, / the news [about
초점을 맞춰 왔지만 / 　　　　그것(언어)의 논리적 구조에 / 　　가리키기에 관한 정보는 /
　　　　　　　　　　　　　　　　　　　　　　　　　　　전치사구

pointing] / suggests an alternative: / [that the essence of language is found / in our
대안을 제시하는데 / 　　　그것은 언어의 본질이 찾아진다는 것이다 / 　　우리의 마음
　　　　　　　　동격 관계

capacity for the communion of minds / through shared intentionality]. // ❻At the center
교감 능력에서 / 　　　　　지향점 공유를 통한 // 　　　그 중심에는 /
　　　　　　　　　　　　　　　　　　　　　名사구(주어)

of it / is [the deceptively simple act of pointing], / an act / [that must be mastered /
그것의 / 놀랄 정도로 단순한 가리키기라는 행위가 있다 / 　행위인 / 　익혀야 하는 /
술사동사 　　名사구(주어) 　　　　　　　　　　　　　　　　　　　관계절

before language can be learned at all]. //
언어를 조금이라도 배울 수 있기 전에 //
　　수동태 　　'조금이라도'

* presuppose: 전제로 하다 ** communion: 교감, 공유

어휘
- □ **comparative** 비교의
- □ **full-blown** 완전한
- □ **comprehend** 이해하다
- □ **notably** 특히, 눈에 띄게
- □ **domestic** 집에서 기르는, 사람에게 길들여진
- □ **ape** 유인원
- □ **spontaneously** 자발적으로
- □ **apparently** 분명히
- □ **infrastructure** 토대, 기초 조직
- □ **prosocial** 친사회적인
- □ **foundation** 출발점, 토대, 재단
- □ **cognitive** 인지의
- □ **alternative** 대안
- □ **capacity** 능력
- □ **shared intentionality** 지향점 공유
- □ **deceptively** 놀랄 정도로, 믿을 수 없게

도입(❶)	전개 1(❷~❸)	전개 2(❹~❺)	결론(❻)
가리키기	유일성에 대한 근거	가리키기와 언어 학습의 연관성	가리키기의 중요성
인간에게 유일함	• 가리키기를 이해할 수 있는 것처럼 보이는 비인간 종은 거의 없음 • 가리키기의 사회 인지적 토대가 인간에게만 있음이 분명함	• 인간 언어의 출발점을 찾을 수 있는 새로운 기회를 제시함 • 언어의 본질이 우리의 마음 교감 능력에서 찾아짐	언어를 배우기 전에 익혀야 함

전문 해석

❶비교 심리학에 따르면 (완전한 형태의) 가리키기는 우리 종에 유일하다. ❷가리키기를 이해할 수 있는 것처럼 보이는 비인간 종은 거의 없으며(특히 집에서 기르는 개는 가리키는 곳으로 갈 수 있지만, 대형 유인원 중 우리와 가장 가까운 동류는 할 수 없다), 인간 이외의 다른 어떠한 종의 구성원 간에 가리키기가 자발적으로 발생한다는 증거는 거의 없다. ❸가리키는 제스처가 전제로 하는 협동적이고 친사회적인 종류의 동기를 지원하는 데 필요한 사회 인지적 토대가 인간에게만 있음이 분명한 것 같다. ❹이는 인간 언어의 출발점을 찾을 수 있는 새로운 기회를 제시한다. ❺인지 과학에서 언어에 관한 연구는 오랫동안 그것(언어)의 논리적 구조에 초점을 맞춰 왔지만, 가리키기에 관한 정보는 대안을 제시하는데, 그것은 언어의 본질이 지향점 공유를 통한 우리의 마음 교감 능력에서 찾아진다는 것이다. ❻그 중심에는 언어를 조금이라도 배울 수 있기 전에 익혀야 하는 행위인, 놀랄 정도로 단순한 가리키기라는 행위가 있다.

구문 해설

❶ Comparative psychology finds [that pointing (in its full-blown form) is unique to our species].

[ ]는 finds의 목적어 역할을 하는 명사절이다.

❻ [At the center of it] is [the deceptively simple act of pointing], an act [that must be mastered before language can be learned at all].

부사구인 첫 번째 [ ]가 문두에 놓여 술어동사 is와 주어인 두 번째 [ ]가 도치되었다. 세 번째 [ ]는 an act를 수식하는 관계절이다.

Quick Check 적절한 말 고르기

1. Few nonhuman species seem able to comprehend pointing (notably, domestic dogs can follow pointing, while our closest relatives among the great apes cannot), and there is little evidence of pointing to occur / occurring spontaneously between members of any species other than our own.

2. Apparently only humans have the social-cognitive infrastructure needs / needed to support the kind of cooperative and prosocial motivations that pointing gestures presuppose.

정답 1. occurring 2. needed

협력 과업에 대한 어린 침팬지와 인간의 차이

| Keywords | young chimps, collaborative tasks, humans, joy, generous, learning

❶We come into the world / [ready to start relationships] / and, as we gain control of our
우리는 세상에 태어나고 /　→We를 부가적으로 설명하는 보어　관계를 시작할 준비가 된 채로 /　→접속사(~되면서/하면서)　신체에 대한 통제력을 얻게 되면서 /

body, / we're keen to take part in games and tasks / [that involve working with others]. //
게임과 과제에 참여하기를 열망한다 /　　관계절　다른 사람과의 협력이 수반되는 //

❷In this way, / we're so different from young chimps. // ❸Experiments have shown /
이런 점에서 /　　우리는 어린 침팬지와 매우 다르다 //　　실험에 따르면 ~ 나타났다 /

→명사절(shown의 목적어 1)　　　　　　　　　　　　　　　　　　　　　　　　→명사절(shown의 목적어 2)
[chimps can understand collaborative tasks perfectly well], / but [they only bother to
침팬지는 협력 과제를 완벽하게 잘 이해할 수 있지만 /　　참여하려 애쓰는 것으로 /

　　　　　　　→명사절(see의 목적어)　　→동명사구의 의미상의 주어　→동명사구(전치사 in의 목적어)
take part / if they can see / {how it will result in their ⟨getting / a piece of fruit or some
참여한다 /　알 수 있을 경우에만 /　그로 인해 어떻게 얻게 될 것인지 /　　　과일 한 조각이나 어떤 다른 보상을 //

other reward⟩}]. // ❹Humans, / by contrast, / often work together just for the joy of it. //
　　　　　　　　인간은 /　이와 대조적으로 /　단지 일하는 즐거움을 위해 함께 일하는 경우가 많다 //

　　　→명사절(shown의 목적어)　　→동명사구(명사절 내의 주어)
❺Experiments have shown / [that {working with others} affects children's behavior]. //
실험에 따르면 ~ 나타났다 /　　다른 사람과 함께 일하는 것이 아이들의 행동에 영향을 미치는 것으로 //

　　　　　　　　　　　　　　　　　　　　　　　　　　　→관계절
❻Afterward, / they're more generous in sharing any treats / [the experimenters give
그 후에 /　　그들은 간식을 더 관대하게 나눠 준다 /　　실험자가 그들에게 준 /

them] / — as if working with others has put them in a better mood. // ❼It seems unlikely /
　　　마치 다른 사람들과 함께 일함으로써 기분이 더 좋아진 것처럼 //　　~ 것 같지는 않다 /

　　　→that절 안의 주어　　　　　　　　　　　　　　　　　　　　　　→명사절(learning의 목적어)
that [children's greater willingness to share] / is simply the result of learning / [that they
아이들의 나눔에 대한 더 큰 의지는 /　　단순히 학습한 결과일 /　　함께 일하는 것에

　　　　　　　　　　　　　　　　　　　　　　　　　　　　　→관계절
should pay people for working with them], / but the way [we feel about everything] / is
대해 사람에게 대가를 지불해야 한다는 것을 /　하지만 우리가 모든 것에 대해 느끼는 방식은 /

　　　　　　　　　　　　　　　　　　　→관계절
strongly influenced by the experiences / [that shaped the development of our brain]. //
경험에 의해 크게 영향을 받는다 /　　뇌의 발달에 영향을 준 //

　→명사구(주어)　　　　　　　　　　　　　　　　　　　　　→「help+목적어+동사원형」
❽[Our childhood observations of others] / don't just help us learn how to behave; / they
어린 시절 타인을 관찰한 경험은 /　　우리가 행동하는 방법을 배우는 데 도움이 될 뿐만 아니라 /　　이해하는

　　　　　　　　　　　→명사절(understand의 목적어)
help us understand / [how we're supposed to *feel*]. //
데도 도움이 된다 /　　우리가 어떻게 '느껴야' 하는지를 //

어휘

□ **keen** 열망하는　　　　　□ **experiment** 실험　　　　□ **collaborative** 협력적인
□ **bother to** *do* ~하려고 애쓰다　□ **reward** 보상　　　　　□ **generous** 관대한
□ **treat** 간식　　　　　　　□ **mood** 기분　　　　　　　□ **observation** 관찰
□ **behave** 행동하다

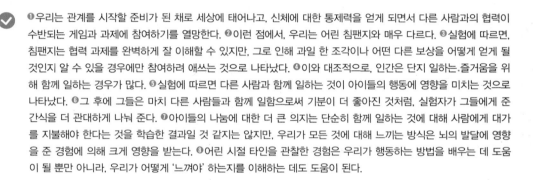

도입(❶)	부연(❷~❸)	주제(❹~❻)	부연(❼~❽)
협력하는 인간	침팬지의 특징	인간의 특징	관찰 경험의 중요성
인간은 다른 사람과의 협력이 수반되는 게임과 과제에 참여하기를 열망함	침팬지는 보상을 어떻게 얻게 될 것인지 알 수 있을 경우에만 협력 과제에 참여하려 애씀	• 인간은 단지 일하는 즐거움을 위해 함께 일하는 경우가 많음 • 다른 사람과 함께 일하는 것이 아이들의 행동에 영향을 미침 (더 관대해짐)	• 우리가 모든 것에 대해 느끼는 방식은 뇌의 발달에 영향을 준 경험에 의해 크게 영향을 받음 • 어린 시절 타인을 관찰한 경험이 행동하는 방법과 어떻게 느껴야 하는지를 이해하는 데도 도움이 됨

전문 해석

❶우리는 관계를 시작할 준비가 된 채로 세상에 태어나고, 신체에 대한 통제력을 얻게 되면서 다른 사람과의 협력이 수반되는 게임과 과제에 참여하기를 열망한다. ❷이런 점에서, 우리는 어린 침팬지와 매우 다르다. ❸실험에 따르면, 침팬지는 협력 과제를 완벽하게 잘 이해할 수 있지만, 그로 인해 과일 한 조각이나 어떤 다른 보상을 어떻게 얻게 될 것인지 알 수 있을 경우에만 참여하려 애쓰는 것으로 나타났다. ❹이와 대조적으로, 인간은 단지 일하는 즐거움을 위해 함께 일하는 경우가 많다. ❺실험에 따르면 다른 사람과 함께 일하는 것이 아이들의 행동에 영향을 미치는 것으로 나타났다. ❻그 후에 그들은 마치 다른 사람들과 함께 일함으로써 기분이 더 좋아진 것처럼, 실험자가 그들에게 준 간식을 더 관대하게 나눠 준다. ❼아이들의 나눔에 대한 더 큰 의지는 단순히 함께 일하는 것에 대해 사람에게 대가를 지불해야 한다는 것을 학습한 결과일 것 같지는 않지만, 우리가 모든 것에 대해 느끼는 방식은 뇌의 발달에 영향을 준 경험에 의해 크게 영향을 받는다. ❽어린 시절 타인을 관찰한 경험은 우리가 행동하는 방법을 배우는 데 도움이 될 뿐만 아니라, 우리가 어떻게 '느껴야' 하는지를 이해하는 데도 도움이 된다.

구문 해설

❶ We come into the world [ready to start relationships] and, as we gain control of our body, we're keen to take part in games and tasks [that involve working with others].

첫 번째 [ ]는 주어 We를 부가적으로 설명하는 보어이고, 두 번째 [ ]는 games and tasks를 수식하는 관계절이다.

❺ Experiments have shown [that {working with others} affects children's behavior].

[ ]는 shown의 목적어 역할을 하는 명사절이고, 그 안의 { }는 명사절 안의 주어 역할을 하는 동명사구이다.

Quick Check 적절한 말 고르기

1. Experiments have shown chimps can understand collaborative tasks perfectly well, but they only bother to take part if they can see how it will result in their get / getting a piece of fruit or some other reward.

2. Afterward, they're more generous in sharing any treats the experimenters give them — as if working with others has / have put them in a better mood.

정답 1. getting 2. has

4번 합리적 행위의 이론

17강

| Keywords | reasoned action, purposeful activity, situational, intention, attitude, normative

❶The theory of reasoned action maintains / [that {a person's decision / to engage in a
합리적 행위 이론은 주장한다 /   누군가의 결정은 /   의도적인 행동에 참여하겠

purposeful activity} / depends on several factors, / {of which some are situational / and
다는 /   여러 가지 요인에 따라 달라지며 /   그중 일부는 상황적이고 /   일부는

some are mediated / by personal dispositions or characteristics]. // ❷At the core of the
조정된다고 /   개인적 성향이나 특성에 의해 //   이 이론의 핵심은 /

theory / is the idea / [that {when people engage in a given behavior} / it is because they
생각이다 /   사람들이 특정 행동을 할 때 /   형성했기 때문이라는 /

{formed / an intention to do so} / and {have reasons for their decision / to actualize their
그렇게 하려는 의도를 /   결정에 대한 이유가 있기 /   자신의 의도를 실현하기로 한

intentions}]. // ❸Because of this, / much of our behavior can be characterized / as
이러한 이유로 /   우리의 행동 대부분은 특징지어질 수 있다 /   '합리적

"reasoned action." // ❹Fishbein and Ajzen suggested / [that behavioral intentions are
행위'로 //   Fishbein과 Ajzen은 말했다 /   행동의 의도는 통제된다고

controlled / by two factors: / attitude toward an act / and the normative component]. //
두 가지 요인에 의해 /   행위에 대한 태도와 /   규범적 요소라는 //

❺Attitude toward an act / is influenced by the beliefs / [that people have about the
행위에 대한 태도는 /   믿음에 의해 영향을 받는다 /   사람들이 결과에 대해 가지는 /

consequences / of performing an act]. // ❻The normative component is controlled /
어떤 행위를 했을 때의 //   규범적 요소는 통제된다 /

by our beliefs about / [what {valued others / (i.e., people important in our lives)} /
우리의 믿음에 의해 /   소중한 타인이 /   (즉, 우리 삶에서 중요한 사람들) /

expect us to do]. // ❼For some behaviors / we rely more / on our attitude toward an act, /
우리가 무엇을 하기를 기대하는지에 대한 //   어떤 행동의 경우 /   우리는 더 많이 의존하는 /   행위에 대한 우리의 태도에 /

whereas / for other behaviors / we may rely more / on the normative component for
반면 /   다른 행동의 경우 /   우리는 더 많이 의존할 수도 있다 / 지침을 얻기 위해 규범적 요소에 /

guidance / on [how to behave]. //
어떻게 행동해야 할지에 대한 //

어휘

- □ **purposeful** 의도적인
- □ **disposition** 성향
- □ **attitude** 태도
- □ **consequence** 결과
- □ **situational** 상황에 따른
- □ **actualize** 실현하다
- □ **normative** 규범적인
- □ **mediate** 조정[중재]하다
- □ **characterize** 특징짓다
- □ **component** 요소

도입(❶~❸)		전개 및 부연(❹~❼)
합리적 행위 이론	→	의도된 행동 결정의 두 가지 요소
특정 행동에는 미리 형성된 의도가 있고, 의도를 실현하기 위한 결정에는 이유가 있음		• 행위에 대한 태도: 행위의 결과에 대한 믿음 • 규범적 요소: 행동에 대한 타인의 기대

전문 해석

❶합리적 행위 이론은 의도적인 행동에 참여하겠다는 누군가의 결정은 여러 가지 요인에 따라 달라지며, 그중 일부는 상황적이고 일부는 개인적 성향이나 특성에 의해 조정된다고 주장한다. ❷이 이론의 핵심은 사람들이 특정 행동을 할 때, 그렇게 하려는 의도를 형성했고, 자신의 의도를 실현하기로 한 결정에 대한 이유가 있기 때문이라는 생각이다. ❸이러한 이유로, 우리의 행동 대부분은 '합리적 행위'로 특징지어질 수 있다. ❹Fishbein과 Ajzen은 행동의 의도는 행위에 대한 태도와 규범적 요소라는 두 가지 요인에 의해 통제된다고 했다. ❺행위에 대한 태도는 사람들이 어떤 행위를 했을 때의 결과에 대해 가지는 믿음에 의해 영향을 받는다. ❻규범적 요소는 소중한 타인(즉, 우리 삶에서 중요한 사람들)이 우리가 무엇을 하기를 기대하는지에 대한 우리의 믿음에 의해 통제된다. ❼어떤 행동의 경우 우리는 행위에 대한 우리의 태도에 더 많이 의존하는 반면, 다른 행동의 경우 우리는 어떻게 행동해야 할지에 대한 지침을 얻기 위해 규범적 요소에 더 많이 의존할 수도 있다.

배경지식

theory of reasoned action(합리적 행위 이론)
이 이론은 개인의 특정 행동을 채택하거나 기피하는 결정에 영향을 미치는 요인을 이해하려는 데 중점을 둔다. 이 이론에 의하면 개인이 특정 행동에 대한 긍정적인 태도를 가지고 있고, 동시에 해당 행동이 주변의 기대와 일치한다고 인식한다면, 그 행동을 채택할 가능성이 높아진다고 가정한다.

구문 해설

❺ [Attitude toward an act] is influenced by the beliefs [that people have about the consequences of performing an act].
첫 번째 [ ]는 문장의 주어 역할을 하는 명사구이고, 두 번째 [ ]는 the beliefs를 수식하는 관계절이다.

❻ The normative component is controlled by our beliefs about [what {valued others (i.e., people important in our lives)} expect us to do].
[ ]는 about의 목적어 역할을 하는 명사절이고, 그 안의 { }는 명사절 안에서 주어 역할을 하는 명사구이다.

Quick Check 빈칸 완성하기

1. When people engage in a given behavior it is because they formed an i_____ to do so and have reasons for their decision to actualize their intentions.

2. For some behaviors we rely more on our attitude toward an act, whereas for other behaviors we may rely more on the n_____ component for guidance on how to behave.

정답 1. (i)ntention 2. (n)ormative

세상에 대한 우리의 인식

| Keywords | common sense, naive realism, perceptions, intuitions

❶We trust our common sense / largely because we are prone to *naive realism*: / the
우리는 우리의 상식을 신뢰한다 / 대체로 '소박실재론'에 빠지는 경향이 있기 때문에 / 우리가
── 동격 관계 ──
belief [that we see the world / precisely as it is]. // ❷We [assume / {that 'seeing is
세상을 본다는 믿음인 / 바로 있는 그대로 // 우리는 가정하고 / '보는 것이 믿는 것이다'
──→ 술어 1   ──→ 명사절(assume의 목적어)
── 술어 2
believing'}] / and [trust our intuitive perceptions of the world and ourselves]. // ❸In daily
라고 / 세상과 우리 자신에 대한 직관적인 인식을 신뢰한다 // 일상생활에서 /

life, / naive realism often serves us well. // ❹If you [are driving down a one-lane road]
소박실재론은 자주 우리에게 도움이 된다 // 만약 여러분이 편도 1차선 도로를 운전하고 있는데 /
──→ 부사절의 술어 1
and [see a tractor-trailer moving uncontrollably towards you / at 120 kilometres per
트랙터 트레일러 한 대가 여러분을 향해 통제할 수 없이 다가오고 있는 것을 본다면 / 시속 120킬로미터로 /
──→ 부사절의 술어 2   ┌ 「see+목적어+현재분사」
hour], / it is a wise idea / [to get out of the way]. // ❺Much of the time, / we *should* trust
현명한 생각이다 / 피하는 것이 // 대부분의 경우 / 우리는 우리의 지각을 신뢰
──→ 형식상의 주어   ──→ 내용상의 주어
our perceptions. // ❻Yet / appearances can sometimes be deceptive. // ❼The Earth
해야 한다 // 하지만 / 겉모습은 때때로 판단을 그르치게 할 수 있다 // 지구는 평평해 보

seems flat. // ❽The sun seems to revolve / around the Earth. // ❾Yet / in both cases, / our
인다 // 태양은 도는 것처럼 보인다 / 지구 주위를 // 하지만 / 두 경우 모두 / 우리의
intuitions are wrong. // ❿Sometimes, / [what appears to be obvious] / can mislead us /
직관이 틀렸다 // 때로는 / 명백해 보이는 것이 / 우리를 잘못 인도할 수 있다 /
──→ 명사절(문장의 주어)
when it comes to evaluating ourselves and others. // ⓫Our common sense tells us /
우리 자신과 타인의 평가에 관한 한 // 우리의 상식은 우리에게 말한다 /
──→ '~에 관한 한'
[that our memories accurately capture / virtually everything {we have seen}], / although
우리의 기억이 정확하게 포착한다고 / 우리가 본 거의 모든 것을 / 과학적 연구는
──→ 명사절(tells의 직접목적어)   ── 관계절
scientific research demonstrates otherwise. // ⓬Our common sense also assures us /
그렇지 않다는 것을 보여 주는데도 // 우리의 상식은 또한 확신시킨다 /
[that people {who do not share our political views} / are biased], / but [that we are
우리의 정치적 견해를 공유하지 않는 사람들은 / 편향되어 있지만 / 우리는 객관적이라고
── 관계절   ──→ 명사절(assures의 직접목적어 2)
──→ 명사절(assures의 직접목적어 1)
objective]. // ⓭Yet / psychological research demonstrates / [that we are all susceptible
그러나 / 심리학 연구는 보여 준다 / 우리가 모두 쉽다는 것을 /
──→ 명사절(demonstrates의 목적어)
to evaluating political issues / in a biased fashion]. // ⓮So / [our tendencies to believe
정치적 문제를 평가하기 / 편향된 방식으로 // 따라서 / 겉모습을 믿는 경향으로 인해 /
──→ 명사구(문장의 주어)
appearances] / can lead us to draw erroneous conclusions / about human nature. //
우리는 잘못된 결론을 내리게 될 수 있다 / 인간 본성에 대해 //

^⑮In many cases, / 'believing is seeing' / rather than the reverse: / our beliefs shape our
많은 경우 / '믿는 것이 보는 것이다' / 그 반대가 아니라 / 즉 우리의 믿음이 세상에 대한 우리의

perceptions of the world. //
인식을 형성한다 //

* prone: (~의) 경향이 있는 ** deceptive: 판단을 그르치게 하는 *** susceptible: ~하기 쉬운

어휘

□ **common sense** 상식
□ **precisely** 바로, 정확히
□ **intuitive** 직관적인
□ **uncontrollably** 통제할 수 없게
□ **revolve** 돌다, 회전하다
□ **when it comes to** ~에 관한 한
□ **virtually** 거의, 사실상
□ **biased** 편향된
□ **reverse** 반대, 역

□ **naive realism** 소박실재론
□ **assume** 생각하다
□ **perception** 인식
□ **appearance** 겉모습
□ **obvious** 명백한
□ **evaluate** 평가하다
□ **assure** 확신시키다, 장담하다
□ **objective** 객관적인

도입(❶~❷)
소박실재론
우리는 일반적으로 우리의 상식을 믿고, 직관적인 인식을 신뢰함

↓

부연(❸~❺)
소박실재론이 도움이 되는 경우
트레일러가 빠른 속도로 다가오는 것을 본다면 우리의 지각을 신뢰하고 피해야 함

↓

소박실재론이 잘못된 결론을 내리는 경우(❻~⓯)
부채감과 의무감
• 과학 연구와 심리학 연구는 우리의 직관이 틀릴 수도 있음을 입증함 • 우리의 믿음이 세상에 대한 인식을 형성함

전문 해석 ✓ ❶우리는 대체로 우리가 세상을 바로 있는 그대로 본다는 믿음인 '소박실재론'에 빠지는 경향이 있기 때문에 우리의 상식을 신뢰한다. ❷우리는 '보는 것이 믿는 것이다'라고 가정하고 세상과 우리 자신에 대한 직관적인 인식을 신뢰한다. ❸일상생활에서 소박실재론은 자주 우리에게 도움이 된다. ❹만약 여러분이 편도 1차선 도로를 운전하고 있는데 트랙터 트레일러 한 대가 시속 120킬로미터로 여러분을 향해 통제할 수 없이 다가오고 있는 것을 본다면, 피하는 것이 현명한 생각이다. ❺대부분의 경우 우리는 우리의 지각을 신뢰'해야 한다'. ❻하지만 겉모습은 때때로 판단을 그르치게 할 수 있다. ❼지구는 평평해 보인다. ❽태양은 지구 주위를 도는 것처럼 보인다. ❾하지만 두 경우 모두 우리의 직관이 틀렸다. ❿때로는 명백해 보이는 것이 우리 자신과 타인의 평가에 관한 한 우리를 잘못 인도할 수 있다. ⓫과학적 연구는 그렇지 않다는 것을 보여 주는데도, 우리의 상식은 우리의 기억이 우리가 본 거의 모든 것을 정확하게 포착한다고 우리에게 말한다. ⓬우리의 상식은 또한 우리의 정치적 견해를 공유하지 않는 사람들은 편향되어 있지만, 우리는 객관적이라고 확신시킨다. ⓭그러나 심리학 연구는 우리가 모두 편향된 방식으로 정치적 문제를 평가하기 쉽다는 것을 보여 준다. ⓮따라서 겉모습을 믿는 경향으로 인해 우리는 인간 본성에 대해 잘못된 결론을 내리게 될 수 있다. ⓯많은 경우, 그 반대가 아니라 '믿는 것이 보는 것이다.' 즉 우리의 믿음이 세상에 대한 우리의 인식을 형성한다.

❷ We [assume {that 'seeing is believing'}] and [trust our intuitive perceptions of the world and ourselves].

두 개의 [ ]가 and로 연결되어 문장의 술어 역할을 한다. { }는 assume의 목적어 역할을 하는 명사절이다.

❹ [If you {are driving down a one-lane road} and {see a tractor-trailer moving uncontrollably towards you at 120 kilometres per hour}], it is a wise idea [to get out of the way].

첫 번째 [ ]는 조건을 나타내는 부사절이고, 그 안에서 두 개의 { }가 and로 연결되어 부사절의 술어 역할을 한다. it은 형식상의 주어이고, 두 번째 [ ]는 내용상의 주어이다.

⓫ Our common sense tells us [that our memories accurately capture virtually everything {we have seen}], although scientific research demonstrates otherwise.

[ ]는 tells의 직접목적어 역할을 하는 명사절이고, 그 안의 { }는 everything을 수식하는 관계절이다.

Quick Check | T, F 고르기

1. *Naive realism* is the belief that our perceptions accurately represent the world as it is. T / F

2. According to the passage, we should always trust our intuitive perceptions of the world and ourselves. T / F

3. The Earth appearing flat and the sun seeming to revolve around the Earth are examples of our accurate intuitions. T / F

정답 1. T 2. F 3. F

감사가 갖는 긍정적 감정과 부정적 감정

| Keywords | gratitude, positive, discomfort, negative

❶Some people claim / [that gratitude {is just about / thinking nice thoughts and
명사절(claim의 목적어)◄   ►술어 1
어떤 사람들은 주장한다 /   감사하는 마음은 (그것과만) 관련이 있어서 /   좋은 생각을 하고 좋은 일을 기대하는 것 /

expecting good things} / — and {ignores the negativity, pain, and suffering in life}]. //
                              ►술어 2
좋은 것을 기대하는 것 /   삶에서 부정적인 것, 고통, 괴로움은 무시한다고 //

❷Well, they're wrong. // ❸Consider our definition of gratitude, / as a specific way of
그런데, 그들은 틀렸다 //   감사에 대한 우리의 정의를 생각해 보라 /   특정한 사고방식이라는 /

thinking / about [receiving a benefit] and [giving credit to others besides yourself for
              동명사구(about의 목적어 1)◄   동명사구(about의 목적어 2)◄
혜택을 받고 그 혜택에 대해 자신 외에 다른 사람에게 공로를 돌리는 것에 대한 //

that benefit]. // ❹In fact, / gratitude can be very difficult, / because [it requires {that you
                                                                      ►because 안의 절 1
사실 /   감사는 매우 어려울 수 있다 /   다른 사람에 대한 의존성을 인정해야 하는데 /

recognize your dependence on others}], / and [that's not always positive]. // ❺You have
명사절(requires의 목적어)◄   ►because 안의 절 2
                                        그것이 항상 긍정적인 것은 아니기 때문에 //   여러분은 자신을

to humble yourself, / in the sense / that you have to become a good receiver of others'
낮춰야 한다 /   의미에서 /   다른 사람의 지원과 관대함을 잘 받아들여야 한다는 //

support and generosity. // ❻That can be very hard / — most people are better givers
                          그것은 매우 어려울 수 있는데 /   사람들 대부분이 받는 것보다는 주는 것을 더 잘한다 //

than receivers. //

❼What's more, / feelings of gratitude can sometimes stir up / related feelings of
게다가 /   감사의 감정은 가끔 불러일으킬 수 있는데 /   부채감과 의무감이라는 관련 감정을 /
                                                                관계절(related feelings of indebtedness and obligation을 부가적으로 설명)◄

indebtedness and obligation, / [which doesn't sound like positive thinking at all:]
그것은 전혀 긍정적인 생각으로 들리지 않는다 /

If I am grateful for something you provided to me, / I have to take care of that thing / —
'여러분이 나에게 준 것에 대해 감사한다면 /   나는 그것을 신경 써야 하고 /

I might even have to reciprocate / at some appropriate time in the future. // ❽That type
심지어 보답해야 할 수도 있다 /   미래에 적절한 시점에' //   그러한 종류의

of indebtedness or obligation / can be perceived very negatively / — it can cause
부채나 의무는 /   매우 부정적으로 인식될 수 있으며 /   사람들에게 실질적

people real discomfort, / as Jill Suttie explores / in her essay "How to Say Thanks
불편함을 야기할 수 있다 /   Jill Suttie가 살펴보듯이 /   자신의 에세이 '빚을 진 느낌을 받지 않고 감사하다고 말하는

Without Feeling Indebted."//
법'에서 //

⁹The data bear this out. // ⁱ⁰[When people are grateful], / they aren't necessarily free of

부사절(시간)

데이터는 이것을 실증한다 //   감사할 때 /   사람들이 반드시 부정적인 감정이 없는 것은 아니며 /

negative emotions / — we don't find / [that they necessarily have less anxiety or less

명사절(find의 목적어)

발견되지 않는다 /   불안, 긴장, 혹은 불행을 반드시 덜 느낀다는 것도 //

tension or less unhappiness]. // ⁱⁱPracticing gratitude magnifies positive feelings / more

감사를 실천하면 긍정적인 감정이 더 커진다 /   부정적인

than it reduces negative feelings. // ⁱ²[If gratitude were just positive thinking, or a form

부사절(조건)

감정이 줄어들기보다는 //   만일 감사가 긍정적인 생각이거나 부인의 한 형태에 불과하다면 /

of denial], / you'd experience no negative thoughts or feelings / when you're keeping a

부정적인 생각이나 감정을 전혀 경험하지 못할 것이다 /   감사 일기를 쓰고 있을 때는 //

= experience negative thoughts or feelings

gratitude journal, / for instance. // ⁱ³But, in fact, people do.//

예를 들어   그러나 실제로 사람들은 경험한다 //

* indebtedness: 부채 ** reciprocate: (비슷한 것으로) 보답하다

어휘

□ gratitude 감사
□ definition 정의
□ give credit to ~에게 공로를 돌리다
□ generosity 관대함, 너그러움
□ obligation 의무
□ perceive 인식하다, 지각하다
□ bear out ~을 실증하다, ~을 뒷받침하다
□ magnify 크게 하다, 확대하다
□ journal 일기, 일지

□ negativity 부정적인 것
□ benefit 혜택
□ humble 자신을 낮추다, 겸손하게 만들다
□ stir up ~을 불러일으키다
□ grateful 감사하는
□ discomfort 불편함
□ tension 긴장(감)
□ denial 부인, 부정, 거부

도입(❶~❸)
감사의 부정성
• 감사에서 부정적인 것을 무시하는 것은 틀림 • 감사에 대한 정의를 생각해 볼 것

↓

전개(❹~❻)
감사의 어려움
• 다른 사람에 대한 의존성을 인정해야 하므로 어려움 • 자신을 낮춰야 하는 것의 어려움

↓

발전(❼~❽)
부채감과 의무감
• 부채감과 의무감은 긍정적이지 않은 것 같음 • 실질적인 불편함을 야기함

↓

부연(❾~❸)
데이터의 실증
• 감사를 실천하면 부정적인 감정은 그대로 있고 긍정적인 감정이 커짐 • 실질적으로 부정적 감정을 경험함

전문 해석 ✔

❶어떤 사람들은 감사하는 마음은 좋은 생각을 하고 좋은 일을 기대하는 것과만 관련이 있어서, 삶에서 부정적인 것, 고통, 괴로움은 무시한다고 주장한다. ❷그런데, 그들은 틀렸다. ❸감사란 혜택을 받고 그 혜택에 대해 자신 외에 다른 사람에게 공로를 돌리는 것에 대한 특정한 사고방식이라는 우리의 정의를 생각해 보라. ❹사실, 감사는 다른 사람에 대한 의존성을 인정해야 하고 그것이 항상 긍정적인 것은 아니기 때문에 매우 어려울 수 있다. ❺여러분은 다른 사람의 지원과 관대함을 잘 받아들여야 한다는 의미에서 자신을 낮춰야 한다. ❻그것은 매우 어려울 수 있는데, 사람들 대부분이 받는 것보다는 주는 것을 더 잘한다.

❼게다가, 감사의 감정은 가끔 부채감과 의무감이라는 관련 감정을 불러일으킬 수 있는데, 그것은 전혀 긍정적인 생각으로 들리지 않는다. '여러분이 나에게 준 것에 대해 감사한다면, 나는 그것을 신경 써야 하고, 심지어 미래에 적절한 시점에 보답해야 할 수도 있다.' ❽그러한 종류의 부채나 의무는 매우 부정적으로 인식될 수 있으며, Jill Suttie가 자신의 에세이 '빚을 진 느낌을 받지 않고 감사하다고 말하는 법'에서 살펴보듯이 사람들에게 실질적 불편함을 야기할 수 있다.

❾데이터는 이것을 실증한다. ❿감사할 때, 사람들이 반드시 부정적인 감정이 없는 것은 아니며, 불안, 긴장, 혹은 불행을 반드시 덜 느낀다는 것도 발견되지 않는다. ⓫감사를 실천하면 부정적인 감정이 줄어들기보다는 긍정적인 감정이 더 커진다. ⓬만일 감사가 긍정적인 생각이거나 부인의 한 형태에 불과하다면, 예를 들어 감사 일기를 쓰고 있을 때는 부정적인 생각이나 감정을 전혀 경험하지 못할 것이다. ⓭그러나 실제로 사람들은 경험한다.

❶ Some people claim [that gratitude {is just about thinking nice thoughts and expecting good things} — and {ignores the negativity, pain, and suffering in life}].

[ ]는 claim의 목적어 역할을 하는 명사절이고, 그 안의 두 개의 { }는 and로 연결되어 that으로 시작되는 절의 술어를 이룬다.

❿ [When people are grateful], they aren't necessarily free of negative emotions — we don't find [that they necessarily have less anxiety or less tension or less unhappiness].

첫 번째 [ ]는 시간을 나타내는 부사절이고, 두 번째 [ ]는 find의 목적어 역할을 하는 명사절이다.

⓬ [If gratitude were just positive thinking, or a form of denial], you'd experience no negative thoughts or feelings [when you're keeping a gratitude journal], for instance.

첫 번째 [ ]는 조건을 나타내는 부사절이고, 두 번째 [ ]는 시간을 나타내는 부사절이다.

Quick Check 빈칸 완성하기

1. Consider our definition of gratitude, as a specific way of thinking about receiving a benefit and giving c_____ to others besides yourself for that benefit.

2. You have to h_____ yourself, in the sense that you have to become a good receiver of others' support and generosity.

3. Feelings of gratitude can sometimes stir up related feelings of indebtedness and obligation, which doesn't sound like p_____ thinking at all.

문화와 학습의 산물인 행동 규범

| Keywords | social rules, adaptable, culture, behavioral norms, learning

❶ In all social systems, / it is true / [that people's behavior is influenced by social rules /
모든 사회 체계에서 / 사실이다 / 사람들의 행동은 사회적 규칙의 영향을 받으며 /
(형식상의 주어 / 내용상의 주어)

and they are extraordinarily adaptable]. // ❷ One natural experiment {involving baboons}] /
그들이 놀라울 정도로 적응력이 뛰어나다는 것은 // 개코원숭이를 대상으로 하는 한 가지 자연 실험은 /
(=people / 주어 / 분사구)

is instructive. // ❸ A study in 2004 / examined / [how a troop of baboons {dominated by
시사하는 바가 크다 // 2004년의 한 연구는 / 조사했다 / 어떻게 개코원숭이 무리가 / 덩치가 크고 공격적인
(명사절(examined의 목적어) / 분사구)

large and aggressive males} / changed / after all those dominant males / caught a
수컷들이 지배하는 / 변했는지 / 지배적인 그 수컷들이 모두 / 질병에 걸려 죽은
(명사절의 술어동사)

disease and died]. // ❹ With only smaller, gentler males remaining, / the culture of that
후 // 더 작고 더 온순한 수컷들만 남게 되자 / 그 무리의 문화는

troop / underwent a dramatic shift, / [moving from a social structure {characterized by
극적인 변화를 겪었는데 / 사회 구조에서 바뀌었다 / 만연한 괴롭힘과 싸움이 특징
(분사구문(주절이 기술하는 상황에 부수하는 상황을 나타냄) / 분사구)

widespread bullying and fighting} / to one with much more peaceful grooming]. //
이었던 / 훨씬 더 평화롭게 서로 털 손질을 해 주는 사회 구조로 //
(=a social structure)

❺ Conflict was still there, of course, / but it tended to be resolved / with peaceful methods, /
물론 갈등은 여전히 있었지만 / 그것은 해결되는 경향이 있었고 / 평화적인 방법으로 /

and the fighting [that did happen] / was more between equally matched baboons, /
실제로 싸움이 일어나더라도 / 오히려 동등하게 맞먹는 개코원숭이들 사이에서 더 일어났다 /
(관계절 / happen을 강조)

instead of [a big one picking on a small one]. // ❻ Remarkably, / the culture of that troop
큰 것이 작은 것을 괴롭히는 것이 아니라 // 놀랍게도 / 그 무리의 문화는 지속되었다 /
('~이 아니라' / 동명사구(instead of의 목적어))

persisted / [even after all those original males / had died off / and were replaced
심지어 원래의 수컷들이 모두 / 죽고 / 대체된 후에도
(부사절(시간) / 대등한 연결)

by others {coming in from outside}]. // ❼ The new males / were acculturated to the
외부에서 들어온 다른 수컷들로 // 새로운 수컷들은 / 그 집단 규범에 동화되었고
(분사구 / 대등한 연결)

group norms, / and learned to behave less aggressively. //
덜 공격적으로 행동하는 법을 배웠다 //

❽ Obviously, humans are not baboons. // ❾ But it seems highly possible / [that this is
분명 인간은 개코원숭이가 아니다 // 그러나 가능성이 매우 높아 보인다 / 이 점은 근본적으로
(형식상의 주어 / 내용상의 주어)

basically similar / to {why different human societies / can have much different
유사할 / 다양한 인간 사회가 / 대단히 다른 행동 규범을 가질 수 있는 이유와 /
(명사절(전치사 to의 목적어))

behavioral norms}] / — consider / premodern tribes / [who worshiped their ancestors /
생각해 보라 / 전근대 부족 / 자신들의 조상을 숭배하고
(목적어 1 / 관계절 / 대등한 연결)

and shared food in common], / medieval peasants / [who accepted the divine right of
음식을 공동으로 나누던 /　　　　　　중세 농민 /　　　　　　왕의 신성한 권리를 인정하고 /

목적어 2　　　　　　　　관계절　　　　　　　　　　대등한 연결

kings / and performed free labor for feudal lords], / and people today / [who believe in
봉건 영주를 위해 무급 노동을 수행하던 /　　　　그리고 오늘날의 사람들을 /　　민주주의와 기업 고용

목적어 3　　　　관계절

democracy and corporate employment contracts]. // ⑩Human societies / have much
계약을 믿는 //　　　　　　　　　　　　　　　　　　　인간 사회는 /　　　　훨씬 더 많은 복잡성과

more complexity and choice / than baboon societies, / but the point / is [that behavioral
선택을 가지지만 /　　　　　　　　개코원숭이 사회보다 /　　　중요한 점은 /　행동 규범은 /

명사절(is의 주격 보어)

norms / are to a great degree the product of culture and learning, / not the other way
대부분 문화와 학습의 산물이지 /　　　　　　　　　　　　　　그 반대가 아니라는 것이다 //

'대부분, 어느 정도'　　　　　　　　　　　　　　　　　　　　'그 반대'

around]. //

* baboon: 개코원숭이 ** groom: (서로) 털 손질을 해 주다 *** feudal: 봉건 (시대의)

어휘

□ **extraordinarily** 놀라울 정도로
□ **experiment** 실험
□ **troop** 무리
□ **aggressive** 공격적인
□ **dramatic** 극적인
□ **bullying** 괴롭힘
□ **resolve** 해결하다
□ **persist** 지속되다
□ **norm** 규범
□ **premodern** 전근대의
□ **medieval** 중세의
□ **divine** 신성한
□ **believe in** (~의 가치 · 존재 · 인격)을 믿다
□ **corporate** 기업(의)
□ **complexity** 복잡성

□ **adaptable** 적응력이 뛰어난
□ **instructive** 시사하는 바가 큰, 유익한
□ **dominate** 지배하다
□ **undergo** 겪다
□ **widespread** 만연한
□ **conflict** 갈등
□ **pick on** ~을 괴롭히다
□ **acculturate** (다른 문화에) 동화시키다
□ **obviously** 분명, 명백히
□ **worship** 숭배하다
□ **peasant** 농민, 소작농
□ **lord** 영주
□ **democracy** 민주주의
□ **contract** 계약
□ **the other way around** 그 반대

도입(❶)
인간의 특성
• 사람들의 행동은 사회적 규칙에 영향을 받음 • 인간은 적응력이 매우 뛰어남

↓

예증(❷~❼)
개코원숭이 대상 실험
• 덩치가 크고 공격적인 수컷들이 지배할 당시: 괴롭힘과 싸움이 만연함 • 이들이 질병에 걸려 죽고 더 온순한 수컷들만 남음: 훨씬 더 평화로운 사회 구조로 변화함 • 외부에서 들어온 다른 수컷들도 이 집단 규범에 동화되는 등 덜 공격적으로 행동하는 법을 배움

↓

결론(❽~❿)
문화와 학습의 산물인 행동 규범
• 인간 사회는 매우 다른 행동 규범을 가질 수 있음 • 행동 규범은 문화와 학습의 산물임

전문 해석

❶모든 사회 체계에서, 사람들의 행동은 사회적 규칙의 영향을 받으며 그들이 놀라울 정도로 적응력이 뛰어나다는 것은 사실이다. ❷개코원숭이를 대상으로 하는 한 가지 자연 실험은 시사하는 바가 크다. ❸2004년의 한 연구는 덩치가 크고 공격적인 수컷이 지배하는 개코원숭이 무리가 지배적인 그 수컷들이 모두 질병에 걸려 죽은 후 어떻게 변했는지 조사했다. ❹더 작고 더 온순한 수컷들만 남게 되자, 그 무리의 문화는 극적인 변화를 겪었는데, 만연한 괴롭힘과 싸움이 특징이었던 사회 구조에서 훨씬 더 평화롭게 서로 털 손질을 해 주는 사회 구조로 바뀌었다. ❺물론 갈등은 여전히 있었지만, 그것은 평화적인 방법으로 해결되는 경향이 있었고, 실제로 싸움이 일어나더라도 큰 것이 작은 것을 괴롭히는 것이 아니라 오히려 동등하게 맞먹는 개코원숭이들 사이에서 더 일어났다. ❻놀랍게도 그 무리의 문화는 심지어 원래의 수컷들이 모두 죽고 외부에서 들어온 다른 수컷들로 대체된 후에도 지속되었다. ❼새로운 수컷들은 그 집단 규범에 동화되었고, 덜 공격적으로 행동하는 법을 배웠다.

❽분명 인간은 개코원숭이가 아니다. ❾그러나 이 점은 다양한 인간 사회가 대단히 다른 행동 규범을 가질 수 있는 이유와 근본적으로 유사할 가능성이 매우 높아 보인다. 자신들의 조상을 숭배하고 음식을 공동으로 나누던 전근대 부족, 왕의 신성한 권리를 인정하고 봉건 영주를 위해 무급 노동을 수행하던 중세 농민, 그리고 민주주의와 기업 고용 계약을 믿는 오늘날의 사람들을 생각해 보라. ❿인간 사회는 개코원숭이 사회보다 훨씬 더 많은 복잡성과 선택을 가지지만, 중요한 점은 행동 규범은 대부분 문화와 학습의 산물이지 그 반대가 아니라는 것이다.

배경 지식
experiments involving baboons(개코원숭이를 대상으로 하는 실험)

개코원숭이는 인간과 비슷한 사회적 행동을 보이기 때문에 그것들의 사회 구조, 의사소통, 학습력 등을 연구하여 인간의 행동과 인지 능력에 대한 유의미한 통찰을 얻을 수 있다. 또한 개코원숭이는 인간과 유전적, 생리적, 해부학적으로도 상당히 유사하여 면역 반응, 신경학적 기능 등 인간 생물학을 포함한 여러 과학 및 의학 연구에서 유용한 실험 모델이다.

 구문 해설

❺ Conflict was still there, of course, but it tended to be resolved with peaceful methods, and the fighting [that did happen] was more between equally matched baboons, instead of [a big one picking on a small one].

첫 번째 [ ]는 the fighting을 수식하는 관계절이고, 두 번째 [ ]는 instead of의 목적어 역할을 하는 동명사구이며, a big one은 동명사의 의미상의 주어를 나타낸다.

❾ ~ — consider [premodern tribes {who worshiped their ancestors and shared food in common}], [medieval peasants {who accepted the divine right of kings and performed free labor for feudal lords}], and [people today {who believe in democracy and corporate employment contracts}].

세 개의 [ ]는 and로 연결되어 consider의 목적어 역할을 하는 명사구이고, 그 안의 { }는 각각 premodern tribes, medieval peasants, people을 수식하는 관계절이다.

❿ Human societies have much more complexity and choice than baboon societies, but the point is [that behavioral norms are to a great degree the product of culture and learning, not the other way around].

[ ]는 is의 주격 보어 역할을 하는 명사절이다.

Quick Check   적절한 말 고르기

1. A study in 2004 examined how a troop of baboons dominated by large and aggressive males changing / changed after all those dominant males caught a disease and died.

2. With only smaller, gentler males remaining, the culture of that troop underwent a dramatic shift, moving from a social structure characterized by widespread bullying and fighting to one / ones with much more peaceful grooming.

3. Human societies have much more complexity and choice than baboon societies, but the point is what / that behavioral norms are to a great degree the product of culture and learning, not the other way around.

정답 1. changed 2. one 3. that

| Keywords | users, failure of software, improper actions

❶ Not surprisingly, / [usage of unsafely designed and insecurely implemented software] /
놀랄 것도 없이 /   주어
안전하지 않게 설계되고 불안정하게 구현된 소프트웨어의 사용은 /

presents some risks. // ❷ [After distributed software reaches user sites], / installation and
몇 가지 위험 요소를 야기한다 //   부사절(시간)
유통된 소프트웨어가 사용자 측에 도달한 후 /   시스템 및 응용 소프트웨어의

administration of system and application software, / [when improperly performed], /
설치 및 관리가 /   「주어(installation ~ software)+be동사」 생략
부적절하게 수행되면 /

may adversely affect / [performance and proper functioning of such software]. //
악영향을 미칠 수도 있다 /   명사구(affect의 목적어)
그런 소프트웨어의 성능과 올바른 작동에 //

❸ Due to the complexity / as well as due to inadequate documentation of these systems, /
복잡성으로 인해 /   '~으로 인해'   '~뿐만 아니라'
이러한 시스템의 부적절한 문서화로 인해서뿐만 아니라 /

users hardly understand / effects of their attempts [to "properly" use such systems]. //
사용자는 거의 이해하지 못한다 /   to부정사구(their attempts를 구체적으로 설명)
그런 시스템을 '올바르게' 사용하려는 자신의 노력이 미치는 영향을 //

❹ Consequently, / users apply "trial and error" methods / in learning to work with new
따라서 /   연결사   사용자는 '시행착오' 방식을 적용한다 /   'in -ing: ~하는 데 (있어서)'
새로운 기능을 작동하는 방식을 배우는 데 /

features, / rather than trying methodologically to understand / [which functions may
방법론적으로 이해하려고 노력하기보다는 /   '~이라기보다는'
어떤 기능이 어떤 영향을 미칠 수

have which effects], / and [which precautions should be taken / {to avoid unwished
있는지 /   understand의 목적어   그리고 어떤 예방 조치를 취해야 하는지 /   to부정사구(목적)
원치 않는 부작용을 피하기 위해 //

side-effects}]. // ❺ This somewhat "explorative" way [to use systems] / rather often leads
        이러한 다소 '탐색적인' 시스템 사용 방식은 /   to부정사구   'lead to: ~을 야기하다'
야기하는 경우가 꽤 많다 /

to / a risky attitude with potentially harmful effects, / e.g. / by clicking on unknown
   잠재적으로 해로운 영향이 있는 위험한 태도를 /   예컨대 /   'by -ing: ~함으로써'
알지 못하는 첨부 파일을 적절한 주의 없이

attachments without due care. //
클릭함으로써 //

❻ Software manufacturers often argue / [that failure of software is mainly caused /
소프트웨어 제조업체는 흔히 주장한다 /   명사절(argue의 목적어)
소프트웨어의 오작동이 주로 발생한다고 /

by improper actions of users]. // ❼ But / in many — if not most — cases, / [the human-
사용자의 부적절한 행동으로 인해 //   그러나 /   '~이더라도'   대부분은 아니라도 많은 경우 /   주어
인간-컴퓨터 인터페

computer interface / (e.g. / the display of functions and operations on the screen, /
이스가 /   (예를 들어 / 화면에 있는 기능 및 작업 표시나 /

or the handling of input devices / such as mouse and keyboard)] / is inadequately
입력 장치의 조작 /   '~과 같은'   마우스 및 키보드와 같은) /   수동태
부적절하게 설계되어 있으며 /

designed / and users are not properly supported by help functions / (which when

┌─────── 수동태 ───────┐

=when help functions exist ←

사용자는 도움말 기능의 지원을 제대로 받지 못한다 /

(많은 경우, 도움말 기능이

existing in many cases are so complex / that users are further misled). // **❶**While users

「so ~ that ...: 너무 ~해서 ...하다」

있다 하더라도 너무 복잡하여 /

사용자를 더 오도한다) //

사용자는 주로 자신의

are primarily interested in doing their work, / one must admit / [that they rather often

→ 명사절(admit의 목적어)

업무를 수행하는 데 관심이 있지만 /

우리는 인정해야 한다 /

그들은 경향이 꽤 자주 있다는 사실을 /

tend / to forget about any precaution / and even sometimes bypass security measures /

예방 조치는 다 잊어버리고 /

심지어 때로는 보안 조치까지 건너뛰는 /

when thinking {that their work performance is reduced}]. //

→ =when they think   → 명사절(thinking의 목적어)

자신의 업무 수행 능력이 저하된다고 생각하게 되면 //

어휘

□ **insecurely** 불안정하게
□ **present** 야기하다, 겪게 하다
□ **administration** 관리, 시행
□ **adversely** 불리하게, 반대로
□ **inadequate** 부적절한
□ **feature** 기능, 특징
□ **precaution** 예방 조치
□ **explorative** 탐색적인
□ **mislead** 오도하다, 잘못 안내하다
□ **bypass** 건너뛰다, 우회하다

□ **implement** 구현하다, 시행하다
□ **installation** 설치
□ **improperly** 부적절하게
□ **due** ~으로 인한, 적절한, 마땅한
□ **documentation** 문서화
□ **methodologically** 방법론적으로
□ **side-effect** 부작용
□ **attachment** 첨부 파일, 부착물
□ **primarily** 주로

주제(❶~❷)

불안정한 소프트웨어

안전하지 않게 설계되고 불안정하게 구현된 소프트웨어를 사용
→ 소프트웨어의 성능과 올바른 작동에 악영향을 미침

↓

전개 1(❸~❺)

사용자의 실수

어떤 기능이 미치는 영향과 예방 조치를 방법론적으로 이해하려고 노력하기보다는 '시행착오' 방식을 적용함
→ 위험한 태도를 야기(부주의하게 첨부 파일 클릭)

↓

전개 2(❻~❼)

소프트웨어 제조업체의 주장과 그에 대한 반박

• 소프트웨어의 오작동 원인을 주로 사용자의 부적절한 행동으로 돌림
• 많은 경우, 인간-컴퓨터 인터페이스가 부적절하게 설계되어 있으며 사용자는 도움말 기능의 지원을 제대로 받지 못함

↓

전개 3(❽)

사용자의 성향에 대한 인식

사용자는 주로 자신의 업무를 수행하는 데 관심이 있지만, 자신의 업무 수행 능력이 저하된다고 생각하면 예방 조치는 다 잊어버리고, 보안 조치까지 건너뛰는 경향이 있음

전문 해석 ✔

❶놀랄 것도 없이, 안전하지 않게 설계되고 불안정하게 구현된 소프트웨어의 사용은 몇 가지 위험 요소를 야기한다. ❷유통된 소프트웨어가 사용자 측에 도달한 후, 시스템 및 응용 소프트웨어의 설치 및 관리가 부적절하게 수행되면 그런 소프트웨어의 성능과 올바른 작동에 악영향을 미칠 수도 있다. ❸이러한 시스템의 부적절한 문서화로 인해서뿐만 아니라 복잡성으로 인해, 사용자는 그런 시스템을 '올바르게' 사용하려는 자신의 노력이 미치는 영향을 거의 이해하지 못한다. ❹따라서 사용자는 어떤 기능이 어떤 영향을 미칠 수 있는지, 그리고 원치 않는 부작용을 피하기 위해 어떤 예방 조치를 취해야 하는지 방법론적으로 이해하려고 노력하기보다는 새로운 기능을 작동하는 방식을 배우는 데 '시행착오' 방식을 적용한다. ❺이러한 다소 '탐색적인' 시스템 사용 방식은, 예컨대 알지 못하는 첨부 파일을 적절한 주의 없이 클릭함으로써, 잠재적으로 해로운 영향이 있는 위험한 태도를 야기하는 경우가 꽤 많다.

❻소프트웨어 제조업체는 흔히 소프트웨어의 오작동이 주로 사용자의 부적절한 행동으로 인해 발생한다고 주장한다. ❼그러나 대부분은 아니라도 많은 경우, 인간-컴퓨터 인터페이스(예를 들어, 화면에 있는 기능 및 작업 표시나 마우스 및 키보드와 같은 입력 장치의 조작)가 부적절하게 설계되어 있으며 사용자는 도움말 기능의 지원을 제대로 받지 못한다(많은 경우, 도움말 기능이 있다 하더라도 너무 복잡하여 사용자를 더 오도한다). ❽사용자는 주로 자신의 업무를 수행하는 데 관심이 있지만, 자신의 업무 수행 능력이 저하된다고 생각하게 되면 예방 조치는 다 잊어버리고, 심지어 때로는 보안 조치까지 건너뛰는 경향이 꽤 자주 있다는 사실을 우리는 인정해야 한다.

software(소프트웨어)

『정보 · 통신』 컴퓨터 프로그램 및 그와 관련된 문서들을 통틀어 이르는 말이다. 컴퓨터를 관리하는 시스템 프로그램과 문제 해결에 이용되는 다양한 형태의 응용 프로그램으로 나눈다.

 구문 해설

❸ [Due to the complexity] **as well as** [due to inadequate documentation of these systems], users hardly understand effects of their attempts [to "properly" use such systems].

첫 번째와 두 번째 [ ]는 '…뿐만 아니라 ~도'라는 뜻의 as well as로 연결되어 있다. 세 번째 [ ]는 their attempts를 구체적으로 설명하는 to부정사구이다.

❻ Software manufacturers often argue [that failure of software is mainly caused by improper actions of users].

[ ]는 argue의 목적어 역할을 하는 명사절이다.

❽ While users are primarily interested in doing their work, one must admit [that they rather often tend to forget about any precaution and even sometimes bypass security measures **when thinking** that their work performance is reduced].

[ ]는 admit의 목적어 역할을 하는 명사절이고, when thinking은 when they think의 의미로 이해할 수 있다.

Quick Check 적절한 말 고르기

1. Not surprisingly, usage of unsafely designed and insecurely implemented software presents / presenting some risks.

2. After distributed software reaches user sites, installation and administration of system and application software, when improperly performing / performed , may adversely affect performance and proper functioning of such software.

3. Consequently, users apply "trial and error" methods in learning to work with new features, rather than trying methodological / methodologically to understand which functions may have which effects, and which precautions should be taken to avoid unwished side-effects.

정답 1. presents 2. performed 3. methodologically

MEMO

MEMO

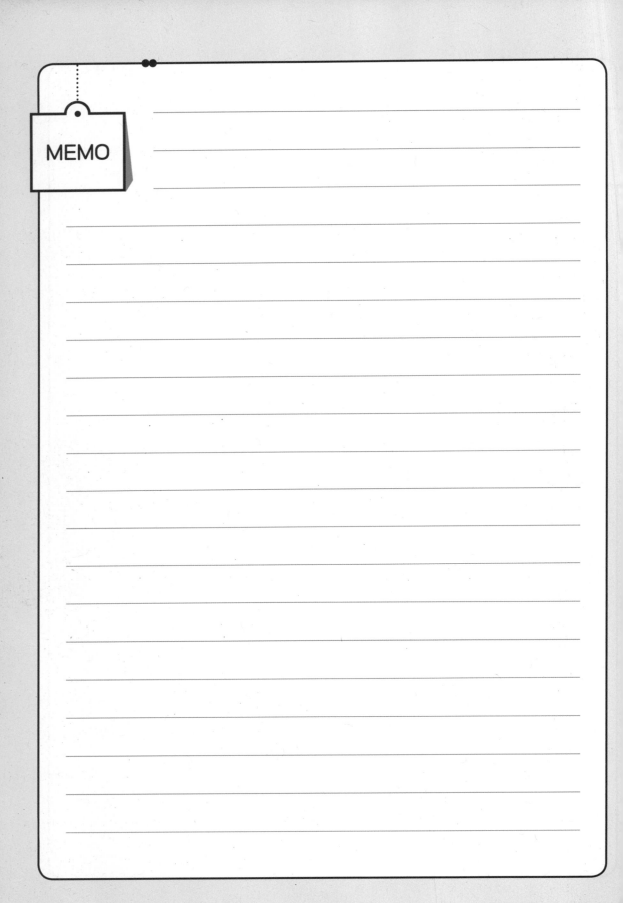

MEMO